2,99 € 1123

Inka Faltynowicz

Die traditionelle polnische Küche

von einfach bis festlich

Kochbuch

Über das Buch:
Es ist die 2., überarbeitete Auflage, die 1. Auflage erschien 2007.

Über die Autorin:
Die Autorin, studierte Philologin, lebt heute mit ihrem Mann in einer sympathischen kleinen Stadt im Westmünsterland. Die drei Kinder, deren das Buch gewidmet ist, sind bereits aus dem Haus.

Inka Faltynowicz

Die traditionelle polnische Küche

von einfach bis festlich

Kochbuch

© Inka Faltynowicz 2017
2., überarbeitete Auflage
Umschlaggestaltung: Inka Faltynowicz
Umschlagfoto: Inka Faltynowicz
Zeichnungen: Małgorzata Ziembińska,
Inka Faltynowicz
Verlag: tredition GmbH, Hamburg
Paperback
ISBN 978-3-7345-9659-9
Hardcover
ISBN 978-3-7345-9660-5
Das Werk, einschließlich seiner Teile, ist urheberrechtlich geschützt. Jede Verwertung ist ohne Zustimmung des Verlages und des Autors unzulässig. Dies gilt insbesondere für die elektronische oder sonstige Vervielfältigung, Übersetzung, Verbreitung und öffentliche Zugänglichmachung.
Bibliografische Information der Deutschen Nationalbibliothek: Die Deutsche Nationalbibliothek verzeichnet diese Publikation in der Deutschen Nationalbibliografie; detaillierte bibliografische Daten sind im Internet über http://dnb.d-nb.de abrufbar.

Für meine Kinder
Ismena, Szymon und Danek

Zu dem Buch:

Die für die traditionelle polnische Küche charakteristische Petersilienwurzel kann man durch ein paar Petersilienzweigen ersetzen. Unter Sellerie wird immer der Knollensellerie gemeint, unter Mehl Weizenmehl 450 und unter Öl Raps- oder einfaches Olivenöl. In den originalen Rezepten wird dicke Sahne benutzt, die man jedoch ohne weiters durch *Crème fraîche* ersetzen kann.

In den alten, traditionellen Küchen war es üblich, eine Garprobe zu machen, was auch heute von Vorteil sein kann. Bei den Kuchen macht man sie mit Hilfe eines Holzstäbchens, das kurz in den Kuchen gesteckt wird. Bleibt es trocken, ist der Kuchen fertig. Bei dem Brot klopft man an die Unterseite: Klingt es hohl, ist das Brot durchgebacken. Der Braten ist gar, wenn er bei einem Daumendruck kaum nachgibt. Wird Geflügel gebraten, sticht man mit einer Nadel tief ins Fleisch. Ist der herauslaufende Fleischsaft klar, ist der Braten gar.

Für alle Serviervorschläge gibt es Rezepte. Der Verweis befindet sich in dem Rezeptverzeichnis.

Inhalt

Einleitung..11
Die traditionelle polnische Küche.................................13
Essen im Einklang mit den Jahreszeiten.........................13
Traditionelle Speisekammer..15
Traditionelle Gerichte..19
Festtage..23
Weihnachten..23
Ostern..25
Rezepte..27
Suppen..28
Fleischgerichte..59
Schweinefleisch...60
Rindfleisch..84
Kalbfleisch..101
Lammfleisch...112
Geflügelgerichte..117
Wildgerichte..142
Fischgerichte...163
Eier- und Milchspeisen..177
Mehlspeisen..185
Gerichte aus verschiedenen Grützen..............................210
Gemüsegerichte..219
Rohkost und Salate...235
Pilze und Pilzgerichte..244
Soßen..247
Nachtisch...256
Brot und Brötchen..263
Kuchen...273
Getränke..298
Vorratshaltung...306
Rezeptverzeichnis...325
Bibliografie...338

Einleitung

Jede traditionelle Küche spiegelt das Leben der Gesellschaft wieder: mit ihrem Sammelsurium an Rezepten, Bräuchen, Gepflogenheiten und den kleinen wie großen Geschichten. Jede Küche hat auch ihre unverwechselbaren Geschmäcker und Gerüche, die einen im Leben begleiten. Bei mir war es die traditionelle polnische Küche, die neben den Jahreszeiten mit ihren Festen und Bräuchen, meiner Kindheit eine Struktur gab. Eine Struktur, in der ich mit meinen Brüdern habe wohl behütet und glücklich aufwachsen können. Unsere Eltern haben gerne und schmackhaft gekocht, wobei jeder seine Lieblingsspeisen hatte. Bei meinem Vater, einem Brückenbauingenieur, waren es vor allem Fleisch- und Pilzgerichte, die er immer herzhaft gewürzt und sehr aromatisch kochte. Meine Mutter, eine Lehrerin, machte wunderbare *pierogi* und die besten Nudeln, die ich je gegessen habe. Viele der Speisen lassen mich immerzu mit Dankbarkeit an die sonnigen Momente zurückdenken, die zur Zufriedenheit und Harmonie in meinem Leben bis heute beitragen.

Die Idee, das Buch zu schreiben, ist dem Wunsch entsprungen, die Küche meiner Kindheit für meine Kinder aufzuschreiben. Die Rezepte, die sich im Buch befinden, wurden von mir im Laufe vieler Jahre zusammengetragen. Sie umfassen die bekanntesten Gerichte der traditionellen polnischen Küche, von den ganz einfachen bis zu den erlesensten. Die meisten von ihnen habe ich von meinen Eltern übernommen, viele kenne ich von meiner Großfamilie: den Großmüttern, den vielen Tanten und auch von meiner Schwiegermutter. Einige kommen aus dem Freundeskreis und manche habe ich in meiner Sammlung alter, längst vergriffener Kochbücher, aufgestöbert.

Mit dem Buch möchte ich auch die Vorzüge einer alten guten Küche vermitteln, in der noch aus frischen Zutaten und nach dem Jahresrhythmus gekocht wird. Einer Küche, die stark zwischen Alltags- und Festtagsgerichten unterscheidet und auch Speisen beinhaltet, die nur einmal im Jahr zubereitet werden, um damit den besonderen Tag zu würdigen.

Inka Faltynowicz

Die traditionelle polnische Küche

Die traditionelle polnische Küche hat sich im Laufe der Zeit aus der altpolnischen Bauern-, Adels- und Bürgerküche gebildet. Die bäuerliche Küche war sehr genügsam und voll von einfachen, unkomplizierten Gerichten. Die des Adels dagegen war sehr opulent und mit teuren Gewürzen überladen. Der Landadel, der meistens von seinen eigenen Erzeugnissen lebte, speiste viel bescheidener, und auch die bürgerliche Küche war schlicht und meistens nicht viel üppiger als die der Bauern. Nur dem Patriziat war die Reichlichkeit und die Opulenz nicht fremd und die reichsten von ihnen standen bei ihren Festen dem Hochadel in nichts nach.

Wie die meisten Küchen, ist auch die altpolnische nicht frei von Einflüssen anderer Kochtraditionen geblieben. Im Laufe der Zeit verschmolzen jedoch die bis dahin fremden Gerichte, Lebensmittel und Kochmethoden zu einer traditionellen polnischen Küche.

Die meisten Einflüsse kamen erwartungsgemäß aus den Nachbarländern. Aber auch große politische Ereignisse wie gesellschaftliche Beziehungen trugen dazu bei. So kam nach einer königlichen Heirat im 16. Jh. bis dahin unbekanntes südländisches Gemüse in die deftige altpolnische Küche: Die neue Königin, eine italienische Prinzessin, wollte das ihr vertrautes Gemüse auf der königlichen Tafel in Krakau nicht missen. Auch der reiselustige Adel brachte gerne die neusten „Küchentrends" mit (meist die französischen), oft samt dem fremdländischen Koch. Einfluss hatten ebenfalls die vielen Einwanderer. Den größten, die schon im 14. Jh. aus Spanien geflohenen Juden, aber auch die aus Deutschland, besonders während der Zuwanderungswellen in 18.-19. Jh. (mit denen auch ein Teil meiner Vorfahren kam) zugewanderte Siedler.

Essen im Einklang mit den Jahreszeiten

Was heute als Aufforderung der gesunden Küche gilt, war früher in allen traditionellen Küchen selbstverständlich. Auf den Tisch kam, was in der näheren Umgebung gerade geerntet oder als Vorrat für den Winter eingelagert und haltbar gemacht wurde. Die Jahreszeiten wurden dadurch hervorgehoben und im wahrsten Sinne des Wortes ausgekostet. Bis heute wird in vielen Familien der Saison entsprechend und aus frischen Zutaten direkt aus der Umgebung gekocht. Auch die Trennung zwischen der Alltags- und Festtagsküche ist sehr lebendig. Die Alltagsküche ist voll von einfachen, schmackhaften und schnell zubereiteten Gerichten. Die Festtage werden hervorgehoben: Man kocht viel üppiger und nimmt sich gerne Zeit für die Zubereitung und das Genießen des Festessens.

Ich habe als Kind noch die traditionelle, naturnahe Küche erleben können: Der Frühling kam mit den ersten Radieschen, Blattsalaten und anderem Frühlingsgemüse und es schmeckte frisch und neu. Der Mai verwöhnte uns mit den süßen, aromatischen Erdbeeren, die wir jeden Tag im Garten sammeln konnten. Der Sommer kam mit neuen Kartoffeln, die wir am liebsten in Butter geschwenkt mit Dickmilch gegessen haben. Er brachte auch frisches Gemüse für die Sommersalate und wir Kinder durften Gurken und Tomaten direkt von den Bauern aus ihren mit Sonne überfluteten Gärten holen. Die heißen Sommertage, die dann kamen, wurden begleitet von Obstsuppen und Kaltschalen, und die lauen Abende hielten schon mal die beliebte *pierogi* mit Heildelbeerfüllung für uns parat. Der Herbst brachte Pilze mit, die mein Vater leidenschaftlich sammelte: Die Pfifferlinge kamen zuerst und schmeckten köstlich in viel Butter gebraten. Die Steinpilze, Braunhäuptchen, die wunderbar aussehenden Espenrotkappen sowie die Birkenpilze, die danach kamen, wurden für den Winter getrocknet und mariniert oder in Sahne gedünstet zu Mittag gegessen. Die Letzten, die sich erst im Oktober zeigten, waren die Grünlinge („Gänschen"). In Butter gebraten schmeckten sie genauso köstlich wie die Pfifferlinge. Der Winter, der dann kam, stand den anderen Jahreszeiten in nichts nach. Es kam viel auf den Tisch von dem, was meine Eltern an Vorräten angelegt haben: Sauerkraut, saure Gurken, getrocknete und marinierte Pilze, eingekochtes Obst und Tomaten, viele Marmeladen sowie Äpfel und Walnüsse aus dem Garten. Es wurden mehr Fleisch- und Nudelgerichte gegessen, sodass wir der kalten Witterung ruhig trotzen konnten.

Traditionelle Speisekammer

Eine Speisekammer war früher das Herz jedes Hauses, denn in ihr wurden die meisten Vorräte aufbewahrt. An den Wänden standen große und kleine Säcke mit Getreide und verschiedenen Grützen. Die Regale waren vollgestopft mit Marmeladen, Marinaden, Obstsirup, Honig und den Flaschen mit *żur* und Sauerampfer für die Wintersuppen. Auch die hausgemachten Kräuter- und Honigliköre, die nicht nur der Erwärmung im Winter dienten, hatten da ihren Platz. An den Wänden hingen schön aufgereiht unzählige Zwiebel- und Knoblauchzöpfe und ganze Ketten getrockneter Pilze. Auch die in Büscheln getrocknete Gartenkräuter fanden da ihren Platz und verbreiteten einen würzigen Duft. (Gewürze wurden meistens in der Küche in kleinen Leinensäckchen gehalten.) In gutbetuchten Haushalten hingen immer ganze Schinken und getrocknete Würste von der Decke herunter, in den armen wenigstens eine Speckseite.

KASZE – GRÜTZEN

Alle Grützen werden *kasza* („*kascha*") genannt: *kasza jaglana, kasza jęczmienna, kasza gryczana* usw. Die Grützen gehörten bis zum 18. Jh. zu den Grundnahrungsmitteln der altpolnischen Küche. Danach wurden sie langsam von Kartoffeln ersetzt. Zu den in der traditionellen polnischen Küche zubereiteten Grützen gehören: Buchweizen, Graupen, Hirse und Hafer.

OWIES – HAFER

Hafer wurde früher vor allem als Hafergrütze gegessen. Heutzutage sind es die Haferflocken, in Polen *płatki owsiane* genannt, die oft und gerne als Milchsuppe von Kindern und Erwachsenen gegessen werden.

KASZA JĘCZMIENNA – GRAUPEN

Graupen sind die geschliffenen Gerstenkörner, die es in verschiedenen Größen zu kaufen gibt. Die größeren werden als Beilage zum Fleisch oder nur mit Soße gegessen. Die feinen gehören in den *krupnik*, einer Suppe, die im Herbst und Winter gerne gekocht wird.

KASZA GRYCZANA – BUCHWEIZEN
Buchweizen schmeckt am besten geröstet, denn erst dann entwickelt er seinen charakteristischen Geschmack und bleibt nach dem Kochen angenehm körnig. Buchweizen gibt es in Polen in Form von ganzen Körnern (geröstet, natur), Grütze und Grieß zu kaufen. Der Buchweizen wird traditionell mit Rindsrouladen, viel Soße und sauren Gurken gegessen. Er ist auch der Grundbestandteil der polnischen Blutwurst (*kaszanka*). Das Krakauergrützchen wird gerne Suppen beigemischt.

KASZA JAGLANA – HIRSE
Hirse war in der altpolnischen Küche ein wichtiges Grundnahrungsmittel. Mit der Zeit ist sie leider etwas in Vergessenheit geraten und wird heutzutage nicht so oft gegessen, wie die anderen Grützen.

ŚMIETANA – SAHNE
Als Sahne wird die dicke Sahne (früher aus Rohvollmilch) bezeichnet. Dank ihrem hohem Fettanteil gerinnt sie nicht, wenn sie gekochten Speisen zugegeben wird. Die süße Sahne wird *śmietanka* genannt.

GRZYBY – PILZE
Die Waldpilze, besonders die getrockneten, gehören zu den unverwechselbaren Zutaten der traditionellen polnischen Küche. Die Kunst des Pilzesammelns lernen viele schon im Kindesalter, meistens von den Eltern oder Großeltern. Das Sammeln der Pilze ist sehr beliebt und weitverbreitet.

Prawdziwki – Steinpilze
Steinpilze werden wegen ihres Aromas und Geschmacks sehr geschätzt. Sie lassen sich sehr gut trocknen und werden vielen traditionellen Gerichten zugegeben. Besonders gefragt sind sie am Heilig Abend.

Podgrzybki, koźlarze, osaki – Braunhäuptchen, Birkenpilz, Espenrotkappe
All die Pilze werden gerne gedünstet oder in einer Suppe gekocht gegessen, eignen sich aber auch sehr gut zum Trocknen und Marinieren. Vor allem das Braunhäuptchen hat einen ausgezeichneten Geschmack, der an Steinpilz erinnert.

Maślak – Butterpilz
Der Butterpilz ist etwas klebrig und dadurch nicht jedermanns Sache, schmeckt jedoch gedünstet oder gekocht ausgezeichnet. Nur die Haut, die ziemlich zäh ist, sollte man vorher entfernen. Zum Trocknen eignet sich der Butterpilz nicht, dafür aber zum Marinieren.

Kurki, Rydze, Gąski – Pfifferlinge, Reizker, Grünlinge („Gänschen")
All die Pilze werden sehr gerne in Butter gebraten gegessen. Die Pfifferlinge kommen als Ersten und sind, wegen ihrer gelben Farbe, sehr leicht zu finden. Etwas schwieriger ist es mit dem Reizker, der gleich danach kommt, aber leider immer seltener wird. Die Grünlinge findet man erst spät im Herbst. In Polen zählt man zwei Arten zu den „Gänschen", die grünen und die grauen. Beide sind viel fleischiger als Pfifferlinge und gelten, gebraten oder mariniert, als eine Delikatesse.

MAK – MOHN
Der Mohn gehörte schon in der altpolnischen Küche zu Weihnachten. Am Heiligabend wurde er in *kutia* gegessen, die aus Mohn, Weizenkörnern und Honig besteht. An den anderen Weihnachtstagen als Mohnkuchen. Der Mohn wird gerne über Brote und Brötchen gestreut.

KONFITURY Z RÓŻY – ROSENKONFITÜRE
Das einzigartige Rosenaroma macht die Konfitüre für viele unwiderstehlich. Man braucht zwar viel Zeit, um die nötige Menge Rosenblätter zu sammeln, freut sich aber später, die Konfitüre zur Hand zu haben.

BURAKI – ROTE BETE
Rote Beten sind sehr charakteristisch für die traditionelle polnische Küche. Aus den Rüben werden viele klassische Gerichte wie *barszcz* (Barschtsch), *ćwikła* (Rote Bete Gemüse mit Meerrettich) und *buraczki* (Rote-Bete-Gemüse) zubereitet.

CHRZAN – MEERRETTICH
Meerrettich wurde schon immer wegen seiner Schärfe geschätzt. Traditionell wird er am Ostertisch serviert: pur, mit Sahne oder als *ćwikła*.

OLEJ – ÖL
Im Mittelalter waren es Lein- und Hanföl, die landläufig genutzt wurden. Später kamen Raps- und das viel teurere Olivenöl hinzu.

KAPUSTA KWASZONA – SAUERKRAUT
Das Sauerkraut wurde schon im Mittelalter gegessen. Auch in der heutigen Zeit wird es gern zubereitet. Früher waren es große Holzbottiche in denen das Kraut meist von Kindern gestampft wurde. Heute kommt es fein gehobelt, geschichtet und gesalzen in spezielle Gärtöpfe. Nach vier bis sechs Wochen der Milchsäuerung wird es essfertig und dann entweder in einer Suppe gekocht, in einem *bigos* geschmort oder roh als Salat gegessen.

OGÓRKI KISZONE – (MILCH)SAURE GURKEN
Die sauren Gurken werden in Holzfässern, irdenen Bottichen und Töpfen oder Einmachgläsern eingelegt und bevor sie in den Keller kommen, etwa eine Woche gesäuert. Im Sommer werden sogenannte *ogórki małosolne* zubereitet, was direkt übersetzt „wenig salzige" Gurken bedeutet. Im Grunde genommen sind die Gurken jedoch weniger sauer, weil die Säuerung viel kürzer dauert. Sie schmecken frisch und sehr aromatisch, und sind für den baldigen Verzehr gedacht.

ZIOŁA I PRZYPRAWY – KRÄUTER UND GEWÜRZE
Bis heute werden in der traditionellen polnischen Küche gerne Kräuter und Gewürze verwendet. Zu den alten einheimischen Kräutern gehören vor allem Kümmel, Thymian, Rosmarin und der sehr beliebte Majoran. Zum Würzen vom Fleisch werden vor allem Lorbeerblätter, Piment und Pfeffer benutzt. Aus der sehr würzigen, altpolnischen Adelsküche kommen auch Ingwer, Senf, Muskat, Paprika, Zimt, Nelken und Safran.

MIÓD – HONIG
In der altpolnischen Speisekammer war der Honig immer in großen Mengen vorhanden, besonders bei dem Landadel. In den kalten Jahreszeiten buk man daraus Honigkuchen, bereitete Honiglikör *krupnik* sowie Honigwein *miód pitny („mjud pitny")*.

Traditionelle Gerichte

BIGOS
Bigos ist eine alte Jägerspeise, die in früheren Jahrhunderten direkt nach einer Jagd gegessen wurde. Er gehört zu den Gerichten, bei denen die Zutaten stark variieren können und die Rezeptur nur als Rahmen dient. Bigos wird aus Sauerkraut und verschiedenen Sorten von Fleisch gekocht; was auf einer Proportion von 1,5 kg Sauerkraut und 1 kg Fleisch basiert. In der altpolnischen Küche standen die Proportionen noch umgekehrt. Bis heute wird Bigos traditionell zu Fasching, Ostern und Weihnachten zubereitet. In den weihnachtlichen Bigos gehören neben dem Fleisch und Sauerkraut auch getrocknete Pilze und Pflaumen. Den Osterbigos kochte man früher in dem Osterschinkensud. Die Kunst ein Bigos zu kochen, wird in den Familien von Generation zu Generation weiter gegeben.

ZRAZY („*srasy*")
Zrazy sind eine Art Rindschnitzel, die zuerst dünn geklopft, kurz gebraten und dann mit gewürfelten Zwiebeln und Gewürzen zartweich geschmort werden. Es ist eine altpolnische Speise, die schon im Mittelalter zubereitet wurde. Der im Jahre 1876 durch Polen reisende Journalist Fritz Wernick beschreibt in seinen Warschauer Reportagen die „nationale Zrasi" als „kräftige Stücke Rindslende in einer pikanten Würzbrühe leicht gedämpft".

BARSZCZ
Barschtsch, eine klare Suppe aus Roten Rüben, hat eine sehr lange Tradition. Das älteste Rezept stammt bereits vom Anfang des 16. Jh. Schon in der altpolnischen Küche wurde Barschtsch bei den erlesensten Empfängen serviert. Traditionell wird der Batrschtsch an Weihnachten und Ostern gegessen. Neben dem festlichen, mit gesäuertem Rübensaft zubereiteten Barschtsch, gibt es auch die Alltagsversion, die mit Zitronensaft gewürzt wird. Eine sommerliche Variante ist *botwinka*, eine Suppe aus ganz jungen Roten Beten, von denen auch die Blätter und die jungen Stängel mitgekocht werden. (Die oft benutzte Form „Borschtsch" kommt aus der russischen Sprache.)

Die traditionelle polnische Küche

PIEROGI (*„pjerogi"*)
Pierogi gehören zu den klassischen Spezialitäten der traditionellen polnischen Küche. Sie werden aus möglichst dünnem Teig und verschiedenen Füllungen zubereitet, die von herzhaft bis süß reichen. Eine edle Variante sind die viel kleineren *uszka* (wortwörtlich „Öhrchen"), die zusammen mit Barschtsch gerne an großen Tafeln gereicht werden. Je erlesener man das Menü haben will, desto kleiner sollten sie ausfallen. (Die oft benutzte Form „Piroggen" kommt aus der russischen Sprache und ist eine Bezeichnung für gebackene Hefepasteten. Die kleinen gekochten Teigtaschen heißen in der russischen wie ukrainischen Küche *wareniki.*)

FLAKI
Eine herzhafte Speise aus Kaldaunen, die sehr beliebt ist. Noch im Spätmittelalter wurde die Flecksuppe auch in Deutschland gerne gegessen. Mit der Zeit hatte sie jedoch an ihrer Wertigkeit verloren. Nicht aber in Polen, wo die *flaki* gerne zu verschiedenen Festen und Feiern serviert werden. Geschätzt werden die Kaldaunen auch in den südlichen Ländern in denen sie bis heute gerne gegessen werden z. B. als: *Trippa all'italiana, Tripes au cidre, Callos a la madrileña.*

ŻUREK (*„schurek"*)
Żurek ist eine saure Mehlsuppe und gehört zu den ältesten Suppen überhaupt. Die Suppe wurde bereits im frühen Mittelalter gegessen, meistens an den Fastentagen. Um sie zu kochen, braucht man den *żur* (*„schur"*), eine Art sehr dünner, flüssiger Sauerteig, den man im Vorrat ansetzen kann. Luftdicht verschlossen hält er bis zu zwei Wochen.

GOŁĄBKI
Gołąbki, wortwörtlich „Täubchen", sind nichts anderes als Kohlrouladen, die zu den beliebtesten Speisen bei Kindern, wie auch Erwachsenen gehören. Sie werden mit Fleisch, Reis, Pilzen oder Kartoffeln gefüllt und als Beilage oder Hauptmahlzeit gegessen. Die Kartoffelfüllung war früher besonders bei kinderreichen Familien populär. Man hatte für wenig Geld gut und ausreichend kochen können, und den Kindern schmeckte es immer vorzüglich.

KUTIA
Kutia ist eine altpolnische Speise, die aus ganzen gekochten Weizenkörnern, Honig und Mohn besteht und bis heute an Weihnachten zubereitet und gegessen wird, vor allem in Ostpolen.

PIERNIK
Der Pfefferkuchen hat in Polen eine sehr lange Tradition. Das älteste Rezept nach dem noch heute in der polnischen Lebkuchenstadt Toruń, gebacken wird, ist 1640 datiert. Die Zubereitung von dem langsam reifenden Teig galt früher als wahre Kunst. Auch heute ist der Pfefferkuchen sehr beliebt und wird gerne gebacken, besonders zu Weihnachten.

MAZUREK
Mazurek ist ein rustikaler flacher Mürbekuchen, der mit einer Schicht aus Mandeln-, Nuss-, oder Quarkmasse bedeckt, mit Zuckerguss glasiert und üppig verziert wird. *Mazurek* wird nur einmal im Jahr zu Ostern gebacken.

BABA
Baba – so wird in Polen der Napfkuchen genannt. *Baba* gehört, genauso wie *mazurek* zu dem typischen Ostergebäck. Für die berühmten altpolnischen Musselin-, Rustikal- und Safrannapfkuchen benötigte man bis 60 Eigelbe, viel Zeit und Fingerspitzengefühl. Die heutigen Rezepte sind viel einfacher und werden nicht nur zu Ostern gerne nachgebacken.

FAWORKI
Faworki werden traditionell im Karneval gebacken und gegessen. Meistens am *tłusty czwartek* („fetten Donnerstag"), wie man in Polen den letzten Donnerstag im Karneval nennt. Jeder bemüht sich sie so dünn und knusprig zu bekommen, dass sie wahrlich im Munde zergehen.

ĆWIKŁA
Eine traditionelle Osterspeise, die aus gekochten, geriebenen Roten Beten und frisch geriebenem Meerrettich besteht.

BURACZKI
Es ist das populärste Gemüse in der traditionellen polnischen Küche. Die Roten Beten werden gekocht, gerieben und süßsauer abgeschmeckt. Serviert werden sie genauso gerne an Fest- wie an Wochentagen.

PYZY
Die vor allem aus rohen Kartoffeln bestehenden kleinen Klöße sind sehr beliebt und werden oft als Hauptspeise, nur mit zerlassener Butter, gegessen. Sie eignen sich sehr gut als Beilage für Fleisch- und Gemüsegerichte, schmecken auch vorzüglich mit verschiedenen Soßen.

KOPYTKA
Kopytka, wortwörtlich „Hüfchen", werden aus gekochten Kartoffeln zubereitet und am liebsten mit viel Soße, ausgelassener Butter oder als Beilage zu einem Fleischgericht gegessen.

ZUPY OWOCOWE
Die Obstsuppen (Fruchtsuppen) gehören in der traditionellen polnischen Küche noch heute zu den beliebtesten Sommersuppen. Die Suppen werden aus verschiedenem Obst gekocht und mit selbst gemachten Nudeln warm oder kalt serviert.

Festtage

Kochen und Essen steht in der traditionellen polnischen Küche bis heute in enger Verbindung zur Religion. Denn neben den Jahreszeiten trugen auch die religiösen Rituale zu einer beschaulichen Struktur der traditionellen Küche bei. Es gibt viele Speisen, die einst nur an bestimmten Jahrestagen zubereitet wurden. Nicht nur die großen Festtage, sondern auch die Fastentage hatten ihre eigene Tafel. Auch heutzutage wird zu Ostern und zu Weihnachten in vielen Familien nach alten traditionellen Rezepten gekocht und gebacken.

WEIHNACHTEN

Weihnachten wird in Polen bis heute als das höchste Familienfest angesehen. Wer nur kann, kommt nach Hause, um die Tage in Familienkreis zu feiern. Und es ist nicht nur ein Fest der Besinnung, sondern auch vieler Gaumenfreuden. Denn es werden viele traditionelle Speisen zubereitet: Die traditionellen Fastengerichte für das Abendmahl am Heiligabend, (da es früher die Fastenzeit erst um Mitternacht endete) und die vielen Fleischgerichte und Kuchen für die beiden Weihnachtstage. Das polnische Weihnachten ist sehr arbeitsaufwendig, denn das ganze Essen wird auch heute noch gerne vorgekocht, um die Festtage entspannt zu genießen. Trotz der vielen Arbeit herrscht jedoch meistens eine große Vorfreude im Haus und es ist üblich, dass besonders die Kinder viel in der Küche helfen.

Der Höhepunkt des Weihnachtsfestes ist der Heiligabend. Für das Festmahl wird der Tisch mit einem Tischtuch aus weißem Leinen bedeckt, unter den traditionell etwas frisches Heu kommt, das an die Geburt des Christkinds erinnern soll. Eine sehr schöne Tradition ist, dass es immer für eine Person zusätzlich gedeckt wird, denn keiner sollte an diesem Tag alleine speisen müssen: Kommt jemand vorbei, heißt man ihn willkommen. Sind nicht alle Familienmitglieder mit an dem Tisch, wird mit dem zusätzlichen Teller auch an sie gedacht. Aufgetischt werden traditionell 12 Speisen, wie die 12 Apostel. Seitdem die Familien kleiner geworden sind, darf man jedoch auch die Zutaten dazu zählen.

Die traditionelle polnische Küche

Zu den klassischen Weihnachtsgerichten, die am Heiligabend gegessen werden, zählen Barschstch mit Öhrchen, *pierogi* mit Pilzfüllung, Sauerkraut mit getrockneten Steinpilzen, Karpfen gebraten und in Gelee, Hering, Weihnachtskompott aus getrockneten Pflaumen und Brot. Meine Großmutter mütterlicherseits hatte immer noch in Teig gebratenen Hering, Nudeln mit Mohn und *kutia* zubereitet. In manchen Familien serviert man anstatt von Barschstch eine Pilzsuppe. Früher wurde auch Mandelsuppe gereicht und bei den Fischen blieb man nicht nur bei dem Karpfen. Auf den Tisch kam auch Hecht, blau oder in süßer Rosinensoße, Brasse in Weinsoße und oft auch Kaulbarsch mit Ingwer.

Das Festmahl beginnt auch heute erst bei Einbruch der Dunkelheit, wenn der erste Stern aufgegangen ist. In dem Haus meiner Großeltern mütterlicherseits wartete man auf den Großvater, bis er von der Kirche zurück kam und verkündete, dass man sich jetzt an die Tafel setzen kann. Ich habe es als Kind nicht bis dahin warten müssen, denn als Kleinkind bekam ich schon vorher etwas zu essen. Wir, ich und mein Mann, haben immer unsere Kinder den ersten Stern suchen lassen. Und den haben sie immer sehr schnell entdeckt, auch dann, wenn der Himmel voll bewölkt war.

Ist der erste Stern aufgegangen, kommt zuerst die Bescherung, dann die Oblaten, die in einer sehr feierlichen und gehobenen Stimmung untereinander geteilt werden. Dabei wünscht man sich alles Liebe und Gute und ein gesegnetes Fest. Auf dem Lande wurden früher die Oblaten auch den Tieren gebracht, und man glaubte sie an dem Tag sprechen zu hören. Nach dem Essen werden gerne Weihnachtslieder gesungen und um Mitternacht gehen die meisten in die Kirche.

Die nächsten zwei Weihnachtstage bewirtet man Gäste oder besucht Familie und Freunde. Die Fastenzeit ist mit dem ersten Weihnachtstag vorbei und auf den Tisch kommen viele traditionelle Fleischspeisen wie gebratene Puten, Gänse, Enten, mal auch ein Wildfedervieh sowie verschiedene andere festlichen Fleischgerichte und natürlich der *bigos*. Bei dem Kuchen wird vor allem der Mohnkuchen und der Pfefferkuchen, oft auch der Käsekuchen serviert.

OSTERN

In der altpolnischen Küche gehörte Ostern zu den größten kulinarischen Festen im Jahr. Die Fastenzeit davor wurde so streng eingehalten, dass sechs Wochen lang auf dem Speiseplan nur die Sauermehlsuppe, Hering, Kohl, Grützen und später Kartoffeln standen; alles nur spärlich mit Öl zubereitet. Alle warteten sehnsüchtig auf die Ostertage und auf das Festessen. Schon die ganze Karwoche über wurde gebacken und gebraten. Schinken und Würste wurden geräuchert, verschiedenste Braten, Pasteten und mal sogar ein Spanferkel kamen in den Ofen. Der Bigos, der Osterbarschstch und die traditionellen Kuchen wurden nach den alten Familienrezepten gekocht und gebacken. Die Napfkuchen, für die man oft Unmengen an Eiern brauchte, trugen so köstliche Namen wie: Musselin-, Safran-, Rustikal- oder Tüllnapfkuchen. Zwischendurch verzierte man hartgekochte Eier zu wunderschönen Ostereiern (*pisanki*), unter denen keines dem anderen glich. Draußen wurde der Meerrettich gerieben, um daraus die traditionelle *ćwikła* zu machen.

Am Ostersamstag wurden die Speisen gesegnet. Bei den Reichen: den Magnaten, dem Adel und den Patriziern kamen die Pfarrer nach Hause, um die prächtig gedeckte Ostertafel zu segnen. Das breite »Fußvolk«, zu dem auch größtenteils der Landadel gehörte, brachte die Speisen in die Kirche.

Das Osterfest fing mit der Auferstehungsfeier in der Kirche am Sonntagmorgen an. Zuhause bleiben durften nur die ganz Kleinen und diejenigen, die den Tisch zu decken hatten. Es brauchte auch seine Zeit, alles auf den Tisch zu bringen: die vielen traditionellen Ostergerichte, die bunten Osterkuchen und die bemalten Ostereier, die zusammen mit Weidenkätzchen und dem Osterlamm aus Zucker die Tafel geschmückt haben. Nach der Kirche wollten alle schnell nach Hause, und das nicht nur des Essens wegen, sondern auch um sich das Glück und Reichtum für die kommenden Monate zu „sichern", denn dem Schnellsten sollte es daran nicht mangeln. Bevor man sich an die Tafel setzte, wurde nach einem alten Brauch ein geweihtes Ei von dem Hausherr an alle verteilt, und alle wünschten sich ein gesegnetes Fest.

Die traditionelle Osterfeier ist bis heute sehr lebendig. Für die Ostertafel werden wie früher viele althergebrachte Speisen zubereitet und gegessen. Das Osterfrühstück besteht aus dem Osterbarschtsch, gekochter Wurst und verschiedenen Fleischsorten wie Osterschinken, Pasteten und verschiedenen Braten, vor allem dem Schweinerückenbraten (*schab*). Alles, außer dem Barschtsch und der Wurst, wird kalt serviert. Als Beilagen dienen Kartoffelsalat und die traditionelle *ćwikła* sowie Meerrettich pur oder mit Sahne. Dazu kommen natürlich viele hartgekochte Eier als Symbol der Auferstehung und des Lebens selbst. Als Nachtisch werden Kuchen, vor allem die traditionellen Osterkuchen: *babas* und *mazurki*, mit Tee und Kaffee gereicht.

Die Speisen werden wie immer traditionell am Ostersamstag gesegnet. Heute ist nicht viel von der Menge geblieben, die man einst zur Kirche trug. Die Menschen kommen mit *święconka*, kleinen Österkörbchen, in denen auf weißem Leinen symbolisch etwas Wurst, Brot, Salz und die Ostereier *(pisanki)* liegen. Diejenigen, die das Schicksal etwas herausfordern wollen, legen noch ein Stückchen Schokolade dabei, in der Hoffnung, das Leben etwas milder stimmen zu können. Besonders Kinder lieben es, mit den Körbchen in die Kirche zu stolzieren. Dabei passiert es schon mal, dass sie den Inhalt vor dem Altar verlieren und alle sich auf die Suche nach den kullernden Eiern begeben müssen.

Das Osterfest beginnt auch heutzutage für die meisten mit der Auferstehungsfeier. Nur nach Hause rennt keiner mehr. Vor dem Festessen wird jedoch genauso wie früher das Geweihte verteilt und alle wünschen sich gegenseitig ein gesegnetes Fest und alles Gute.

Wenn ich an das Ostern meiner Kindertage denke, sehe ich uns Kinder mit den Eltern am Fenster stehend und die, wie um die Wette mit ihren Fuhren fahrenden Bauern, beobachtend. Unser Vater hatte uns jedes Jahr zeitig geweckt, sodass wir das jährliche Spektakel verfolgen konnten. Bis heute sind mir die ganze Wucht und die ungeheure Energie der Tiere im Gedächtnis geblieben. Danach folgte das Osterfrühstück mit allen seinen Bräuchen und den traditionellen Speisen, das uns jedes Mal das Gefühl der Geborgenheit gab.

REZEPTE

SUPPEN

In der traditionellen polnischen Küche zählt man zu den Suppen auch Eintöpfe, Brühen und (bedingt) Kompotte als Obstsuppen, sogar der Milchbrei wird als eine Suppe (Milchsuppe) bezeichnet. Die Suppen werden meistens mit einem Stück Suppenfleisch und Suppengrün gekocht, zu dem Möhren, Wurzelpetersilie, Porree, Zwiebel und normalerweise auch ein Stück Weißkohl gehören. Die Zwiebel wird vor dem Kochen abgezogen und angeröstet, früher direkt auf der Herdplatte (Kohlenherd), heute in einer unbeschichteten Pfanne. Viele Suppen werden mit Béchamel oder Sahne abgeschmeckt, einst auch mit ausgelassenem Speck und gebratenen Zwiebelwürfeln. Zum Garnieren nimmt man gerne Petersilie oder Dill.

Viele Suppen haben eine sehr lange Tradition. Zu den ältesten gehört *żurek*, der schon in Mittelalter von allen Bevölkerungsschichten gegessen wurde. Eine beliebte Frühstückssuppe des Adels war jahrhundertelang *polewka*, eine Biersuppe, die erst im 18. Jh. von dem Kaffee abgelöst wurde. Etwas später gab es auch eine Weinsuppe, die besonders bei Damen beliebt und in Tassen mit Biskuitgebäck serviert wurde. In der altpolnischen Küche gab es auch eine Suppe, die mehr war als nur eine Speise – *czernina* (Schwarze Suppe). Heute gänzlich in Vergessenheit geraten, wurde sie früher nicht nur wegen des außergewöhnlichen Geschmacks gekocht (neben der Hühnerbouillon, getrockneten Pflaumen, Rosinen und Gewürzen gehörte auch frisches Schweineblut dazu), sondern, um sie den verliebten jungen Männern zu servieren, die als zukünftige Schwiegersöhne für die Familie nicht in Frage kamen.

Es gibt aber auch ein Gericht, das in keinem Kochbuch unter Suppen steht und doch genauso wie eine Suppe serviert und gegessen wird. Es sind die *flaki*, die schon im Mittelalter sehr beliebt waren und deren Rezeptur immer unter Rindfleischgerichten zu finden ist.

Die meisten der traditionellen Suppen sind einfache Alltagsspeisen, es gibt aber auch welche, die als erlesen gelten und an die Festtafeln gehören, so wie der Barschtsch. Suppen werden bis heute sehr gerne gegessen und gehören als erster Gang zu jedem Menü. Heutzutage werden viele gerne ohne Fleisch gekocht, vor allem in den warmen Jahreszeiten.

BARSZCZ – Rote Bete Suppe

In der traditionellen polnischen Küche gibt es drei Arten von Barschtsch: den klaren Barschtsch, den man manchmal als roten Barschtsch oder einfach nur als Barschtsch bezeichnet, den ukrainischen Barschtsch und den weißen Barschtsch, der meistens *żurek* genannt wird. Der populärste und der meist gekochte ist der rote Barschtsch, der schon im 16. Jh. eine Zierde der altpolnischen Küche war und bis heute zu den erlesensten Menüs gehört. Der rote Barschtsch wird in drei klassischen Varianten gekocht: als klarer Barschtsch, Weihnachtsbarschtsch und als Osterbarschtsch. Wird der klare Barschtsch mit Sahne verfeinert, bekommt man *barszcz zabielany*. Für den Alltag kocht man den Barschtsch oft mit Kartoffeln und nennt ihn Barschtschyk (kleiner Barschtsch). Wird er noch mit Weißkohl und Bohnen gekocht, wird daraus ein ukrainischer Barschtsch. Eine Sommervariante des Barschtschs ist *botwinka*, eine sehr delikate Suppe aus ganzen jungen Roten Beten. Der Barschtsch wird klassisch mit Rübensäure, Pfeffer, Salz und Zucker abgeschmeckt. Er soll würzig, leicht säuerlich und mit einem Hauch von Süße schmecken.

ZAKWAS – Rübensäure

Zutaten für 500 ml Rübensäure:
200 g Rote Bete, 500 ml Wasser, 1 Stück Schwarzbrot (¼ Scheibe)

Die Rübensäure vorbereiten: Die Roten Beten bürsten, waschen und in dünne Scheiben schneiden. In einen Steinguttopf oder großes Glas hineinlegen und mit abgekochtem, lauwarmem Wasser übergießen. Ein Stück Schwarzbrot dazugeben, um den Säuerungsprozess zu beschleunigen und mit einem Baumwoll- oder Leinentuch bedecken. Etwa 4-5 Tage an einem warmen Ort stehen lassen und durchseihen. Die Rübensäure sollte klar und von rubinroter Farbe sein, sowie angenehm säuerlich riechen. Im Kühlschrank aufbewahren.

Alternative: Man kann anstatt Rübensäure auch gesäuerten Rote Bete Saft, am besten in Bio-Qualität, nehmen.

BARSZCZ CZYSTY – Klarer Barschtsch

Der traditionelle klare Barschstch wird immer mit der Rübensäure zubereitet, was etwas Planung erfordert, weil der Säuerungsprozess ein paar Tage dauert. Der klare Barschstch wird sehr gerne an Festtagen und zu großen Feierlichkeiten und Gesellschaften serviert. Die klassische Beilage sind die Öhrchen. Je erlesener das Menü, um so kleiner werden sie serviert. Wird der Barschstch jedoch in Suppentassen aufgetischt, werden dazu mit Fleisch gefüllte Pastetchen gereicht.

Zutaten für 4-5 Personen:
500 g Suppenfleisch
750 g Rote Bete
5 schwarze Pfefferkörner,
leicht zerdrückt
2-3 Pimentkörner
1 Lorbeerblatt
5 getrocknete Steinpilze
1,25 l Wasser
Suppengrün:
1 mittlere Zwiebel
1 Stück Sellerie
2 Möhren
1 Wurzelpetersilie oder ein paar Petersilienzweige
Zum Abschmecken:
1-2 Tl Zucker
Steinsalz, frisch
gemahlener schwarzer Pfeffer
500 ml Rübensäure

1. Das Fleisch zusammen mit Pilzen und Gewürzen in einen Suppentopf geben.
2. Die Zwiebel abziehen, halbieren und in einer Pfanne ohne Fett an der Schnittstelle braun rösten. Das restliche Suppengrün schälen und grob zerkleinern. Die Roten Beten ebenfalls schälen und in dünne Scheiben schneiden. Alles in den Suppentopf geben, mit Wasser aufgießen, salzen und zugedeckt etwa 1 Stunde 30 Minuten kochen.
3. Den Topf vom Herd nehmen und etwas abkühlen lassen. Fleisch, Gemüse und Pilze herausnehmen, die Rübensäure dazugeben und den Barschtsch mit Zucker, Salz und Pfeffer abschmecken. Kurz erhitzen, aber nicht aufkochen lassen.
4. Man serviert den Barschtsch entweder mit Öhrchen in einer Suppenterrine oder direkt in Suppentassen und reicht gefüllte Pastetchen dazu.

BARSZCZ ZABIELANY – Barschtsch mit Sahne

Barschtsch mit Sahne kocht man nach demselben Rezept wie den klaren Barschtsch, gibt nur zusätzlich etwa 60 ml süße Sahne dazu, was dem Barschtsch eine subtilere Geschmacksnote verleiht. Auch der Barschtsch wird traditionell mit Öhrchen serviert.

BARSZCZYK (Barschtschyk) – Kleiner Barschtsch

Barschtschyk ist eine Hausmannskostvariante des Barschtschs, die gerne an Wochentagen gegessen wird. Die Suppe ist schnell gekocht, weil sie meistens ohne Rübensäure zubereitet wird.

Zutaten für 4-5 Personen:
250 g Suppenfleisch, 500 g Rote Bete, 500 g Kartoffeln, vorwiegend festkochend
1,25 oder 1,5 l Wasser, wenn mit Zitronensaft abgeschmeckt wird
Suppengrün: *1 Möhre*
1 Zwiebel, 1 kleine Wurzelpetersilie oder ein paar Petersilienzweige, 1 kleine Stange Porree, 1 Stück Sellerie
Zum Abschmecken: *60 ml süße Sahne, 1 Glas Rübensäure oder 1-2 El Zitronensaft, Steinsalz schwarzer Pfeffer aus der Mühle*
Zum Garnieren: *1 El Dill oder Petersilie, fein gewogen*

1. Das Fleisch in einen Suppentopf legen. Zwiebel, Möhre, Petersilie und Sellerie schälen, die Möhre klein würfeln, die Wurzelpetersilie und den Sellerie vierteln. Die Zwiebel der Breite nach schneiden und an den Schnittstellen braun anrösten. Den Porree putzen und in dünne Ringe schneiden. Rote Beten ebenfalls schälen und würfeln. Alles zusammen in den Suppentopf geben, mit Wasser auffüllen und zugedeckt etwa 40 Minuten kochen.
2. Kartoffeln schälen und würfeln, in den Topf geben und zugedeckt weiter etwa 20 Minuten kochen lassen, bis die Kartoffeln weich sind.
3. Zwiebel, Wurzelpetersilie und Sellerie herausnehmen. Die Suppe mit Rübensäure oder Zitronensaft, Sahne, Salz und Pfeffer abschmecken, kurz erhitzen, aber nicht aufkochen lassen. Mit Dill oder Petersilie garnieren und mit Stampfkartoffeln servieren.

BARSZCZ WIELKANOCNY – Osterbarschtsch

Der Osterbarschtsch wird traditionell mit geräuchertem Schinken oder wie es früher üblich war mit dem Schinkensud gekocht. Serviert wird der Osterbarschtsch mit hartgekochten, der Länge nach geviertelten Eiern und mit mageren, dünn geschnittenen Wurstscheiben (Krakauer).

Zutaten für 5-6 Personen:
500 g geräucherter
Kochschinken am Stück
(Osterschinken)
oder 250 g Suppenfleisch und
250 g stark geräucherter
Schinken
1 kg Rote Bete, 3 getrocknete
Steinpilze (wenn zur Hand)
5 Pfefferkörner(leicht
zerdrückt), 3 Pimentkörner

1,5 l Wasser
Suppengrün: *1 Zwiebel,1 Stück*
Sellerie, 1 große oder 2 kleine
Möhren, 1 kleine
Wurzelpetersilie oder ein paar
Petersilienzweige
Zum Abschmecken:
60 ml süße Sahne, 1-3 Tl Zucker
Steinsalz, frisch gemahlener
schwarzer Pfeffer, 500 ml
Rübensäure

1. Das Fleisch und den Schinken zusammen mit Pilzen und Gewürzen in einen Suppentopf geben.
2. Die Zwiebel schälen, halbieren und in einer Pfanne ohne Fett an den Schnittstellen braun rösten. Das Gemüse schälen, grob zerkleinern. Die Roten Beten ebenfalls schälen und in dünne Scheiben schneiden. Alles in den Suppentopf geben, Wasser dazugießen, salzen und zugedeckt etwa 40 Minuten kochen.
3. Den Topf vom Herd nehmen und etwas abkühlen lassen. Fleisch, Schinken und Pilze herausnehmen und zur Seite legen (für Pfannkuchen oder *pierogi* verwenden), auch Gemüse mit den Roten Beten vollständig herausnehmen.
4. Den Barschtsch mit Rübensäure, Zucker, Salz und Pfeffer sorgfältig abschmecken, kurz erhitzen, aber nicht aufkochen und mit Sahne verfeinern. Die Wurst in dünne Scheiben schneiden und mit dem Barschtsch in eine Suppenterrine geben. Die hartgekochten Eier vierteln und auf einem Teller gesondert servieren.

BARSZCZ NA BOŻE NARODZENIE
Weihnachtsbarschtsch

Weihnachtsbarschtsch ist eine Fastensuppe und wird entweder am Heiligabend oder am ersten Weihnachtstag mit Öhrchen mit Pilzfüllung serviert. Es ist eine erlesene Speise, die nur einmal im Jahr zubereitet wird. Früher wurde der Barschtsch vielerorts mit Fischsud zubereitet.

Zutaten für 5-6 Personen:
1 kg Rote Bete, 50-80 g getrocknete Steinpilze,
5 Pfefferkörner (leicht zerdrückt)
3 Pimentkörner, 1,5 l Wasser
Suppengrün: 1 Zwiebel, 1 Stück Sellerie, 2 kleine Möhren
1 Wurzelpetersilie oder ein paar Petersilienzweige
Zum Abschmecken:
60 ml süße Sahne, 1-2 Tl Zucker Steinsalz, frisch gemahlener schwarzer Pfeffer
500 ml Rübensäure

1. Die Pilze in einen Suppentopf geben und im Wasser etwa 30 Minuten einweichen.

2. Zwiebel, Möhre, Petersilie und Sellerie schälen, die Möhre klein würfeln, die Wurzelpetersilie und den Sellerie vierteln. Die Zwiebel der Breite nach schneiden und an den Schnittstellen in einer Pfanne ohne Fett braun anrösten. Die Roten Beten ebenfalls schälen und in dünne Scheiben schneiden. Alles in den Suppentopf geben. Pfeffer- und Pimentkörner hinzufügen und zugedeckt etwa 45 Minuten leise kochen lassen.

3. Den Topf vom Herd nehmen und noch einige Zeit stehen lassen. Das Gemüse und die Pilze mit dem Schaumlöffel herausnehmen. Die Pilze zur Seite legen (für Öhrchen).

4. Den Barschtsch sorgfältig mit Rübensäure, Sahne, Salz, Zucker und Pfeffer abschmecken, kurz erhitzen, aber nicht aufkochen, und mit den Örchen in einer Suppenterrine servieren.

Alternative: Man kann anstatt Rübensäure auch gesäuerten Rote Bete Saft, am besten in Bio-Qualität, nehmen.

BARSZCZ UKRAIŃSKI – Ukrainischer Barschtsch

Die Bezeichnung „ukrainischer" verdankt die Suppe zweifelsohne der ukrainischen Küche. Genauso wie die Westukraine (damals Ostgalizien) gehörte Südpolen (heute *Małopolska* – Kleinpolen) als Westgalizien fast 150 Jahre der k. u. k. Monarchie an. Den ukrainischen Barschtsch kochte gerne meine Schwiegermutter, deren Vorfahren in Galizien gelebt haben. Die Suppe ist sehr nahrhaft und kann als Hauptgang gegessen werden.

Zutaten für 4-5 Personen:
250 g Suppenfleisch
250 g Rote Bete
150 g Weißkohl
100 g Buschbohnen oder
50 g getrocknete, vorgekochte
Bohnen
250 g Kartoffeln
2 Tomaten
1,25 oder 1,5 l Wasser, wenn mit dem Zitronensaft abgeschmeckt wird

1 Möhre
1 kleine Wurzelpetersilie
oder ein paar Petersilienzweige
1 Stück Sellerie
Zum Abschmecken:
250 ml Rübensäure oder
1-2 El Zitronensaft
1 kleine Knoblauchzehe,
zerrieben, nach Belieben
2-3 El süße Sahne
Steinsalz, Pfeffer
frisch gemahlen

1. Die Zwiebel abziehen, durchschneiden und in einer Pfanne ohne Fett braun anrösten, in einen Suppentopf geben. Das Fleisch dazugeben, mit Wasser auffüllen und zugedeckt etwa 20 Minuten kochen.

2. Rote Beten, Möhre, Petersilie, Sellerie und Kartoffeln schälen, die Möhre und die Roten Beten klein, die Kartoffeln grob würfeln, die Wurzelpetersilie und den Sellerie vierteln. Weißkohl in dünne Streifen, Buschbohnen in 2-3 cm lange Stücke schneiden. Tomaten mit kochendem Wasser überbrühen, häuten und achteln. Alles außer Tomaten in den Suppentopf geben, eventuell noch Wasser zugießen und zugedeckt weiter kochen lassen, bis das Gemüse weich ist (etwa 25 Minuten). Die Tomaten zufügen und kurz ziehen lassen. Salzen und Pfeffern.

3. Die Suppe mit Rübesäure (oder Zitronensaft) und Sahne, eventuell noch Knoblauch abschmecken. Mit etwas Dill oder Petersilie garnieren.

BOTWINKA – Suppe aus ganzen jungen Roten Beten

Die Suppe wird im Sommer gekocht, wenn die Roten Beten nicht größer sind als ein Tischtennisball. Außer den Knollen werden auch Stängel und Blätter gekocht. Die Suppe wird mit hartgekochten Eiern serviert. Die *botwinka* schmeckt sehr delikat und ist eine typische Sommersuppe.

Zutaten für 4-5 Personen:
2 Bündel junge Rote Beten mit Stängeln und Blättern
1 l Wasser
Suppengrün:
1 Möhre
1 Zwiebel
1 kleine Wurzelpetersilie
1 kleine Stange Porree
1 kleines Stück Sellerie
Zum Abschmecken:
125 ml Rübensäure oder
1-2 Tl Zitronensaft
3-4 El süße Sahne
½ Bund Dill
Steinsalz, 1 Msp. frisch gemahlener schwarzer Pfeffer

1. Zwiebel, Möhre, Petersilie und Sellerie schälen, die Möhre klein würfeln, die Wurzelpetersilie und den Sellerie vierteln. Den Porree putzen und grob zerkleinern. Auch die Roten Beten putzen und sorgfältig waschen. Die kleinen Rübchen schälen und in Scheiben, die zarten Stängel in etwa 1 cm lange Teile und die Blätter in Streifen schneiden. Alles außer den Blättern in einen Suppentopf legen, mit Wasser auffüllen, salzen und zugedeckt etwa 20 Minuten kochen, bis das Gemüse gar ist.
2. Das grob zerkleinerte Suppengrün herausnehmen und die geschnittenen Blätter hineingeben, nur kurz aufkochen und den Topf vom Herd wegnehmen. Die Suppe mit Rübensäure, Sahne, Pfeffer und eventuell noch etwas Salz abschmecken. Dill fein wiegen und unter die Suppe mischen.
3. Mit hartgekochten, der Länge nach halbierten Eiern und neuen Kartoffeln servieren.

Alternative: Man kann anstatt Rübensäure auch gesäuerten Rote Bete Saft, am besten in Bio-Qualität, nehmen.

ŻUREK – Weißer Barschtsch (Sauermehlsuppe)

Der *żurek* (*„schurek"*) wird oft auch weißer Barschtsch genannt. Die säuerlich würzige Roggenmehlsuppe wurde schon im Mittelalter gegessen. Grundstoff von *żurek* ist *żur,* der wie ein Sauerteig vorbereitet wird. Früher standen Flaschen mit *żur* in jeder Speisekammer und bis heute kann man ihn in vielen Geschäften kaufen.

Zutaten für 4-5 Personen:
500 ml żur
1 Pfund Kartoffeln, vorwiegend festkochend
1 Möhre
1 kleine Wurzelpetersilie
1 Stück Sellerie, 4 getrocknete Pilze
1 Knoblauchzehe

2-3 El süße Sahne
Steinsalz, frisch gemahlener Pfeffer
Für 500 ml żur:
100 g Roggenvollkornmehl
500 ml warmes, abgekochtes Wasser
1 Stück Roggenvollkornbrot-Rinde

1. Die Pilze in einem Topf mit 1 l Wasser aufgefüllt etwa 30 Minuten einweichen. Das Suppengrün putzen, schälen und grob zerkleinern. Mit geschälten und gewürfelten Kartoffeln zu den Pilzen geben. Zugedeckt etwa 30 Minuten kochen lassen.
2. Das Gemüse herausnehmen, den *żur* in die Suppe geben und aufkochen. Sollte die Suppe zu dick geraten sein, etwas abgekochtes Wasser zugeben.
3. Die Suppe mit Knoblauch, Sahne und eventuell Salz abschmecken. Mit Stampfkartoffeln servieren.

Żur vorbereiten:
Das Mehl mit dem Wasser zu einem dickflüssigen Teig verrühren und in ein Glas oder einen Steinguttopf geben. Die Rogenvollkornbrotrinde dazugeben und mit einem Stück Leinen abdecken. Für 3 bis 4 Tage an einem warmen Ort stehen lassen. Fertiger *żur* duftet angenehm frisch und hat einen leicht säuerlichen Geschmack. Luftdicht verschlossen hält er sich im Kühlschrank mehrere Tage.

ŻUREK Z KIEŁBASĄ – Sauermehlsuppe mit Wurst

Bei *żurek* mit Bratwurst kommen zusätzlich zu dem *żur* und Gemüse 4-5 Stück Bratwurst, die von Anfang an mitgekocht werden. Ist die Suppe fertig, wird die Bratwurst herausgeholt, in Scheiben geschnitten und in die Suppe zurückgelegt. Der *żurek* mit Bratwurst wird ohne Kartoffeln gekocht. Sie werden als Stampfkartoffeln gesondert gereicht und oft mit in Öl gebratenen Zwiebelwürfeln übergossen.

Zutaten für 4-5 Personen:
500 ml żur
4-5 Stück Bratwurst
1 kleine Möhre
1 kleine Wurzelpetersilie
1 Stück Sellerieknolle
4 getrocknete Pilze,
wenn zur Hand
2-3 El süße Sahne
1 Knoblauchzehe, zerrieben
frisch gemahlener
Pfeffer, Steinsalz

1. Die Pilze in einen Topf geben, mit 1 l Wasser auffüllen und etwa 30 Minuten einweichen. Das Suppengrün putzen, schälen und grob zerkleinern. Mit geschälten und gewürfelten Kartoffeln und der Bratwurst in den Topf geben. Zugedeckt etwa 30 Minuten kochen lassen.

2. Das Gemüse und die Würste herausnehmen, den *żur* in die Suppe geben und aufkochen. Sollte die Suppe zu dick geraten sein, etwas abgekochtes Wasser zugeben.

3. Die Suppe mit Knoblauch, Salz und Sahne abschmecken. Die Bratwürste in Scheiben schneiden und zurück in die Suppe geben.

KRUPNIK – Graupensuppe

Den besten *krupnik* kochte mein Vater. Bei ihm schmeckte die Suppe immer delikat und aromatisch. Um das zu erreichen, muss man gartenfrisches Gemüse verwenden und die Pilze und Gewürze von Anfang an mitkochen lassen.

Zutaten für 4-5 Personen:
250 g Suppenfleisch
250 g Kartoffeln, mehlig oder vorwiegend festkochend
100 g Perlgraupen, mittel
3-4 getrocknete Pilze, wenn zur Hand
1,5 l Wasser
Suppengrün:
1 Zwiebel, 1 Möhre

1 Stück Sellerie
1 kleine Stange Porree
1 kleine Wurzelpetersilie
1 kleines Stück Weißkohl
Gewürze: *1 Thymianzweig*
1 Lorbeerblatt
Steinsalz, 1 Msp. frisch gemahlener Pfeffer
Zum Garnieren: *1 El gehackte Petersilie*

1. Das Fleisch mit Pilzen und Gewürzen in einen Topf geben, mit kaltem Wasser auffüllen, aufkochen und zugedeckt auf mittlerer Hitze etwa 30 Minuten kochen.
2. Die Zwiebel abziehen, der Breite nach schneiden und an den Schnittstellen braun rösten. Die Möhre, Sellerie und Petersilie schälen, Weißkohl und Porree putzen. Die Möhre klein würfeln, das restliche Gemüse grob zerkleinern. Alles zum Fleisch geben, die Perlgraupen zufügen, eventuell noch etwas Wasser zugießen und zugedeckt etwa 20 Minuten weiter kochen.
3. Kartoffeln schälen, klein würfeln und in die Suppe geben, zugedeckt noch etwa 20 Minuten kochen, bis die Graupen und die Kartoffeln weich sind. Die Suppe vom Herd nehmen und das grob zerkleinerte Suppengrün, den Thymian und das Lorbeerblatt herausnehmen. Die Suppe abschmecken und mit Petersilie garnieren. Sofort servieren.

Alternative: Es müssen nicht unbedingt die Steinpilze sein, auch andere Pilze, vor allem Braunhäuptchen, können der Suppe das gewünschte Aroma verleihen.

ROSÓŁ Z KURY – Hühnerbrühe/Hühnersuppe

Es ist eine Suppe, die früher sehr oft an Sonntagen gekocht und mit selbst gemachten Nudeln kredenzt wurde. Besonders beliebt war sie auf dem Lande, wo die Hühner an den Wochenenden gut aufpassen mussten, um nicht in einem Topf zu landen. Mit viel frischem Gemüse gekocht, schmeckt die Suppe sehr aromatisch, ist deswegen auch heute ist bei vielen sehr beliebt.

Zutaten für 4-5 Personen:
1 frisches Suppenhuhn mit Innereien von etwa 1 kg
3 Pfefferkörner, leicht zerdrückt
2 Lorbeerblätter
1,5 l Wasser
Suppengrün:
1 Zwiebel
2 Möhren
1 Stück Sellerie
1 kleine Wurzelpetersilie
1 kleine Stange Porree
1 Stückchen Weißkohl
Zum Abschmecken:
Steinsalz, weißer Pfeffer,
frisch gemahlen
Zum Garnieren: 1 El Dill
oder Petersilie, fein gewogen

1. Das Huhn und die Innereien kalt waschen und in einen Suppentopf geben, die Pfefferkörner zufügen, leicht salzen, mit kaltem Wasser aufgießen und auf den Herd stellen.
2. Zwiebel, Möhren, Petersilie und Sellerie schälen und grob zerkleinern. Den Porree putzen, waschen und quer teilen. Die Zwiebel abziehen, der Breite nach schneiden und in einer dicken Pfanne ohne Fett an den Schnittstellen braun rösten. Alles zusammen in den Suppentopf geben und zugedeckt etwa 1 Stunde 30 Minuten bis 2 Stunden kochen.
3. Ist das Suppenhuhn weich, herausnehmen und die Brühe durch ein mit einem Passiertuch ausgelegtes Sieb gießen. Mit Salz und Pfeffer abschmecken und mit Dill oder Petersilie garnieren. In einer Suppenterrine mit selbst gemachten Nudeln sehr warm servieren.

Alternative:
Die Hühnersuppe kann anstatt mit Nudeln mit Weizengrießwürfeln serviert werden.

ROSÓŁ Z WOŁOWINY – Rindfleischbrühe/Rindfleischsuppe

Eine beliebte Suppe, die traditionell bis heute mit selbst gemachten Nudeln serviert wird. Die Suppe schmeckt kräftig und sehr aromatisch. Auf dem Lande wird sie oft anstatt mit Nudeln mit Kartoffeln gereicht.

Zutaten für 5-6 Personen:
750 g Rindfleisch (z. B.:
Rippenfleisch, Bruststück)
Suppengrün: 1 Zwiebel
2 Möhren
1 kleine Wurzelpetersilie
1 kleine Stange Porree
1 Stück Sellerie
1 Stückchen Weißkohl

Gewürze: 5 schwarze
Pfefferkörner,
leicht zerdrückt, 1 Lorbeerblatt
Steinsalz
1 Msp. schwarzer Pfeffer, frisch
gemahlen
Zum Garnieren: 1 El Dill
oder Petersilie, fein gehackt

1. Fleisch mit Gewürzen in einen Suppentopf geben, mit etwa 2 l kaltem Wasser auffüllen, leicht salzen, aufkochen und auf den Herd stellen.

2. Zwiebel, Möhren, Petersilie und Sellerie schälen und grob zerkleinern. Den Porree putzen, waschen und quer teilen. Die Zwiebel abziehen, der Breite nach schneiden und in einer dicken Pfanne ohne Fett an den Schnittstellen braun rösten. Alles in den Suppentopf geben, aufkochen und zugedeckt bei kleiner Hitze gute 2 Stunden köcheln lassen, bis das Fleisch sehr weich ist.

3. Das Fleisch herausnehmen und die Brühe durch ein feines, mit einem Passiertuch ausgelegtes Sieb seihen. Mit Salz und Pfeffer abschmecken und mit Dill oder Petersilie garnieren. Mit selbst gemachten Eiernudeln in einer Suppenterrine servieren.

Anmerkung:
Um die Brühe noch aromatischer zu machen, kann man 3-4 getrocknete Steinpilze vor dem Kochen zugeben.

STAROPOLSKA ZUPA CEBULOWA – Altpolnische Zwiebelsuppe

Eine herzhafte Suppe, die auch heutzutage gerne gekocht wird. Das Rezept ist fast 90 Jahre alt.

Zutaten für 4 Personen:
100 g Roggenbrot
200 g Zwiebeln
60 g Butter, 125 ml süße Sahne
4 Eigelbe, Steinsalz

Als Beilage:
2-3 Pfannkuchen,
die in 2 x 2 cm große Flekerln
geschnitten werden

1. Das Brot entrinden, würfeln und in der Hälfte der Butter auf mittlerer Flamme anrösten. In einen Suppentopf geben.

2. Die Zwiebeln abziehen, klein würfeln und in der restlichen Butter goldgelb anbraten. Zu den Brotwürfeln geben und den Topf mit 1 Liter Wasser auffüllen. Zugedeckt 30-40 Minuten bei milder Hitze kochen, bis die Zwiebelwürfel zerkocht sind.

3. Die Suppe durch ein Sieb streichen oder mit einem Pürierstab pürieren.

4. Die Eigelbe mit der Sahne verquirlen und bei kleiner Hitze unter die Suppe mischen. Erhitzen, aber nicht aufkochen lassen, weil die Mischung sonst gerinnt. Die Suppe mit Salz abschmecken und mit Flekerln (*łazanki*) servieren.

ZUPA GRZYBOWA – Pilzsuppe

Die sehr aromatische Suppe wird aus getrockneten Pilzen gekocht. Sie schmeckt am besten, wenn man Steinpilze und eventuell noch Braunhäuptchen verwendet. Es ist ein Rezept meiner Eltern, nach dem ich bis heute die Suppe koche.

Zutaten für 4-5 Personen:
1 Handvoll getrockneter Pilze
500 g Kartoffeln, mehlig
oder vorwiegend festkochend
1,5 l Wasser
Suppengrün:
1 Möhre
1 kleine Wurzelpetersilie

1 Stück Sellerie
1 große Zwiebel
Außerdem:
60-70 ml Crème fraîche
oder süße Sahne
(im Originalrezept dicke Sahne)
Steinsalz
Pfeffer, frisch gemahlen

1. Die Pilze kurz abspülen, in einen Topf geben, mit Wasser auffüllen und etwa 30 Minuten lang einweichen. Aufkochen und bei milder Hitze etwa 30 Minuten kochen.

2. Zwiebel, Möhre, Petersilie und Sellerie schälen und grob zerkleinern. Die Zwiebel abziehen, der Breite nach schneiden und in einer dicken Pfanne ohne Fett an den Schnittstellen braun rösten. Die Kartoffeln ebenfalls schälen und würfeln. Alles in den Topf geben, leicht salzen und weiter etwa 25 Minuten kochen, bis die Kartoffeln und die Pilze ganz weich sind.

3. Die Pilze und das Suppengrün mit dem Schaumlöffel herausnehmen. Das Suppengrün wegwerfen, die Pilze in dicke Streifen schneiden und zurück in die Suppe geben.

4. Die Suppe mit Sahne, Pfeffer und eventuell noch etwas Salz abschmecken und sofort servieren.

Anmerkung: Um die Suppe sämiger zu machen, kann man 1-2 Kartoffeln mit etwas Suppe herausnehmen, pürieren und zurück in den Topf geben.

ZUPA GRZYBOWA ZE ŚWIEŻYCH GRZYBÓW
Pilzsuppe aus frischen Pilzen

Es ist eine Suppe, die es bei uns zu Hause oft im Herbst gab. Mein Vater liebte das Pilzesammeln und wir Kinder die Suppe. Sie war jedes Mal ein Hochgenus und mit anderen Suppen nicht mal vergleichbar. Die Pilzsuppe wird genauso, wie die Suppe aus den getrockneten Pilzen gekocht, nur anstatt von getrockneten nimmt man frische Pilze und wer möchte auch weniger Wasser (etwa 1 Liter). Geeignet für die Suppe sind Steinpilze, Braunhäuptchen, Espenrotkappen, Birkenpilze und die besonders in einer Suppe gut schmeckenden Butterpilze (Haut abziehen nicht vergessen).

Zutaten für 4-5 Personen:
500-800 g frische Pilze
500 g Kartoffeln, mehlig
oder vorwiegend festkochend
1,5 l Wasser
Suppengrün:
1 Möhre
1 kleine Petersilienwurzel
1 Stück Sellerie

1 große Zwiebel
Außerdem:
60-70 ml Crème fraîche
oder süße Sahne
(im Originalrezept dicke Sahne)
Steinsalz
frisch gemahlener schwarzer
Pfeffer

1. Die Pilze sorgfältig verlesen, die von Würmern befallenen wegwerfen, die gesunden gründlich abspülen. Die Stiele klein schneiden, die Pilzhüte je nach Größe halbieren, ganz lassen oder in Streifen schneiden. Alles in einen Topf legen.

2. Zwiebel, Möhre, Petersilie und Sellerie schälen und grob zerkleinern. Die Zwiebel abziehen, der Breite nach schneiden und in einer dicken Pfanne ohne Fett an den Schnittstellen braun rösten. Die Kartoffeln schälen und würfeln. Alles zu den Pilzen in den Topf geben, mit Wasser auffüllen, leicht salzen und etwa 30 Minuten kochen, bis die Kartoffeln und die Pilze ganz weich sind.

3. Das Suppengrün mit dem Schaumlöffel herausnehmen und die Suppe mit Sahne, Pfeffer und eventuell noch etwas Salz abschmecken und sofort servieren.

ZUPA OGÓRKOWA – Gurkensuppe

Es ist die Lieblingssuppe unseres jüngeren Sohnes. Als Kind konnte er nie genug davon kriegen. Sogar im Urlaub kochte ihm die Pensionsmutter die Suppe, so oft er mochte. Zum Glück schmeckte sie auch den anderen Mitbewohnern. Es ist eine Suppe, die im Unterschied zu dem für die altpolnische Küche charakteristischen süßsauren Geschmack, nur sauer ist. Die Suppe kann man auch ohne Fleisch kochen.

Zutaten für 4-5 Personen:
250 g Suppenfleisch
2-3 milchsaure Gurken
500 g Kartoffeln, mehlig
Suppengrün:
1 Zwiebel
1 Möhre
1 kleine Wurzelpetersilie
1 Stück Sellerie
1 kleine Stange Porree
Zum Abschmecken:
1 Glas Gurkensäure (250 ml)
50-100 ml süße Sahne
1 El Dill, fein gewogen
eventuell
1 Knoblauchzehe, zerrieben

1. Das Fleisch in einen Topf geben und mit etwa 1-1,5 l Wasser auffüllen (es kommt später noch ein Glas Gurkensäure dazu).

2. Zwiebel, Möhre, Petersilie und Sellerie schälen. Die Möhre klein würfeln, den Rest grob zerkleinern. Den Porree putzen, waschen und quer teilen. Die Zwiebel abziehen, der Breite nach schneiden und in einer dicken Pfanne ohne Fett an den Schnittstellen braun rösten. Alles zu dem Fleisch geben, sparsam salzen und zugedeckt gute 30 Minuten kochen.

3. Die Kartoffeln schälen, würfeln, in den Topf geben und etwa 20 Minuten weiter kochen, bis die Kartoffeln weich sind.

4. Die sauren Gurken entweder in dünne Scheiben schneiden oder klein würfeln und in die Suppe geben. Ein paar Minuten mitkochen lassen, bis sie weich sind. Die Gurkensäure und die Sahne zufügen, aufkochen lassen und den Dill untermischen. Wer mag, gibt auch den zerriebenen Knoblauch dazu. Die Suppe sollte angenehm sauer und aromatisch schmecken. Die Gurkensäure hat meistens genug Salz drin, sodass man nicht zusätzlich salzen muss.

ZARZUTKA (KAPUŚNIAK) – Sauerkrautsuppe

Eine sehr einfache, aus der Bauernküche stammende Suppe, die oft im Herbst und Winter gekocht und gerne an Wochentagen als Hauptgericht gegessen wird. Mein älterer Bruder hatte sie gerne als Student gekocht. In einem großen Topf und so dick, dass ein Löffel im Topf stehen bleiben könnte, schmackhaft und sättigend.

Zutaten für 4-5 Personen:
250 g Suppenfleisch
500 g Sauerkraut (nicht zu sauer)
500 g Kartoffeln, mehlig oder vorwiegend festkochend
1 Lorbeerblatt
1-1,5 l Wasser, nach Belieben
Suppengrün:
1 Zwiebel
1 Möhre
1 kleine Wurzelpetersilie
1 Stück Sellerie
1 kleine Stange Porree
Zum Abschmecken:
Steinsalz
Pfeffer aus der Mühle
Für die Mehlschwitze:
5 El Mehl, 5 EL Öl
Zum Garnieren: *1 El gehackte Petersilie*

1. Fleisch und Lorbeerblatt in einen Suppentopf geben. Zwiebel, Möhre, Petersilie und Sellerie schälen und grob zerkleinern. Den Porree putzen, waschen und quer teilen. Die Zwiebel abziehen, der Breite nach schneiden und in einer dicken Pfanne ohne Fett an den Schnittstellen braun rösten. Alles in den Topf geben, mit Wasser auffüllen, salzen und zugedeckt gute 30 Minuten kochen.

2. Die Kartoffeln schälen, würfeln und in die Suppe geben. Zugedeckt etwa 15 Minuten kochen, bis die Kartoffeln fast gar sind. Das ausgekochte Gemüse herausnehmen. Sauerkraut zufügen und weiter 10-15 Minuten kochen, bis das Kraut weich ist.

3. Öl in eine Pfanne geben, Mehl mit einem Schneebesen einrühren und bei mittlerer Hitze, unter ständigem Rühren, langsam goldgelb bräunen lassen. Mit etwa 250 ml Suppenflüssigkeit oder Wasser löschen und weiter rühren, bis eine cremige Konsistenz entsteht. Die Mehlschwitze unter die Suppe rühren. Mit Pfeffer und Salz abschmecken. Vor dem Servieren mit Petersilie garnieren

PARZYBRODA – Weißkohlsuppe

Parzybroda bedeutet wortwörtlich „brennendes Kinn". Woher der Name stammt, weißt heute keiner mehr. Von einer Schärfe kommt es bestimmt nicht, weil es eine milde Herbstsuppe ist, die bis heute gerne gekocht wird.

Zutaten für 4-5 Personen:
250 g Suppenfleisch
250 g Weißkohl
(etwa ¼ Kohlkopf)
oder Spitzkohl
250 g Kartoffeln,
vorwiegend festkochend
1,5 l Wasser
Suppengrün:
1 Zwiebel
1 Möhre
1 kleine Wurzelpetersilie
1 Stück Sellerie
1 kleine Stange Porree
Für die Mehlschwitze:
5 El Mehl
5 El Öl
Zum Abschmecken:
Steinsalz
1 Msp. frisch gemahlener Pfeffer
Zum Garnieren:
1 El Petersilie, fein gewogen

1. Das Fleisch kalt spülen und in einem Suppentopf zugedeckt erst 30 Minuten kochen.

2. Zwiebel, Möhre, Petersilie und Sellerie schälen. Die Möhre klein würfeln, den Rest nur grob zerkleinern. Den Porree putzen, waschen und quer teilen. Die Zwiebel abziehen, der Breite nach schneiden und in einer dicken Pfanne ohne Fett an den Schnittstellen braun rösten. Die Kartoffeln ebenfalls schälen und würfeln, den Kohl in feine Streifen schneiden. Alles zusammen in den Suppentopf geben, salzen und 20-30 Minuten weiter kochen, bis das Gemüse und die Kartoffeln weich sind.

3. Für die Mehlschwitze Öl in eine Pfanne geben, Mehl mit einem Schneebesen einrühren und bei mittlerer Hitze, unter ständigem Rühren, langsam goldgelb bräunen lassen. Mit etwa 250 ml Suppenflüssigkeit oder Wasser löschen und so lange rühren, bis eine sämige Soße entsteht, dann die Mehlschwitze unter die Suppe rühren und mit Pfeffer und eventuell noch etwas Salz abschmecken. Mit Petersilie garniert servieren.

ZUPA SZCZAWIOWA – Sauerampfersuppe

Die Sauerampfersuppe wurde früher genauso gerne im Frühling, wie im Winter gekocht. Wobei im Winter der Sauerampfer aus den im Sommer eingekochten Flaschen kam. Die Suppe schmeckt erfrischend sauer und passt besonders gut zu süßen Hauptgerichten wie Pfannkuchen oder *pierogi*.

Zutaten für 4-5 Personen:
150 g frische Sauerampferblätter
500 g Kartoffeln, vorwiegend
festkochend oder mehlig
2 El Butter
etwas mehr als 1 l Wasser
Suppengrün:
1 Zwiebel
1 Möhre

1 kleine Wurzelpetersilie
1 Stück Sellerie
1 kleine Stange Porree
Zum Abschmecken:
125 ml süße Sahne
Steinsalz
Als Beilage:
4-5 hartgekochte Eier,
der Länge nach halbiert

1. Die Sauerampferblätter verlesen, die harten Stiele abschneiden (nicht wegwerfen) und waschen. Die Blätter in Streifen schneiden und zur Seite legen.

2. Für den Gemüsefond das Suppengrün putzen und waschen, das Wurzelgemüse und die Zwiebel schälen und alles grob zerkleinern. In einem Topf die Butter zerlassen und das Gemüse darin kurz dünsten. Mit Wasser aufgießen, die abgeschnittenen Sauerampferstiele zugeben, leicht salzen und etwa 30 Minuten kochen.

3. In der Zwischenzeit die Kartoffeln schälen, würfeln und in einen Suppentopf geben. Den Gemüsefond durch ein Sieb dazu gießen und etwa 20 Minuten kochen, bis die Kartoffeln gar sind. Die geschnittenen Blätter zufügen und nur so lange kochen, bis die Blätter ihre Farbe verloren haben und weich geworden sind. Die Suppe mit Sahne und eventuell noch etwas Salz abschmecken und mit hartgekochten Eiern als Beilage servieren.

Anmerkung: Das Rezept für den eingekochten Sauerampfer befindet sich auf Seite 324.

ZUPA SELEROWA – Selleriesuppe

Es ist ein Rezept von unserer Freundin Teresa, der Tochter eines der Vordenker von Solidarność. Die Suppe schmeckt am besten, wenn sie mit gartenfrischem Gemüse gekocht wird.

Zutaten für 4-5 Personen:
250 g Suppenfleisch
Suppengrün:
1 Zwiebel
1 Möhre
1 kleine Wurzelpetersilie
1 kleine Stange Porree
500 g Sellerieknolle
für einen intensiven Geschmack, sonst etwa 300 g
125 ml süße Sahne

etwa 1,5 l Wasser
Zum Binden:
2 gehäufte El Mehl
250 ml Wasser
Zum Abschmecken:
Steinsalz
Als Beilage:
½ Baguette
50 g Butter
50 g geriebener Käse

1. Das Fleisch in einen Suppentopf legen. Mit Wasser auffüllen, salzen und etwa 30 Minuten kochen lassen.
2. Das Suppengrün putzen und waschen. Das Wurzelgemüse und die Zwiebel schälen und grob zerkleinern, den Sellerie halbieren. Alles in den Topf geben und weiter kochen lassen, bis das Fleisch und der Sellerie weich sind.
3. Fleisch und Sellerie herausnehmen, den Rest der Suppe in einen anderen Topf abseihen. Den Sellerie durch ein Sieb in die Suppe passieren oder in die Suppe geben und mit einem Pürierstab pürieren.
4. Die Suppe kurz aufkochen. Mehl mit Wasser verquirlen und unter die Suppe mischen. Mit Sahne abschmecken.
5. Baguette in 1 cm dicke Scheiben schneiden, von beiden Seiten mit Butter bestreichen, eine Seite mit dem geriebenen Käse bestreuen und im Backofen bei 180° überbacken, bis der Käse geschmolzen ist und eine goldbraune Farbe angenommen hat. Direkt in die Teller legen.

ZUPA POMIDOROWA – Tomatensuppe

Als Kinder mochten wir, ich und meine beiden Brüder, die leicht säuerlich schmeckende Suppe sehr gerne. Unsere Mutter kochte sie uns mit wunderbaren selbst gemachten Nudeln.

Zutaten für 4-5 Personen:
1,5 l Hühnerbrühe
600 g Suppentomaten
60 ml süße Sahne, Steinsalz
1 El Dill, fein gewogen
Für die Hühnerbrühe:
½ Suppenhuhn
1,5 l Wasser
Suppengrün:

1 Zwiebel
1 Möhre
1 kleine Wurzelpetersilie
1 Stück Sellerie
1 kleine Stange Porree
1 kleines Stück Weißkohl
Außerdem: Steinsalz
1 Msp. frisch gemahlener Pfeffer

Zuerst die Hühnerbrühe kochen:
1. Das Suppenhuhn kalt abspülen und in einen Suppentopf legen.
2. Das Suppengrün putzen und waschen. Das Wurzelgemüse und die Zwiebel schälen. Die Zwiebel halbieren und an den Schnittstellen in einer dicken Pfanne ohne Fett braun rösten. Das Suppengrün grob zerkleinern. Alles in den Suppentopf geben, mit kaltem Wasser aufgießen, leicht salzen und zugedeckt 1 Stunde 30 Minuten bis 2 Stunden kochen. Das Suppenhuhn und das ausgekochte Gemüse herausnehmen.

Dann die Tomatensuppe zubereiten:
1. Die Tomaten mit kochendem Wasser überbrühen, häuten, vierteln und in die Hühnerbrühe geben, etwa 10 Minuten mitkochen. Den Topf vom Herd nehmen, die Tomaten mit einem Schaumlöffel herausnehmen und durch ein Sieb in den Suppentopf streichen.
2. Die Suppe mit Sahne und Dill verfeinern und mit selbst gemachten Eiernudeln servieren.

Anmerkung: Um auch im Winter eine Tomatensuppe essen zu können, kochte man früher passierte Tomaten ein. Das Rezept befindet sich auf Seite 324.

KARTOFLANKA – Kartoffelsuppe
Eine sehr einfache Suppe, die gerne an Wochentagen gegessen wird.

Zutaten für 4-5 Personen:
250 g Suppenfleisch
1 große Zwiebel
1 Möhre
1 kleine Wurzelpetersilie
1 kleine Stange Porree
1 Stück Sellerie
1 kleines Stück Weißkohl

500 g Kartoffeln
etwa 1,5 l Wasser
Steinsalz
1 mittlere Zwiebel
150 g durchwachsener geräucherter Speck
1 Tl Dill oder Petersilie, fein gehackt

1. Das Fleisch in einen Suppentopf legen, mit Wasser auffüllen und etwa 30 Minuten kochen lassen.

2. Die Zwiebel abziehen, der Breite nach halbieren und in einer dicken Pfanne ohne Fett braun anrösten. Das Suppengrün putzen, Wurzelgemüse schälen und alles grob zerkleinern. Kartoffeln ebenfalls schälen und grob würfeln. Alles in den Topf geben, salzen und weiter kochen lassen, bis das Fleisch und die Kartoffeln weich sind.

3. Den Speck würfeln und in einer Pfanne auslassen. Die mittlere Zwiebel abziehen, fein würfeln und in dem ausgelassenem Speck goldgelb anbraten, sofort in die Suppe geben. Mit Dill oder Petersilie bestreut servieren.

ZUPA FASOLOWA – Bohnensuppe
Bohnen mochte ich als Kind nicht, die Bohnensuppe aber aß ich gerne.

Zutaten für 4-5 Personen:
250 g Suppenfleisch
1 Zwiebel
1 Möhre
1 kleine Wurzelpetersilie
1 kleine Stange Porree

1 Stück Sellerie
250 g getrocknete Bohnen
400-500 g Kartoffeln
etwa 1,5 l Wasser
Steinsalz
1-2 Tl Majoran

1. Die Bohnen über Nacht in reichlich Wasser einweichen. Am nächsten Tag das Wasser abgießen und das Fleisch in den Suppentopf legen. Mit Wasser erneut auffüllen und gute 45 Minuten kochen.
2. Das Suppengrün putzen und grob zerkleinern. Die Kartoffeln schälen und grob würfeln. Alles in den Topf geben und weiter kochen lassen, bis das Fleisch, die Bohnen und die Kartoffeln weich sind.
3. Das Fleisch, ¾ der Kartoffeln und das ausgekochte Gemüse herausnehmen, den Rest der Suppe mit einem Pürierstab pürieren.
4. Die Kartoffeln und wer mag auch das Fleisch zurück in die Suppe legen. Das Fleisch vorher würfeln. Die Suppe mit Salz und Majoran abschmecken. Mit Brot oder Brötchen servieren.

ZUPA GROCHOWA – Erbsensuppe
Es ist eine wärmende und sehr nahrhafte Suppe, die auch heute sehr gerne im Herbst und Winter gegessen wird.

Zutaten für 4-5 Personen:
250 g Suppenfleisch
1 Zwiebel
1 Möhre
1 kleine Wurzelpetersilie
1 kleine Stange Porree

1 Stück Sellerie
250 g getrocknete Erbsen
400-500 g Kartoffeln
etwa 1,5 l Wasser
Steinsalz
1-2 Tl Majoran

1. Die Erbsen über Nacht in reichlich Wasser einweichen. Am nächsten Tag das Wasser abgießen und das Fleisch in den Suppentopf legen. Erneut mit Wasser auffüllen und gute 45 Minuten kochen lassen.
2. Das Suppengrün putzen und grob zerkleinern. Die Kartoffeln schälen und grob würfeln. Alles in den Topf geben und weiter kochen lassen, bis das Fleisch, die Erbsen und die Kartoffeln weich sind.
3. Alles bis auf Erbsen herausnehmen und die weichen Erbsen mit einem Pürierstab pürieren. Die Kartoffeln und wer mag auch das Fleisch zurück in die Suppe legen. Das Fleisch vorher würfeln. Die Suppe salzen und mit Majoran abschmecken. Mit Brot oder Brötchen servieren.

CHŁODNIK – Kaltschale

Eine kalte Sommersuppe, die sehr gerne an heißen Tagen gegessen wird. Die Suppe schmeckt am besten mit selbst gemachter Dickmilch und frischen aromatischen Salatgurken aus dem Garten oder vom Markt.

Zutaten für 4 Personen:
1 l Dickmilch
125 ml saure Sahne,
nach Belieben
1 Salatgurke
oder ½ Schlangengurke
1 Bund junge Rote Bete
mit Stielen und Blättern
(etwa 250 g)
1 Bund Dill
1 Bund Schnittlauch
Steinsalz
schwarzer Pfeffer,
frisch gemahlen
4 hartgekochte Eier,
der Länge nach halbiert

1. Die Roten Beten putzen und waschen. Die kleinen Knollen vierteln oder in Scheiben schneiden. Die Stiele in etwa 2 cm lange Teile, die Blätter in Streifen schneiden. In einem Topf zuerst die Stiele in wenig Salzwasser weich kochen, dann die Blätter zugeben und nur ganz kurz mitkochen. Abkühlen lassen.

2. Die Gurke schälen und in Streifen schneiden. Die Kräuter unter fließend kaltem Wasser abspülen, trocken schütteln und fein hacken.

3. Dickmilch mit der sauren Sahne und etwas Salz in einer großen Schüssel verquirlen und die Gurkenstreifen sowie die gekochten Roten Beten untermischen. Falls gewünscht, noch mit Pfeffer abschmecken. Die hartgekochten Eier direkt in die Teller legen. Mit neuen Kartoffeln servieren.

POLEWKA – Biersuppe

Jahrhundertelang in der Adelsküche zum Frühstück serviert, wurde die altpolnische Suppe erst im 18. Jh. von dem morgendlichen Kaffee abgelöst.

Zutaten:
1 l Bier
250 ml süße Sahne
4 Eigelbe
4 El Zucker
1 Msp. Zimt
2-3 Gewürznelken

1. Eigelbe mit Zucker cremig schlagen.

2. Bier mit Sahne und Gewürzen aufkochen und die Eigelbmasse dazu geben. Kurz unterrühren und vom Herd nehmen. Dazu aß man früher in Butter geröstete Brotscheiben und gewürfelten Weißkäse.

GRAMATKA – Biersuppe für die Fastentage

Auch die altpolnische Biersuppe *gramatka*, die nur an den Fastentagen gegessen wurde, wird seit Langem nicht mehr gegessen.

Zutaten:
1 l Bier
100 g Roggenbrot ohne Rinde
1 El Butter
½ Tl Kümmel
2-3 Tl Zucker
1 Msp. Steinsalz
500 ml abgekochtes Wasser

1. Brot würfeln und zusammen mit Bier und den anderen Zutaten aufkochen.

2. Die Suppe durch ein Sieb streichen und mit Wasser verdünnen.

ZUPY MLECZNE – Milchsuppen

In der traditionellen polnischen Küche gehören Milchsuppen auf den Frühstückstisch, besonders wenn Kinder zu Hause sind. Eine Ausnahme ist die Suppe „Nichts".

ZUPA NIC – Suppe „Nichts"

Als einzige der Milchsuppen wird die Suppe zum Mittagessen serviert. Sie sieht sehr dekorativ aus und auch geschmacklich ist sie ein wahrer Genuss.

Zutaten für 4 Personen: *100 g Zucker*
1 l Milch   *¼ Vanillestange*
2 Eier   *oder 1 Päckchen Vanillezucker*

1. Eigelbe und Zucker in einer Schüssel dickcremig aufschlagen. Die Eiweiße steif schlagen und die Eigelbmasse unter den Eischnee mischen.
2. Die Vanilleschote längs halbieren, das Mark kratzen und mit Milch aufkochen. Die Eiermasse langsam unter die kochende Milch ziehen, nochmals aufkochen und den Topf vom Herd nehmen. Mit Milchreis kalt oder warm servieren

OWSIANKA – Haferflocken Milchsuppe

Fast genauso populär wie die Weizengrießsuppe und noch einfacher zu kochen.

Zutaten für 4 Personen: *1 Msp. Steinsalz*
1 l Milch   *20 g Zucker,*
60-70 g Haferflocken   *nach Belieben*

Milch aufkochen, die Haferflocken unter ständigem Rühren in den Topf geben, etwa 2 Minuten kochen lassen, vom Herd nehmen, salzen oder süßen und 5 Minuten ausquellen lassen.

KASZA MANNA – Grießbrei (Weizengrießmilchsuppe)

Es ist die populärste und die meistgegessene Frühstückssuppe. Uns Kindern schmeckte sie am besten im Winter. Mochte es draußen noch so kalt und nass sein, mit der süßen, molligen Wärme im Bauch konnte uns das Wetter nichts anhaben.

Zutaten für 4 Personen:
1 l Milch
60-70 g Weizengrieß
20 g Zucker
Zum Garnieren:
geröstete Mandelblättchen
oder Obstsirup
im Winter 1-2 Tl
Hagebuttenmarmelade pro
Teller

1. Milch bei mittlerer Hitze aufkochen, den Weizengrieß unter ständigem Rühren langsam in den Topf rieseln lassen. Den Herd auf kleinste Hitze zurückschalten und den Weizengrieß noch etwa 10 Minuten ausquellen lassen. Mit Zucker abschmecken und gleich servieren.

2. **Eine Variante**, die unsere Mutter uns im Winter gerne kochte: 2 sehr frische Eigelbe mit 2 El Zucker schaumig schlagen und vor dem Servieren unter den Grießbrei mischen.

BABCINA ZUPA MLECZNA – Großmutters Milchsuppe

Ich bin schon als ganz kleines Kind sehr gerne bei meiner Großmutter mütterlicherseits geblieben. Jeden Morgen gingen wir dann, um Brot und Brötchen zu kaufen, in eine alte Bäckerei. Zum Frühstück gab es nachher oft eine „Milchsuppe" aus weichen Brötchen. Dazu wurde ein Brötchen mit Butter bestrichen, in eine Frühstücksschale gezupft und mit warmer Milch übergossen. Die „Suppe" gab es nur bei meiner Großmutter und somit ist sie für mich zu einer „Großmutters Suppe" geworden.

KASZA JAGLANA NA MLEKU – Hirse mit Milch

Die Hirse wurde vor allem für die Kinder gekocht, die gegen Kleber (Gluten) allergisch waren. Auf gleiche Weise kocht man auch Milchsuppen mit Perlgraupen und Krakauergrützchen.

Zutaten für 4 Personen:
200 g Hirse   *1 Msp. Salz*
1 l Milch   *2-3 El Zucker,*
1 El Butter   *nach Belieben*

Die Hirse in einen Topf geben und mit der doppelten Volumenmenge Wasser aufgießen, kurz umrühren und halb zugedeckt auf mittlerer Hitze etwa 15 Minuten kochen. Den Herd ausschalten, die Butter unterrühren und die Hirse zugedeckt etwa 10-15 Minuten ausquellen lassen. Milch aufkochen und unter die Hirse mischen. Die Suppe salzen oder süßen und warm servieren.

LANE KLUSKI NA MLEKU – Gegossene Nudeln mit Milch

Es ist eine Suppe, die nicht nur sehr nahrhaft und schmackhaft ist, sondern auch sehr schnell von der Hand geht.

Zutaten für 4 Personen:
1 l Milch   *60 g Mehl*
2 Eier   *1 Msp. Salz*
                       2 El Zucker, nach Belieben

1. Eier und Salz in einen Becher geben, Mehl hinzufügen und so lange verrühren, bis eine geschmeidige Masse entsteht.
2. Milch aufkochen und den Teig in dünnem Strahl in die kochende Milch fließen lassen, dabei immer wieder umrühren. Die Suppe eventuell noch mit Zucker abschmecken und gleich servieren.

ZUPY OWOCOWE – Obstsuppen

Die Obstsuppen sind Sommersuppen. Neben den klaren gibt es auch welche, die mit Sahne verfeinert werden. Serviert werden die Obstsuppen am liebsten mit selbst gemachten Eiernudeln.

ZUPA JAGODOWA – Heidelbeersuppe

Die Heidelbeersuppe gehört für viele zu den beliebtesten Obstsuppen. Für mich schmeckt sie immer noch nach heißen Sommertagen und grenzenlosen Ferien.

Zutaten, für 4-5 Personen:
500-600 g Heidelbeere
100 ml Schlagsahne

50-100 g Zucker
2-3 Gewürznelken, 1 Msp. Zimt,
1,5 Liter Wasser

Die Heidelbeeren verlesen und kurz spülen. In einen Topf zusammen mit den Gewürzen geben, mit Wasser aufgießen und bei mäßiger Hitze etwa 10 Minuten kochen. Mit Zucker, Sahne und Zimt abschmecken. Mit selbst gemachten Eiernudeln kalt oder warm servieren.

ZUPA WIŚNIOWA – Kirschsuppe

Die Suppe wird mit oder ohne Sahne serviert. Die beiden Varianten sind genauso schmackhaft.

Zutaten für 4-5 Personen:
500 g Sauerkirschen
50-100 g Zucker

3-4 Gewürznelken, 1 Msp. Zimt
50-60 ml Schlagsahne, nach
Belieben, 1,5 l Wasser

Die Sauerkirschen verlesen, waschen und entsteinen. In einen Suppentopf zusammen mit den Gewürznelken geben und auf mittlerer Hitze etwa 15 Minuten kochen, bis die Kirschen weich sind. Mit Zucker, Zimt und eventuell auch Sahne abschmecken und kalt oder warm mit selbst gemachten Eiernudeln servieren

ZUPA MALINOWA – Himbeersuppe

Die Himbeersuppe schmeckt sehr aromatisch und wird genauso gerne von Klein wie Groß gegessen.

Zutaten für 4-5 Personen: *50-100 g Zucker*
600 g Himbeeren oder *1,5 l Wasser*
(300 g Himbeeren und 300 g *2-3 El Schlagsahne,*
Rote Johannisbeeren) *nach Belieben*

Die Himbeeren verlesen, kurz abspülen und die Hälfte von ihnen (oder nur die Johannisbeeren) in einem Topf bei mäßiger Hitze nur so lange garen, bis sie weich geworden sind und ihre Farbe sich verändert hat. Dann durch ein Sieb passieren und erkalten lassen. Die rohen Himbeeren mit dem Stabmixer pürieren und der Suppe zufügen. Mit Zucker und eventuell auch Sahne abschmecken und mit selbst gemachten Eiernudeln servieren

FLEISCHGERICHTE

Fleisch gehörte in der altpolnischen Küche unzertrennlich zu dem Bild einer traditionellen Festtafel. Es wurde nicht nur sehr gerne gegessen, sondern auch sehr üppig serviert. Vor allem der Adel und die Magnaten hatten auf ihren Festen Unmengen davon kredenzen lassen. Auch das reiche Patriziat neigte zu sehr opulenten Festtafeln. Am üppigsten gegessen wurde im 17. Jh. Der Braten bestand damals oft aus ganzen Bergen von Fleisch, das in Form einer großen Pyramide angerichtet wurde und auf einer so großen Servierplatte lag, dass sie von zwei Burschen aufgetragen werden musste. Darunter befanden sich große Rinderbraten, gebratene Kalbsvierteln, Hammel und verschiedene Arten von Wildbrett sowie gebratenes Geflügel. Gekrönt wurde der Braten von Rebhühnern, Fasanen, Bekassinen und anderem Wildfedervieh.

Die Stadt- und Landbewohner haben natürlich mit weit weniger Fleisch auskommen müssen. Aus ihrer Küche kommen die schlichten Speisen, von denen viele auch mit relativ wenig Fleisch auskommen, trotzdem aber sehr wohlschmeckend sind. In den meisten Familien wurde Fleisch nur an Sonntagen und Festtagen gegessen.

Bis heute ist es üblich, dass an den großen Festtagen viele verschiedene Fleischgerichte serviert werden. Die meistens von ihnen werden nach den althergebrachten Rezepten zubereitet, von denen sich viele im Laufe der Zeit kaum verändert haben.

Wie in vielen traditionellen Küchen, wird auch in der traditionellen polnischen Küche bis heute möglichst alles von den Tieren verwendet: Innereien wie Leber, Herz, Mägen, Kaldaunen und sogar die Lunge. Darüber hinaus auch Füße (Schweine-, Kalbs- wie auch Hühnerfüße), Ohren (Schweineohren), ganze Köpfe und Schwänze. Lange Zeit belächelt, sieht man es heute als ein Zeichen des Respekts gegenüber den Tieren, die für den Menschen ihr Leben gegeben haben.

Schweinefleisch

Schweinefleisch gehört in der traditionellen polnischen Küche zu den am häufigsten gegessenen Fleischsorten. Es wurde immer schon sehr vielseitig zubereitet und die Rezepte reichen von einfachen bis zu festlichen Gerichten.

Neben den traditionellen Speisen gibt es auch eine große Auswahl an Wurstwaren, von denen die meisten schon die altpolnischen Tafeln geschmückt haben. Die Palette reicht von den einfachen wie *kaszanka* und *salceson*, bis zu den edleren wie Schinken, *baleron* und *polędwica*.

Kaszanka ist eine würzige Blutwurst, welche mit Buchweizen zubereitet wird und sehr beliebt ist. *Salceson* nennt man in Polen den Schwartenmagen, der von vielen gerne gegessen wird. Schinken wird als geräucherter Kochschinken zubereitet. Der *baleron* ist ein geräucherter und gekochter Nackenrollbraten, welcher sehr zart und von ausgezeichnetem Geschmack ist. Sehr wohlschmeckend ist auch *polędwica*, ein Rückenbraten, der genauso wie der Schinken geräuchert und dann kurz gekocht wird. Es gibt auch unzählige Wurstsorten. Sie reichen von den Knackwürsten bis zu den verschiedenen getrockneten Knoblauchwürsten.

KOTLET SCHABOWY – Schweineschnitzel

Kotlet schabowy, in der Umgangssprache kurz *schabowy* genannt, gehört zusammen mit Stampfkartoffeln und Bigos zu den populärsten Gerichten der traditionellen polnischen Küche. Für *schabowy* nimmt man immer den Rückenbraten, am besten ohne Knochen. Das Fleisch wird in etwa 1,5 cm dicke Scheiben geschnitten, breit geklopft, paniert und kurz gebraten. *Schabowy* wird sehr gerne an Feiertagen gegessen und in Restaurants ist er oft die erste Wahl.

Zutaten für 4 Personen:
600 g Rückenbraten ohne Knochen
1-2 Eier, 4 gehäufte El Mehl
Steinsalz
frisch gemahlener schwarzer Pfeffer
Öl zum Braten

1. Das Fleisch kurz kalt spülen und trocken tupfen, quer zur Faser in 4 Scheiben schneiden. Jedes Stück breit klopfen und mit Salz und Pfeffer bestreuen. Beidseitig zuerst in Mehl, dann in verquirltem Ei und wieder in Mehl wenden.

2. So viel Öl in einer Pfanne heiß werden lassen, dass es etwa 0,5 cm hoch steht und die Koteletts, bei mittlerer Hitze, auf jeder Seite 3-4 Minuten goldbraun braten. Dazu serviert man traditionell Stampfkartoffeln, Rote-Bete-Gemüse und im Winter Bigos. Im Sommer dagegen grünen Salat mit Sahne.

SCHAB PIECZONY – Rückenbraten, Schweinelachsbraten

Schab wird traditionell zu Weihnachten, Ostern und anderen Festtagen gebraten und kalt in dünne Scheiben geschnitten serviert. Dazu reicht man Sahnemeerrettich, Moosbeermarmelade und kleine in Essig eingelegte Steinpilze. Gewürzt wird der Braten meistens mit viel Majoran. Manche nehmen stattdessen gerne Kümmel. Mein Vater hat ihn immer mit viel Majoran gebraten.

Zutaten für 4-6 Personen:
1 kg Rückenbraten
2-3 El Majoran
oder 1 El Kümmel, nach Belieben

1 Zwiebel, mittelgroß
3 Knoblauchzehen
1 Tl Steinsalz
frisch gemahlener schwarzer Pfeffer

1. Das Fleisch kurz kalt abspülen, trocken tupfen und mit Salz und Pfeffer einreiben.

2. Zwiebel und Knoblauch abziehen und in Ringe bzw. dünne Scheiben schneiden. Das Fleisch damit belegen und mit Majoran bestreuen.

3. In eine Brat- oder Fettpfanne legen und bei 200 °C 1 Stunde und 15 Minuten backen, dabei von Zeit zu Zeit mit dem Bratensaft begießen. Gibt das Fleisch beim Drücken kaum nach, ist es fertig.

Variante:
Man kann den Rückenbraten auch mit Rosmarin braten. Dafür braucht man anstatt Majoran 1-2 Zweige frischer Rosmarin und 2-3 El Olivenöl. Die 3 Knoblauchzehen abziehen, durch Knoblauchpresse pressen und mit Rosmarinnadeln, Salz, Pfeffer und Olivenöl zusammen mischen. Das Fleisch damit einreiben und für etwa 2 Stunden in den Kühlschrank stellen. Anschließend wie in dem Rezept oben braten.

FILECIKI (*FILET SAUTÉ*) – Schweinefilets, natur

Filet sauté ist eine Küchenchefbeschreibung, in der Umgangssprache heißen sie *fileciki*, was kleine Filets bedeutet. Mein Vater hat sie am liebsten auf diese Weise gebraten. Am besten schmeckten sie, wenn das Fleisch direkt von den Bauern kam.

Zutaten für 4 Personen:
600 g Schweinefilet
Steinsalz
schwarzer Pfeffer, frisch gemahlen,
3 El Öl

1. Das Fleisch kurz kalt spülen und trocken tupfen. Quer zur Faser in etwa 1 cm dicke Scheiben schneiden, vorsichtig klopfen und mit Salz und Pfeffer bestreuen.
2. Das Öl in einer beschichteten Pfanne erhitzen und die kleinen Filets von beiden Seiten goldbraun braten. Mit Kartoffelpüree und grünem Salat im Sommer und mit Sauerkrautsalat im Winter servieren.

FILECIKI Z PIECZARKAMI – Schweinefilets mit Champignons

Es ist eine Speise, die nicht nur sehr einfach und schnell zu zubereiten ist, sondern auch ausgezeichnet schmeckt.

Zutaten für 4 Personen:
600 g Schweinefilet
Steinsalz, frisch gemahlener
schwarzer Pfeffer
4 El Öl, 250 g Champignons
2-3 El Butter

1. Das Fleisch kalt abspülen, trocken tupfen und quer zur Faser in etwa 1 cm dicke Scheiben schneiden. Leicht ausklopfen und mit Salz und Pfeffer bestreuen. Die Champignons putzen, spülen und in Streifen schneiden.
2. Das Öl in einer beschichteten Pfanne erhitzen und die Filetstücke beidseitig goldbraun braten. Die Champignons zufügen und glasig mitbraten. Die Pfanne vom Herd nehmen, Butter untermischen und die Filetstücke kurz darin ziehen lassen. Mit Kartoffelpüree und Tomatensalat servieren

KOTLETY W SOSIE CEBULOWYM
Schweinekoteletts in Zwiebelsoße

Die Koteletts mit der würzigen Zwiebelsoße passen besonders gut zu jeder Grütze, werden aber auch gerne mit Kartoffeln serviert.

Zutaten für 4 Personen:
500 g Schweinefleisch aus der Oberschale
oder 4 runde Schnitzeln
6 El Öl zum Braten
2 El Mehl
3 Zwiebeln
1 Lorbeerblatt
3 Pimentkörner
2 El Mehl
4 El Wasser
Steinsalz
schwarzer Pfeffer aus der Mühle
4 El süßer Sahne, nach Belieben
Zum Garnieren: *Petersiliengrün*

1. Die Zwiebeln abziehen und klein würfeln. Das Fleisch quer zur Faser in 4 Stücke schneiden, gut ausklopfen, mit Salz und Pfeffer bestreuen und mit Mehl bestäuben.
2. In einer Pfanne 4 El Öl erhitzen und die Koteletts darin auf beiden Seiten etwa 3-4 Minuten goldbraun braten, anschließend in einen Topf geben und warm halten.
3. Jetzt 2 El Öl und die gewürfelten Zwiebeln in die Pfanne geben, glasig dünsten und mit etwas mehr als 250 ml Wasser aufgießen. Die Gewürze dazu geben und zugedeckt leise schmoren lassen, bis die Zwiebelwürfel weich sind. Mehl mit Sahne oder Wasser verquirlen und unter die Soße mischen, eventuell noch mit Salz und Pfeffer nachwürzen.
4. Die Koteletts auf einer vorgewärmten Servierplatte anrichten und mit einem Teil der Soße überziehen. Den Rest gesondert in einer Sauciere reichen. Mit Stampfkartoffeln und Sauerkrautsalat servieren.

KOTLETY WIEPRZOWE DUSZONE Z PIECZARKAMI
Mit Champignons geschmorte Schweinekoteletts

Die Champignons und die Sahne verleihen dem Fleisch eine besondere Note. Die Koteletts schmecken am besten mit selbst gemachten Nudeln.

Zutaten für 4 Personen:
500 g Schweinefleisch aus der Oberschale
oder 4 runde Schnitzel
6 El Öl, zum Braten
2 El Mehl
1 Zwiebel
400 g Champignons,
125 ml süße Sahne
Steinsalz
schwarzer Pfeffer,
frisch gemahlen

1. Die Zwiebel abziehen und fein würfeln, die Champignons putzen, kurz abspülen waschen und blättern.

2. Aus dem Fleisch, quer zur Faser 4 Koteletts schneiden, gut ausklopfen, mit Salz und Pfeffer einreiben und mit Mehl bestäuben.

3. In einer Pfanne 3 Esslöffel Öl erhitzen und die Koteletts beidseitig etwa 3-4 Minuten goldbraun braten, in einen Topf legen und warm halten.

4. Die Zwiebelwürfel und die Champignons im restlichen Öl glasig anbraten. Mit 125 ml Wasser aufgießen und leise köcheln lassen, bis die Zwiebelwürfel weich sind. Die Sahne zufügen und die Soße auf ganz kleiner Hitze auf die gewünschte Konsistenz einkochen. Mit Salz und Pfeffer abschmecken.

5. Die Koteletts in eine Schüssel legen und mit der Soße übergießen.

6. Mit selbst gemachten Nudeln wie *łazanki*, *kopytka*, einfache Löffelnudeln oder Biskuitnudeln und einem Tomaten- oder Rotkohlsalat servieren.

Anmerkung:
In der traditionellen polnischen Küche wird meistens dicke Sahne verwendet. Man kann als Ersatz *Crème fraîche* nehmen. Wer eine süßliche Note bevorzugt, nimmt die süße Sahne.

PIECZEŃ WIEPRZOWA NA DZIKO
Schweinebraten auf Wildbretart
Ein Winterbraten, der an einem kalten, verschneiten Festtag besonders gut schmeckt.

Zutaten für 8 Personen:
1,5 kg Schweinefleisch von der Nuss oder Oberschale, Steinsalz, frisch gemahlener schwarzer Pfeffer, 1 El Mehl
3 El Öl zum Braten
Für die Marinade:
Saft einer Zitrone
125 ml trockener Weißwein
10 Wacholderbeeren, leicht zerdrückt, 10 Pimentkörner
10 Pfefferkörner, leicht zerdrückt, 2 Zwiebeln, 4 Nelken
Für die Soße
1 El Hagebuttenmarmelade
2 El Mehl, 4 El Wasser
125 ml Hühnerbouillon oder Wasser

1. Das Fleisch kurz kalt spülen, trocken tupfen und in eine Schüssel legen.

2. Die Marinade vorbereiten: Die Zwiebeln abziehen, klein würfeln und zusammen mit Gewürzen, Zitronensaft und Wein kurz aufkochen. Noch heiß über das Fleisch gießen. Zugedeckt 1-2 Tage kalt stellen. Von Zeit zu Zeit wenden.

3. Das Fleisch aus der Marinade herausnehmen und abtropfen lassen. Mit Salz und Pfeffer einreiben und leicht mit Mehl bestäuben. In einem Bräter von allen Seiten goldbraun anbraten. Mit 125 ml Wasser aufgießen und die Gewürze aus der Marinade zufügen. Zugedeckt 1 Stunde 30 Minuten bis 2 Stunden schmoren lassen, bis das Fleisch gar ist.

4. Den Braten warm stellen und den Bratensaft mit der Bouillon löschen. Durch ein Sieb passieren, bis auf etwa 250 ml auffüllen und mit Mehl binden: Die Soße kurz aufkochen, die 2 El Mehl mit 4 El Wasser verquirlen und unter die Soße rühren. Die Hagebuttenmarmelade untermischen und mit Salz und Pfeffer abschmecken. Gesondert zum Fleisch servieren. Zu dem Braten reicht man Kartoffelpüree, Rote-Bete-Gemüse (*buraczki*) und *bigos* oder geschmortes Sauerkraut.

PIECZEŃ WIEPRZOWA W SOSIE ŚLIWKOWYM
Schweinebraten in Pflaumensoße

Den Braten kann man genauso gut schmoren wie braten. Das Fleisch bekommt dank der Pflaumensoße einen exquisiten Geschmack, besonders wenn die Soße noch mit Zimt abgeschmeckt wird.

Zutaten:

1 kg Schweinefleisch von der Nuss oder Oberschale
2 El Öl, 1 El Mehl, Steinsalz
schwarzer Pfeffer aus der Mühle
Für die Soße: *200 g getrocknete Pflaumen*
½-1 Knoblauchzehe
250 ml Wasser
1-2 Tl Zitronensaft, 1 El Zucker
Steinsalz, 1-2 Msp. Zimt
1 Msp. frisch gemahlener schwarzer Pfeffer

1. Das Fleisch kurz kalt spülen, trocken tupfen, mit Salz und Pfeffer einreiben und mit Mehl bestäuben. In heißem Öl rundherum anbraten.

2. **Schmoren:** Das Fleisch in einen Bräter legen, mit 125 ml Wasser aufgießen und zugedeckt auf kleiner Hitze 1 gute Stunde schmoren lassen. Von Zeit zu Zeit nachschauen und bei zu wenig Flüssigkeit etwas Wasser nachgießen.

2. **Braten:** Das Fleisch in einen Bräter oder eine Fettpfanne legen und bei 200 °C 1 Stunde und 15 Minuten knusprig braun braten. Gibt das Fleisch beim Drücken kaum nach, ist es fertig.

3. Die Pflaumen in einen Topf geben, mit Wasser aufgießen und auf milder Hitze so lange kochen, bis sie weich sind. Durch ein Sieb passieren oder mit dem Pürierstab pürieren.

4. Den Braten warm stellen, den Bratensatz mit 125 ml Wasser aufgießen und das Angebrannte mit einem Holzlöffel vom Boden lösen. Durch ein Sieb in einen Topf passieren und die Pflaumen untermischen. Einmal aufkochen und mit Knoblauch, Zitronensaft, Salz, Pfeffer und eventuell etwas Zucker und Zimt abschmecken.

5. Den Braten quer zur Faser in Scheiben schneiden, auf einer vorgewärmten Servierplatte anrichten und mit der Soße begießen. Mit selbst gemachten Löffelnudeln und Rotkohlsalat servieren.

PIECZEŃ WIEPRZOWA Z CEBULĄ
Schweinebraten mit Zwiebeln:
Es ist der einfachste Schweinebraten, der gerne auch kalt und in dünne Scheiben geschnitten serviert wird. Dazu reicht man frisch geriebenen Meerrettich und Preiselbeerkonfitüre oder kleine in Essig eingelegte Steinpilze sowie Kartoffelsalat.

Zutaten:
1 kg Schweinefleisch
von der Nuss oder Oberschale
3 Zwiebeln
2 El Majoran oder 1 El Kümmel

1 Lorbeerblatt
3 Pimentkörner
2 El Öl, 3 El Mehl
Steinsalz, frisch gemahlener
schwarzer Pfeffer

1. Die Zwiebeln schälen und in dünne Ringe schneiden. Ein Teil mit den Gewürzen in einen Schmortopf geben.
2. Das Fleisch kurz kalt spülen, trocken tupfen, mit Salz und Pfeffer einreiben und mit Mehl bestäuben.
3. Das Öl in einer Pfanne erhitzen, das Fleisch von allen Seiten goldbraun anbraten und in den Bräter legen. Mit dem Rest der Zwiebeln belegen und mit Majoran oder Kümmel bestreuen. Mit 125 ml Wasser aufgießen und zugedeckt auf milder Hitze 1 Stunde 15 Minuten schmoren lassen. Von Zeit zu Zeit nachschauen und eventuell etwas Wasser nachgießen
4. Den Braten warm stellen, den Bratensaft zur gewünschten Menge (etwa 250 ml) auffüllen und mit Mehl binden. Dazu die Soße aufkochen, 2 El Mehl mit 4 El Wasser verquirlen und unter die Soße rühren. Eventuell noch mit Salz und Pfeffer abschmecken.
5. Den Braten quer zur Faser in Scheiben schneiden, auf einer vorgewärmten Servierplatte anrichten und mit der Soße begießen. Dazu reicht man traditionell Stampfkartoffeln, geschmortes Sauerkraut und Rote-Bete-Gemüse. Anstatt von Kartoffeln kann man auch jede Art von Kartoffelnudeln dazureichen.

KOTLETY MIELONE – Frikadellen

Als ich noch ein Kind war, gehörten Frikadellen zu meinen Lieblingsgerichten. Die besten machte meine Tante Jadwiga. Bei ihr fanden immer die großen Familientreffen statt, bei denen sie die Familie oft mit den Frikadellen bewirtete, die sie traditionell mit Stampfkartoffeln, Rote-Bete-Gemüse und *bigos* serviert hat. Die familiäre Atmosphäre trug dazu bei, dass sie jedes Mal wunderbar geschmeckt haben.

Zutaten für 4 Personen:
600 g Schweinegehacktes
  von guter Qualität
1 altbackenes Brötchen
1 Ei
2 mittlere Zwiebeln
Steinsalz
frisch gemahlener schwarzer Pfeffer
4-5 El Semmelbrösel
4 El Öl

1. Das Brötchen in reichlich Wasser einweichen und gut ausdrücken. Die Zwiebeln abziehen und fein würfeln.

2. Das Fleisch in eine Schüssel legen. Die Hälfte der Zwiebelwürfel, das Brötchen und das Ei hinzufügen und alles gut vermengen. Mit Salz und Pfeffer abschmecken.

3. Mit nassen Händen Frikadellen formen und jede in Semmelbröseln wenden, dabei etwas flach drücken.

4. Das Öl in einer großen, beschichteten Pfanne heiß werden lassen und die Frikadellen von beiden Seiten goldbraun braten.

5. Die restlichen Zwiebelwürfel in die Pfanne geben und kurz mitbraten. Mit der Temperatur etwas nach unten gehen. Die Pfanne mit etwa 150 ml Wasser aufgießen und zugedeckt 30 Minuten schmoren lassen, dabei hin und wieder nachschauen und eventuell noch etwas Wasser nachgießen.

6. Die Pfanne beiseite stellen und die Soße abschmecken. Mit Stampfkartoffeln oder Graupengrütze und Rote-Bete-Gemüse sowie Sauerkrautsalat im Winter, sonst mit Tomaten oder Gurkensalat servieren.

KOTLETY MIELONE Z MARCHEWKĄ
Frikadellen mit Möhren
Dank Möhren schmecken die Frikadellen besonders mild.

Zubereitung: Die Frikadellen nach dem Rezept auf der vorherigen Seite zubereiten und von beiden Seiten goldbraun braten. Etwa 300 g Möhren schälen und grob raspeln, mit den restlichen Zwiebelwürfeln in die Pfanne geben, kurz mitbraten und zusammen mit den Frikadellen 30 Minuten schmoren lassen.

GULASZ WĘGIERSKI
Schweinegulasch auf ungarische Art
Das aus Ungarn stammende Gericht kam womöglich in ähnlicher Form schon im 14. Jh. zusammen mit Polens beliebtesten Königin Jadwiga, die am ungarischen Hof aufgewachsen war. Mit ihr kam auch der ungarische Wein, der damals an der königlichen Tafel gereicht wurde.

Zutaten für 4 Personen:
500 g mageres Schweinefleisch
ohne Knochen
2 mittlere Zwiebeln
2 El Mehl, Öl zum Braten
Steinsalz

schwarzer Pfeffer aus der Mühle
1 El mildes Paprikapulver
1-2 Msp. Paprikapulver,
rosenscharf
1 El Schnittlauchröllchen, nach
Belieben

1. Das Fleisch kurz spülen, trocken tupfen und in etwa 1,5 x 1,5 cm große Würfel schneiden. Die Zwiebeln schälen und in dünne Ringe schneiden.
2. Das Fleisch mit Mehl bestäuben und im heißen Öl goldbraun anbraten. Die Zwiebelringe dazu geben und mitbräunen lassen.
3. Mit 1 Glas Wasser aufgießen, mit Salz, Pfeffer und Paprika würzen und zugedeckt etwa 1 Stunde und 15 Minuten schmoren lassen.
4. Ist das Fleisch gar und zartweich, abschmecken. Mit Nudeln und Tomatensalat, im Winter mit Kartoffeln und Rote-Bete-Gemüse servieren.

GULASZ Z PIWEM – Schweinegulasch mit Bier

Die Variante vom Schweinegulasch ist sehr intensiv im Geschmack und schmeckt vorzüglich mit Kartoffelnudeln wie *pyzy* oder *kopytka*. Es ist eine typische Winterspeise, erwärmend und sehr nahrhaft.

Zutaten für 6-8 Personen:
- *1 kg Schweinefleisch ohne Knochen*
- *2 große Zwiebeln*
- *1 Msp. Paprikapulver, rosenscharf*
- *5 Pfefferkörner, leicht zerdrückt*
- *5 Pimentkörner*
- *5 Wacholderbeeren, etwas zerdrückt*
- *1 Lorbeerblatt*
- *30 g Schwarzbrotkrümel*
- *250 ml Fleischbouillon*
- *125 ml Bier*
- *Steinsalz*
- *frisch gemahlener schwarzer Pfeffer*
- *Öl zum Braten*

1. Das Fleisch kalt spülen und trocken tupfen, in etwa 1,5 x 1,5 cm große Würfel schneiden. Die Zwiebeln schälen und würfeln.

2. In eine Bratpfanne oder Schmortopf so viel Öl gießen, dass der Boden bedeckt wird. Das Öl erhitzen und das Fleisch portionsweise gut anbraten. Die Zwiebelwürfel zufügen und mitbraten lassen.

3. Die Bouillon zugießen, die Gewürze dazu geben und zugedeckt auf kleiner Flamme etwa 1 Stunde schmoren lassen, bis das Fleisch zartweich wird.

4. Die Gewürze wieder entfernen. Die Brotkrümel zu dem Fleisch geben und ein paar Minuten mitkochen, das Bier zugießen und noch 5 Minuten leise köcheln lassen. Ist die Soße etwas zu dick geraten, noch ein paar Löffel Bouillon zufügen. Mit Salz und Pfeffer abschmecken.

5. Der Gulasch schmeckt am besten mit Kartoffelnudeln (*pyzy* oder *kopytka*) und geschmortem Sauerkraut.

GULASZ PO POLSKU – Schweinegulasch auf polnische Art

Das Schweinegulasch wird mit den typischen Gewürzen der traditionellen polnischen Küche zubereitet und mit jeder Art von Nudeln serviert. Unsere Kinder mochten es besonders mit Kartoffelnudeln (*kopytka*).

Zutaten für 4 Personen:
500 g mageres Schweinefleisch
ohne Knochen
3 mittlere Zwiebeln
150 g geräucherter Bauch
3 Pimentkörner
5 Pfefferkörner
1 Lorbeerblatt
2 El Mehl
4 El Wasser
250 ml trockener Weißwein
oder 1-2 Tl Zitronensaft
4 El Öl Steinsalz
frisch gemahlener
schwarzer Pfeffer

1. Das Fleisch kurz kalt spülen, trocken tupfen und in ca. 1,5 x 1,5 cm große Würfel schneiden. Die Zwiebeln schälen und genauso wie den geräucherten Bauch, klein würfeln.

2. Das Öl in einer Bratpfanne oder einem Bräter erhitzen und das Fleisch darin portionsweise gut anbraten. Den gewürfelten Bauch und die Zwiebeln dazu geben und kurz mitbraten, bis die Zwiebelwürfel glasig werden.

3. Etwa 200 ml Wasser, Wein und Gewürze in die Bratpfanne geben und zugedeckt auf kleiner Hitze etwa 1 Stunde schmoren lassen. Von Zeit zu Zeit nachschauen und eventuell etwas Wasser nachgießen.

4. Ist das Fleisch gar und zartweich, die Soße mit Mehl binden. Dazu das Mehl mit dem Wasser verrühren und unter die Soße mischen, einmal aufkochen und vom Herd nehmen. Mit Salz und Pfeffer und eventuell auch Zitronensaft, wenn ohne Wein gekocht wurde, abschmecken.

5. Das Gulasch passt hervorragend zu selbst gemachten Nudeln jeder Art. Dazu serviert man im Sommer einen Tomatensalat, im Winter geschmortes Sauerkraut oder Rote-Bete-Gemüse.

KLOPS – Hackfleischpastete

Der *klops* bleibt für mich für immer ein winterliches Familiengericht. Als die Tage kürzer wurden und die Kälte einsetzte, buk uns unser Vater den nahrhaften Klops, den wir am liebsten kalt und in nicht zu dünne Scheiben geschnitten mit Brot und sauren Gurken genüsslich verspeisten.

Zutaten:
1,5 kg mageres
Schweinehackfleisch
2 Möhren
3 mittlere Zwiebeln
1 Stückchen Sellerie
1 kleine Petersilienwurzel

1-2 Knoblauchzehen
1 Ei
2-3 El Semmelbrösel
2-3 El Olivenöl
Steinsalz
frisch gemahlener
schwarzer Pfeffer

1. Zuerst das Gemüse putzen, waschen und schälen. Möhren, Petersilie und Sellerie grob reiben, Zwiebeln klein würfeln.

2. Das Öl in einer Pfanne erhitzen, das Gemüse darin kurz anbraten und zugedeckt auf kleiner Hitze etwa 3-4 Minuten dünsten. Von der Kochstelle nehmen und erkalten lassen.

3. Hackfleisch in eine große Schüssel geben. Gemüse, Ei und Semmelbrösel hinzufügen, mit Salz, Pfeffer und den durch die Knoblauchpresse gepressten Knoblauch abschmecken. Zu einer glatten Masse vermengen.

4. Die Fleischmasse in eine ausgefettete Kastenform geben und die Oberfläche glatt streichen. Bei 200 °C etwa 50-60 Minuten braten. Erst stürzen, wenn der Klops abgekühlt ist. In Scheiben schneiden und mit Kartoffelsalat oder einfach nur mit Brot servieren.

Variante:
Mit 3-4 hartgekochten Eiern, 2 nicht zu weich gekochten dünnen Möhren und 6-8 Cornichons lässt sich die Pastete schnell verfeinern. Dazu die Hälfte der Hackfleischmasse in die Kastenform geben, die Eier, Möhren und Cornichons in einer Reihe legen und mit dem Rest der Fleischmasse bedecken. Glatt streichen und bei 200 °C etwa 50 Minuten braten.

Die traditionelle polnische Küche

BIGOS

Bigos gehört in der traditionellen polnischen Küche zu den althergebrachten Gerichten, die sogar in der Literatur ihren Platz gefunden haben. Nach dem großen polnischen Dichter Adam Mickiewicz, besteht die alte Jägerspeise aus „ausgesuchten Stücken erlesenstes Fleisches" und erfüllt die Luft mit „betörendem Duft". Früher hatte jede Familie ihr eigenes, oft geheim gehaltenes Rezept. Auch heute gibt es von Bigos viele Variationen. Die bekanntesten sind der Jäger- und der Halunkenbigos. Das Kochen von Bigos gilt als eine Kunst: Die Rezeptur dient nur als Rahmen und basiert auf einer Proportion von 1,5 kg Sauerkraut auf 1 kg Fleisch. In der altpolnischen Küche hatte man noch 1 kg Sauerkraut und 1,5 kg Fleisch genommen. Der Bigos wird lange und sanft geschmort, sodass die Aromen Zeit haben sich herrlich zu entfalten.

Zutaten für 6-8 Personen:
Kraut: *1,5 kg Sauerkraut von guter Qualität oder 1 kg Sauerkraut und 500 g Weißkraut*
Fleisch: *1 kg Fleisch und Wurstwaren, dazu nimmt man verschiedene Sorten, denn nur so erhält Bigos seinen einzigartigen Geschmack:*
250 g Schweinefleisch ohne Knochen, 250 g Rind-, Kalbfleisch oder Wildbret, am besten gebraten (die Bratensoße unbedingt mitgeben)
200 g Krakauer, 200 g gekochter, geräucherter Schinken , 100 g geräucherter Bauch
Weitere Zutaten: *eine kleine Handvoll getrockneter Steinpilze oder 100-150 g gebratene Champignons (sie werden erst am Ende dem Bigos zugefügt), 20 g getrocknete Pflaumen, ohne Stein*
Gewürze: *3-5 Wacholderbeeren, leicht zerstoßen, 5 Pimentkörner 10 Pfefferkörner*
1-2 Lorbeerblätter
Steinsalz
Zum Abschmecken: *2-4 gehäufte El getrockneter Majoran, frisch gemahlener schwarzer Pfeffer, 125 ml herber Rotwein oder Madeira, nach Belieben 2-4 El Öl*
Zum Binden: *2-3 El Mehl 4-6 El Wasser*

Die traditionelle polnische Küche

1. Die getrockneten Pilze 30 Minuten einweichen, dann einen Sud kochen.
2. Das rohe Fleisch von allen Seiten gut anbraten. In den Sud geben. Die Gewürze, außer Majoran, zufügen und alles etwa 30-40 Minuten kochen.
3. Das Sauerkraut und 5 von den getrockneten Pflaumen zugeben, weitere 30 Minuten köcheln lassen, bis das Fleisch und das Sauerkraut weich sind.
4. Das Fleisch herausnehmen und in kleine Würfel schneiden. In den Topf zurücklegen
5. Die Wurst, den Bauch, den Schinken und den Braten würfeln, die verbliebenen Pflaumen in Streifen schneiden. Alles in den Topf geben und gut vermischen. Weitere 20 bis 30 Minuten leise schmoren lassen, dabei gelegentlich umrühren.
6. Den Bigos mit Mehl binden und noch ein paar Minuten auf dem Herd stehen lassen. Mit Pfeffer, Salz und Majoran abschmecken und eventuell noch mit Wein veredeln. Der Bigos sollte sämig und aromatisch sein und pikant, aber nicht scharf schmecken. Geschmacklich tut dem Bigos etwas Fett sehr gut. Früher war es der ausgelassene Speck, der dafür gesorgt hatte, man kann aber auch ein paar Esslöffel Rapsöl beimischen.
7. Der Bigos sollte gut durchziehen, damit sich die Aromen verbinden können. Am besten für 1-2 Tage im Kühlschrank stehen lassen. Nicht zu heiß aufwärmen und des Öfteren umrühren, da er sonst leicht anbrennt. Serviert wird der Bigos mit Stampfkartoffeln und Rote-Bete-Gemüse, als Beilage zum Fleisch oder einfach nur mit Brot (Brötchen).

Variante: Bigos aus Weißkohl.
Man kann den Bigos nur aus Weißkohl kochen. Dazu nimmt man statt Sauerkraut dieselbe Menge Weißkohl und gibt 500 g geschälte und gewürfelte saure Äpfel dazu.

WIEPRZOWINA DUSZONA Z JARZYNAMI
Mit Gemüse geschmortes Schweinefleisch

Dieses einfache Gericht kann jedes Mal anders ausfallen, je nachdem was für ein Gemüse gerade zur Verfügung steht.

Zutaten für 4 Personen:
500 g mageres Schweinefleisch aus der Schulter oder Keule
3 El Öl, 2 große Zwiebeln
1 kleine Stange Porree, 1 Möhre plus gemischtes Gemüse, das man gerade zur Hand hat: ein paar Blumenkohl- oder Brokkoliröschen, ½ Glas grüne Erbsen, eine Handvoll Buschbohnen, 2 Tomaten
1 Stück Weißkohl
1 Lorbeerblatt, 3 Pimentkörner
1 El Petersiliengrün oder Dillspitzen, Steinsalz
1Msp. frisch gemahlener schwarzer Pfeffer
2-3 El süße Sahne

1. Das Fleisch kurz kalt spülen, abtrocknen und in Würfel oder Streifen schneiden. Die Zwiebeln schälen und klein würfeln.
2. Öl in einem Schmortopf erhitzen und das Fleisch kurz anbraten, Zwiebeln dazu geben und mit andünsten. Die Gewürze zufügen, 1 Glas Wasser zugießen, kurz aufkochen und bei kleiner Hitze 30 Minuten leise kochen lassen.
3. In der Zeit das restliche Gemüse putzen, waschen und zerkleinern: Die geschälten Möhren und Zwiebeln klein würfeln, den Lauch in Ringe und die Bohnen in Stücke schneiden, den Weißkohl fein hobeln. Die Tomaten zuerst mit kochendem Wasser überbrühen, enthäuten und würfeln. Alles außer Tomaten, mit zum Fleisch geben und etwa 25 Minuten weiter köcheln lassen, bis das Gemüse gar ist. Die Tomaten erst die letzten ein paar Minuten mitkochen lassen.
4. Mit Sahne, Salz und Pfeffer abschmecken und mit Petersilie oder Dill garnieren. Dazu schmecken am besten Kartoffelnudeln (*kopytka*).

MIĘSO WIEPRZOWE Z KAPUSTĄ
Schweinefleisch mit Sauerkraut

Es ist eine alte Bauernspeise, die früher gerne mit viel geräuchertem Speck gekocht und nicht nur von Bauern mit Vorliebe verspeist wurde. Anders als heute hieß es damals, erst mit viel Fett schmecke das Essen richtig gut. Das Gericht hat gerne meine Oma väterlicherseits gekocht. Sie hatte eine Vorliebe für herzhafte Fleischgerichte und bei ihr brodelte immer etwas Deftiges in den Töpfen.

Zutaten für 4-5 Personen:
500 g Schweinefleisch
ohne Knochen
1 Scheibe geräucherter Bauch
(möglichst mager)
800 g Sauerkraut
1 Lorbeerblatt
4 Pimentkörner
4 Pfefferkörner,
leicht zerdrückt
1 Apfel,
am besten reifer Boskop
Steinsalz
frisch gemahlener
schwarzer Pfeffer
2 El Öl
2 El Mehl
4 El Wasser
Zum Abschmecken:
geriebener Majoran
oder Kümmel,
nach Belieben

1. Das Fleisch kurz waschen, trocken tupfen und in einer Bratpfanne in heißem Öl gut anbraten. Den Apfel schälen und würfeln.

2. Das Sauerkraut und den Apfel in einen Topf geben. Das Fleisch, den geräucherten Bauch und die Gewürze zufügen und mit 2 Gläsern Wasser angießen. Kurz aufkochen lassen und bei kleiner Hitze zugedeckt etwa 50 Minuten schmoren lassen.

3. Ist das Fleisch weich, das Mehl mit dem Wasser verquirlen und unter das Sauerkraut mischen. Mit Salz, Pfeffer und nach Belieben mit Majoran oder Kümmel abschmecken.

4. Dazu passen Stampfkartoffeln und Rote-Bete-Gemüse.

GOLONKA – Schweinehaxe

Golonka findet vor allem im Herbst und Winter viel Zuspruch, besonders bei denen, die gerne deftig und ohne großen Aufwand essen wollen.

Zutaten für 2-4 Personen:
2 Schweinehaxen
*(1 Haxe pro Person,
bei kleineren Essern
1 Haxe für 2 Personen)*

*2 Lorbeerblätter
6 Pimentkörner
6 schwarze
Pfefferkörner
Steinsalz*

1. Die Schweinehaxen in einen großen Topf geben und mit so viel Wasser aufgießen, dass sie vollständig bedeckt sind.
2. Gewürze und Salz beigeben, aufkochen und bei milder Hitze 1 Stunde 30 Minuten bis 2 Stunden leise köcheln lassen. Die Haxen sind gar, wenn sich das Fleisch mühelos von den Knochen ablösen lässt.
3. Für die kleineren Esser löst man das Fleisch von den Knochen ab und schneidet es in beliebige Portionen, ansonsten werden die Haxen ganz gereicht.
4. Die Schweinehaxen werden entweder mit Brot und sehr scharfem Meerrettich oder mit Stampfkartoffeln und Sauerkrautsalat serviert.

Übrigens:

Der Kochsud eignet sich hervorragend für ein **geschmortes Sauerkraut** für den nächsten Tag. Dazu nimmt man 500-600 g Sauerkraut und schmort es etwa 30 Minuten in dem Sud (eventuell etwas Wasser nachgießen). Es wird mit Pfeffer und Majoran abgeschmeckt und als Beilage zu Fleisch serviert.

Hat man keinen Sud zur Hand, gibt man 100 g geräucherten Speck in den Sauerkrauttopf und rundet das Gericht später mit Mehl ab. Dazu verquirlt man 2 El Mehl mit 4 El Wasser und mischt es unter das Sauerkraut. Abgeschmeckt wird genauso wie oben mit Salz, Pfeffer und Majoran.

BOCZEK PIECZONY – Gebratener Schweinebauch

Der gebratene Schweinebauch ist eine gute Alternative zu Wurst, vorausgesetzt man wählt ein mageres Stück. Unsere Kinder mochten den gebratenen Schweinebauch gerne, genauso wie ihre Freunde. Dazu gab es selbst gebackenes Brot und milchsaure Gurken.

Zutaten:
etwa 1,5 kg möglichst
magerer Schweinebauch
Steinsalz
frisch gemahlener Pfeffer
2-3 El geriebener Majoran
1 Zwiebel,
in Scheiben geschnitten

Das Fleisch mit Salz, Pfeffer und Majoran einreiben, mit Zwiebelscheiben belegen und in die Fettpfanne legen. Bei 200° C etwa 1 Stunde backen.

ŻEBERKA DUSZONE – Geschmorte Rippchen

Eine sehr einfache Winterspeise, die besonders bei Kindern beliebt ist, vor allem, wenn es ihnen erlaubt wird, das Fleisch mit den Händen zu essen, wie bei einem Picknick.

Zutaten für 4 Personen:
800 g möglichst magere
Schweinerippchen, 2-3 Zwiebeln
1 Lorbeerblatt
1 El Majoran, gerieben
4 Pimentkörner
½-1 Tl Paprika edelsüß, nach
Belieben, Steinsalz
frisch gemahlener schwarzer
Pfeffer, 3-4 El Öl

1. Die Rippchen kurz kalt spülen, abtropfen lassen, in Portionen teilen, salzen und pfeffern. Sind die Rippchen nicht besonders mager, zuerst in kochendes Wasser legen und etwa 25 Minuten kochen, um das Fett auszukochen. Die Zwiebeln schälen und würfeln.

2. In einer tiefen Pfanne die Rippchen in heißem Öl von beiden Seiten gut anbraten. Die Zwiebelwürfel zufügen und kurz mitbraten. Salz und Gewürze dazugeben und mit 1 Glas Wasser aufgießen. Etwa 40 Minuten schmoren lassen, bis das Fleisch zartweich ist. Mit Stampfkartoffeln und Sauerkrautsalat servieren.

ŻEBERKA DUSZONE Z KAPUSTĄ
Mit Sauerkraut geschmorte Rippchen
Eine einfache, nahrhafte Bauernspeise, die früher oft im Winter gekocht und mit Stampfkartoffeln oder nur mit Brot gegessen wurde.

Zutaten für 3-4 Personen:
500 g Rippchen
500 g Sauerkraut
1 Zwiebel
Steinsalz
frisch gemahlener Pfeffer
1 Tl geriebener Majoran

½ Tl Paprika, edelsüß
1 El Mehl
3 El Öl zum Braten
Für die Mehlschwitze:
2 El Mehl
4 El Öl

1. Die Rippchen kurz kalt spülen, trocken tupfen, mit Salz und Pfeffer einreiben und mit Mehl bestäuben. Die Zwiebel abziehen und würfeln.
2. Das Öl in einer Pfanne heiß werden lassen und die Rippchen darin goldbraun anbraten. Die Zwiebelwürfel zugeben und kurz mitbraten, bis sie glasig sind.
3. Alles in einen Topf geben, das Sauerkraut hinzufügen und 40-50 Minuten schmoren lassen. Eventuell etwas Wasser nachgießen.
4. Aus dem Mehl und Öl eine Mehlschwitze machen. Dazu das Öl in eine Pfanne geben und das Mehl unterrühren. Auf mittlerer Hitze unter ständigem Rühren goldgelb werden lassen. Mit 125 ml Wasser aufgießen und unter Rühren kurz aufkochen. Unter das Sauerkraut mischen. Mit Salz, Pfeffer, Paprika und Majoran abschmecken und mit Stampfkartoffeln und Rote-Bete-Gemüse servieren.

KIEŁBASKI DOMOWE – Hausgemachte Würstchen

Eine schnelle und einfache Speise, die man mit entsprechenden Soßen und Beilagen sogar auf einer Festtafel servieren kann. Zu den festlichen Soßen gehört vor allem die Pflaumensoße, als Beilage sind kleine eingelegte Steinpilze beliebt.

Zutaten für 3-4 Personen:
500 g Schweinefleisch
ohne Knochen
1 Tl Steinsalz
1 Tl Majoran,
nach Belieben
½ Tl schwarzer Pfeffer,
frisch gemahlen

1-2 kleine Knoblauchzehen
125 ml kaltes Wasser
Zum Panieren:
1 Ei
3 El Mehl
3 El Semmelbrösel
Zum Braten:
Öl

1. Das Fleisch kurz kalt spülen, trocken tupfen, grob würfeln, durch den Fleischwolf drehen und in eine Schüssel geben.

2. Den Knoblauch schälen, klein schneiden, mit Salz vermengen und mit der breiten Seite eines Messers zu einer homogenen Masse zerreiben. Zusammen mit Pfeffer und Majoran in die Schüssel geben. Das Wasser zugießen und alles gut zusammenmischen.

3. Aus der Fleischmasse mit nassen Händen 16 Würstchen formen. Die Würstchen erst in Mehl dann in verquirltem Ei und schließlich in Semmelbrösel panieren.

4. Das Öl in einer Pfanne heiß werden lassen und die Würstchen von allen Seiten goldbraun braten. Dazu schmecken Stampfkartoffeln mit Dill und jede Art von Gemüse und Salat. Auch Meerrettichsoße wird gerne dazu gereicht.

PASZTETOWA – Hausgemachte Leberwurst

Es ist ein über 90 Jahre altes Rezept. Sparsamkeit galt damals als große Tugend, was in der Küche vor allem bedeutete: Alles selbst zubereiten und kochen.

Zutaten:
500 g Schweineleber
500 g Schweinefleisch vom Nacken
100 g geräucherter durchwachsener Speck, am Stück
1 altbackenes Brötchen
2 Eier
4 El Semmelbrösel
5 Pimentkörner
5 Pfefferkörner, leicht zerdrückt,
1 Lorbeerblatt
½-1 Tl Majoran
Steinsalz
frisch gemahlener schwarzer Pfeffer

1. Die Leber und das Fleisch kurz kalt abspülen und in einen Topf legen. Lorbeerblatt, Piment und Pfefferkörner zugeben, mit Wasser aufgießen, salzen und 20 Minuten kochen.

2. Die Leber herausnehmen und das Fleisch noch 30 Minuten kochen lassen.

3. Das Brötchen in reichlich Wasser einweichen und gut ausdrücken. Mit dem Fleisch, der Leber und dem geräucherten Bauch durch einen Fleischwolf (die feinste Scheibe) drehen.

4. Die Fleischmasse in eine Schüssel legen, die Eier und die Semmelbrösel untermischen. Alles mit Majoran, Pfeffer und eventuell noch etwas Salz abschmecken.

5. Die Masse in eine ausgefettete Kastenform geben, glatt streichen und bei 180 °C 40 Minuten backen. Erkalten lassen, aus der Form stürzen und nach Bedarf in Scheiben schneiden. Als Brotaufstrich schmeckt die Leberwurst ausgezeichnet mit sauren Gurken, Tomatenscheiben mit Schnittlauch und im Frühling mit Radieschen.

WĄTROBA SMAŻONA – Gebratene Schweineleber

Früher, als noch alle Tiere auf natürliche Weise gefüttert wurden, haben die Menschen auch die Innereien ohne Bedenken essen können. Heutzutage ist es schon ratsam, auf die Art der Aufzucht zu achten, besonders, wenn man Leber oder Nieren zubereiten möchte.

Zutaten für 4 Personen:
600 g Schweineleber
3 Zwiebeln, 4 El Mehl

Steinsalz, frisch gemahlener
schwarzer Pfeffer
Öl zum Braten

1. Die Leber kalt abspülen und abtropfen lassen, wenn nötig häuten. In dünne Stücke schneiden.
2. Das Öl in einer großen Pfanne heiß werden lassen. Die Leberscheiben im Mehl wenden und von beiden Seiten je 4 Minuten braten, herausnehmen und warm halten.
3. Die Zwiebeln schälen, in dünne Ringe schneiden und in dem Bratfett glasig braten. Die Leber zurück in die Pfanne geben, alles salzen und pfeffern. Dazu Kartoffelpüree mit Dill und Sauerkrautsalat servieren

BIAŁA KIEŁBASA – Weißwurst

Die polnische Weißwurst ist nichts anders als gekochte Bratwurst. Die Wurst wird in vielen Familien traditionell am Ostersonntag auf der Frühstückstafel serviert. Dazu reicht man Meerrettich in vielen Varianten: als *ćwikła*, Sahnemeerrettich oder Meerrettich pur. Mein Vater hatte die Wurst gerne zusammen mit etwas Knoblauch gekocht, was sie noch würziger machte.

Zutaten für 6 Personen:
1 kg Bratwurst, 1-2 Knoblauchzehen

Den Knoblauch schälen und grob würfeln, mit der Bratwurst in einen Topf geben, kaltes Wasser aufgießen, sodass die Würste bedeckt sind, und auf mittlerer Flamme etwa 30 Minuten kochen lassen. Sofort servieren.

RINDFLEISCH

Rindfleisch steht in der traditionellen polnischen Küche erst an zweiter Stelle hinter dem Schweinefleisch, wird aber viel öfter zu festlichen Anlässen zubereitet. Viele der Rindfleischgerichte sind altpolnische Speisen, von denen manche wie *zrazy* und *flaki* bereits im 14. Jh. erwähnt worden sind. Schon damals wurden sie sehr geschätzt und galten, genau wie heute, als besonders schmackhaft und erlesen. Charakteristisch für die traditionelle polnische Küche ist, dass Rindfleisch immer ganz durchgebraten (*bien cuit*) wird. Alle Arten von Steaks, die man rosa, blutig oder blutig roh brät, werden auch in der polnischen Küche zubereitet, aber allgemein „auf englische Art" genannt.

ZRAZY („srasy")

Zrazy gehören zu den Gerichten mit einer sehr langen Tradition. Erwähnt wurden sie schon im 14. Jh. als die Lieblingsspeise des damaligen polnischen Königs Jagiełło. Der an die litauische Küche gewöhnte König fand großen Gefallen an kräftigen altpolnischen Gerichten, die an der königlichen Tafel in Krakau gereicht wurden. In der traditionellen polnischen Küche gehören *zrazy* zu einer Festtafel und werden genauso gerne an großen Festtagen wie bei einem geselligen Beisammensein serviert. *Zrazy* gibt es als einfache *zrazy*, *zrazy zawijane* – Rindsrouladen mit verschiedenen Füllungen und als *zrazy mielone* – Rindfleischfrikadellen, einfach und gefüllt.

RINDERBRATEN

Der Rinderbraten gehörte früher, genauso wie die *zrazy*, zu den beliebtesten Speisen der adeligen Familien. Besonders gerne wurde er zu großen Festen zubereitet. Im 17. Jh. hatte der Rinderbraten dimensionale Größen erreicht und wurde an den opulenten Tafeln zusammen mit anderen Braten in Hülle und Fülle serviert. Es gibt unzählige alte Rezepte, wie man den Braten, der mittlerweile zu einer Familiengröße von etwa 2 Kilo geschrumpft ist, am besten zubereiten kann. Viele Rezepte empfehlen das Fleisch zu marinieren, weil es mürbe, zart und aromatisch macht.

ZRAZY

Bei den vielen Fleischgerichten, die mein Vater in seinem „Repertoire" hatte, gehörten die *zrazy* zu seinen Glanzstücken. Es wurde immer ein Topf voll davon gemacht, aromatisch, würzig und butterzart.

Zutaten für 5-6 Personen:
800 g Rindfleisch von Roastbeef
Hüfte, Schwanzstück
oder Oberschale
500 g Zwiebeln
4 El Mehl
Öl zum Braten
Gewürze:
5 Pimentkörner
5 Pfefferkörner,
leicht zerdrückt,
2 Lorbeerblätter
Steinsalz
frisch gemahlener
schwarzer Pfeffer
Zum Binden:
2 El Mehl
4 El Wasser

1. Die Zwiebeln abziehen, klein würfeln und in einem Schmortopf in wenig Öl glasig bis goldgelb anbraten.
2. Das Fleisch kurz spülen, trocken tupfen und quer zur Faser in etwa 1,5 cm breite Scheiben schneiden. Dünn auf etwa 1 cm ausklopfen, mit Salz und Pfeffer bestreuen und mit Mehl bestäuben.
3. In einer großen Bratpfanne nur soviel Öl, sodass der Boden bedeckt wird, erhitzen und die Fleischstücke darin portionsweise gut anbraten. In den Schmortopf legen. Die Pfanne mit etwas Wasser aufgießen und den Bratensatz kurz loskochen. Zu dem Fleisch und den Zwiebeln gießen.
4. Jetzt die Gewürze in den Schmortopf geben und zugedeckt alles etwa 1 Stunde 30 Minuten schmoren lassen, bis das Fleisch zartweich und die Zwiebeln fast zerkocht sind. Immer wieder nachschauen und die verdampfte Flüssigkeit mit etwas Wasser auffüllen.
5. Die Gewürze wieder entfernen. Das Mehl mit dem Wasser verrühren und unter die Soße mischen, eventuell nachwürzen und noch ein paar Minuten leise köcheln lassen. Mit Buchweizengrütze und sauren Gurken servieren.

ZRAZY ZAWIJANE ZE ŚLIWKAMI
Rinderrouladen mit getrockneten Pflaumen
Die herzhaften Rinderrouladen bekommen dank getrockneter Pflaumen eine leicht süßliche, aromatische Note.

Zutaten für 4 Personen:
600 g Rindfleisch von Roastbeef, Hüfte, Oberschale oder
4 Rinderrouladen à 50 g
4 El Mehl, Öl zum Braten
2 Zwiebeln
3 Pimentkörner, 5 Pfefferkörner leicht zerdrückt, 1 Lorbeerblatt
Steinsalz, frisch gemahlener schwarzer Pfeffer

Für die Füllung:
4 dünne Scheiben geräucherter Schinkenspeck
12 große Dörrpflaumen ohne Stein, 2 El Semmelbrösel
Für die Soße: 2 El Mehl
4 El Wasser, 125 ml trockener, kräftiger Rotwein
4 Holzstäbchen

1. Die Zwiebeln schälen, klein würfeln und in einem Schmortopf zusammen mit 2 El Öl glasig werden lassen. Vom Herd nehmen.

2. Aus dem Fleisch quer zur Faser 4 Scheiben schneiden. Jedes Stück gut ausklopfen, leicht salzen und pfeffern.

3. Die Dörrpflaumen in dünne Scheiben schneiden. Die Fleischscheiben mit dem Speck und den Pflaumen belegen, mit Semmelbrösel bestreuen und zusammenrollen. Mit Holzstäbchen zustecken oder mit Küchengarn umwickeln.

4. In einer Bratpfanne 2-3 El Öl erhitzen, die Rouladen rundum anbraten und zu den Zwiebeln in den Schmortopf geben. Die Pfanne mit etwas kochendem Wasser aufgießen und kurz aufkochen. Mit dem Wein und den Gewürzen in den Topf geben und 1 Stunde 30 Minuten schmoren lassen, bis das Fleisch ganz weich ist.

5. Die Rouladen herausnehmen und warm halten. Die Soße mit dem in Wasser angerührten Mehl binden und mit Salz und Pfeffer abschmecken. Gesondert zu den Rouladen reichen. Die Rinderrouladen werden traditionell mit Buchweizengrütze und gedünstetem Rotkohl serviert.

ZRAZY ZAWIJANE Z PIECZARKAMI
Rinderrouladen mit Champignonfüllung

Besonders für die Feinschmecker, die gerne Pilze essen, ist das butterzarte Fleisch mit der aromatischen Füllung ein echter Genuss. Die sämige Sahnesoße erhöht noch den exzellenten Geschmack.

Zutaten für 4 Personen:
4 Rinderrouladen à 150 g
2 El Mehl
Öl zum Braten
Gewürze:
5 Pfefferkörner, leicht zerdrückt
3 Pimentkörner
Für die Füllung:
200 g Champignons
2 Zwiebeln, 150 ml Sahne

125 ml herber Weißwein
oder ½-1 Tl frisch gepresster
Zitronensaft
2 El Semmelbrösel
2 El Mehl
Steinsalz
frisch gemahlener schwarzer
Pfeffer
Holzstäbchen oder Küchengarn

1. Die Rinderrouladen gut ausklopfen, leicht salzen und pfeffern.
2. Die Champignons putzen, spülen und in Scheiben schneiden. Die Zwiebeln abziehen und klein würfeln. Beides in 2-3 El Öl glasig dünsten, die Semmelbrösel zugeben und mit Salz und Pfeffer abschmecken.
3. Die Rouladen mit der Füllung belegen, einrollen und mit den Holzstäbchen zustecken oder mit dem Küchengarn umwickeln.
4. In einer Bratpfanne 2-3 El Öl erhitzen, die Rouladen im Mehl wenden und gut anbraten. In einen Topf legen, 125 ml Wasser in die Pfanne geben, den Bratsatz kurz loskochen und in den Topf gießen, den Wein oder den Zitronensaft und 125 ml Wasser zufügen, die Gewürze zugeben und zugedeckt 1 Stunde 30 Minuten schmoren lassen, bis das Fleisch weich wird. Die Rouladen herausnehmen und warm halten.
5. Das Mehl zuerst mit 4-5 El und dann mit dem Rest der Sahne verrühren und unter die Soße mischen. Mit Salz und Pfeffer abschmecken und in einer Sauciere zu den Rouladen reichen. Traditionell serviert man Rinderrouladen mit Buchweizengrütze, Rote-Bete-Gemüse und milchsauer eingelegten Gurken.

ZRAZY MIELONE – Rindfleischfrikadellen

Die Rindfleischfrikadellen fallen in der traditionellen polnischen Küche unter die Bezeichnung *zrazy* und werden dann zubereitet, wenn man kein erstklassiges Muskelfleisch zur Hand hat. Es wird als eine einfache Speise angesehen und dementsprechend an den Wochentagen gegessen.

Zutaten für 4 Personen:
600 g Rindfleisch vom Kamm oder Bug
1 Zwiebel
1 Ei
1 altbackenes Brötchen
Steinsalz
frisch gemahlener schwarzer Pfeffer
3 El Mehl
Öl zum Braten
Gewürze:
1 Lorbeerblatt
3 Pimentkörner
5 Pfefferkörner
Für die Soße:
2 El Mehl
125 ml Sahne

1. Das Brötchen in reichlich Wasser aufweichen und gut ausdrücken.
2. Das Fleisch kurz kalt spülen, abtrocknen, grob würfeln, durch einen Fleischwolf drehen und in eine Rührschüssel geben.
3. Die Zwiebel schälen, klein würfeln und zusammen mit dem Ei und dem Brötchen zum Hackfleisch geben. Salzen, pfeffern und alles zu einer glatten Masse vermengen.
4. Mit nassen Händen 8 längliche, flache Frikadellen formen und mit Mehl bestäuben.
5. In einer Bratpfanne 3 El Öl erhitzen und die Frikadellen darin goldbraun braten. Die Pfanne mit 300 ml Wasser aufgießen, die Gewürze zugeben und zugedeckt etwa 30 Minuten schmoren lassen.
6. Das Mehl zuerst mit 4 El und dann mit dem Rest der Sahne verrühren und in die Pfanne einrühren. Mit Salz und Pfeffer abschmecken und mit aller Art Nudeln, Grützen oder Kartoffeln sowie mit Saisongemüse und einem Salat servieren.

ZRAZY MIELONE NADZIEWANE GRZYBAMI
Rindfrikadellen mit Pilzfüllung

„Alles, was gefüllt wird, zeigt von einer größeren Kochkunst." So lautet der Leitspruch der traditionellen polnischen Küche. Und genauso verhält es sich mit den gefüllten Rindfleischfrikadellen, die im Unterschied zu den einfachen oft an festlicheren Tafeln serviert werden.

Zutaten für 4 Personen:
600 g Rindhackfleisch
1 kleine Zwiebel, 1 Ei
1 altbackenes Brötchen
Steinsalz, frisch gemahlener
schwarzer Pfeffer
Öl zum Braten

Für die Füllung: 1 kleine
Handvoll getrockneter Pilze
1 kleine Zwiebel, Steinsalz
frisch gemahlener Pfeffer
Für die Soße:
2 El Mehl, 125 ml süße Sahne
½ Tl Zitronensaft

1. Die Pilze 1 Stunde in wenig Wasser einweichen, dann weich kochen, herausnehmen und sehr fein schneiden. Die kleine Zwiebel schälen, fein würfeln und mit den Pilzen vermengen. Alles leicht salzen und pfeffern.

2. Das Brötchen in reichlich Wasser aufweichen und gut ausdrücken. Die Zwiebel abziehen, klein würfeln und zusammen mit Brötchen und Ei zum Fleisch geben. Alles zu einer glatten Masse vermengen und mit Salz und Pfeffer abschmecken.

3. Mit nassen Händen 8 Frikadellen formen, flach drücken und in die Mitte portionsweise die Füllung legen. Die Ränder zusammendrücken und je eine möglichst flache Frikadelle formen.

6. Öl in einer dicken Bratpfanne erhitzen und die Frikadellen darin von beiden Seiten goldbraun braten. Die Pfanne mit etwa 250 ml Wasser aufgießen und zugedeckt 30-40 Minuten schmoren lassen.

7. Die Frikadellen kurz herausnehmen. Das Mehl zuerst mit 4 El dann mit dem Rest der Sahne verrühren und in die Pfanne einrühren. Eventuell noch abschmecken. Mit Stampfkartoffeln oder Buchweizengrütze und mit Rote-Bete-Gemüse servieren.

PIECZEŃ WOŁOWA – Rinderbraten

Ein einfacher Rinderbraten, der dank der Marinade zart und sehr aromatisch schmeckt.

Zutaten 5-6 Personen:
1 kg Rinderbraten
1 Möhre
1 Petersilienwurzel
1 Stück Sellerie
2 Zwiebeln
Für die Marinade:
1 Lorbeerblatt
5 Wacholderbeeren, leicht zerdrückt
5 Pimentkörner
5 Pfefferkörner, leicht zerdrückt
Saft einer Zitrone
Außerdem:
2 El Mehl
4 El Wasser
2-3 El süße Sahne
3 El Öl
Steinsalz
frisch gemahlener schwarzer Pfeffer

1. Das Fleisch kurz kalt abspülen und trocken tupfen. Aus den Gewürzen und 250 ml Wasser einen Sud kochen, den Zitronensaft zugeben und über das Fleisch gießen. Für 24 Stunden in den Kühlschrank stellen, das Fleisch von Zeit zu Zeit wenden.

2. Den Braten aus der Marinade nehmen, abtropfen lassen, mit Salz und Pfeffer bestreuen, mit Mehl bestäuben. In einer Bratpfanne 2-3 El Öl erhitzen und das Fleisch von beiden Seiten knusprig braun anbraten.

3. Das Fleisch in einen Bräter legen. Das Gemüse putzen, schälen, grob würfeln und dazugeben. Mit 300 ml Wasser aufgießen. Etwa 1 Stunde 30 Minuten langsam schmoren lassen, bis das Fleisch weich ist.

4. Den Braten herausnehmen und auf eine vorgewärmte Servierplatte legen. Den Bratenfond durch ein Sieb passieren, mit Sahne, Salz und Pfeffer abschmecken und gesondert zu dem Fleisch servieren. Dazu reicht man im Winter gestampfte Kartoffeln mit Rote-Bete-Gemüse und Sauerkrautsalat, im Sommer Tomatensalat und einen Kopfsalat mit Sahne. An eine festliche Tafel kommen noch Moosbeeren (als Moosbeermarmelade) dazu.

PIECZEŃ WOŁOWA NA DZIKO
Rinderfiletbraten auf Wildbrettart
Dank Marinade bekommt der Braten ein einmaliges, an Wildbret erinnerndes Aroma.

Zutaten für 5-6 Personen:
1 kg Rindsfilet
Für die Marinade:
1 Möhre, 1 kleine Petersilie
1 kleines Stück Sellerie
2 Zwiebeln, 1 Lorbeerblatt
6 Pimentkörner
6 Pfefferkörner, leicht zerdrückt
10 Wacholderbeeren, leicht zerdrückt

2 Thymianzweige
Saft einer Zitrone
Außerdem:
120 ml süßer Sahne
2-3 El Öl
2 El Mehl
ein paar Tropfen Zitronensaft
Steinsalz
frisch gemahlener Pfeffer

1. Das Filet kurz kalt spülen, trocken tupfen und in eine Schüssel legen.
2. Das Gemüse putzen, schälen und klein würfeln, mit Gewürzen, Zitronensaft und 125 ml Wasser aufkochen, über das Fleisch gießen und zugedeckt für 2 Tage kalt stellen. Von Zeit zu Zeit wenden.
3. Das Filet aus der Marinade herausnehmen, abtropfen lassen, salzen, pfeffern und leicht mit Mehl bestäuben. In einem Bräter von allen Seiten goldbraun anbraten. Gemüse und Gewürze aus der Marinade dazu geben, mit 125 ml Wasser aufgießen. Zugedeckt 1 Stunde 30 Minuten schmoren lassen. Von Zeit zu Zeit nachschauen und das verdampfte Wasser nachgießen.
5. Den Braten aus dem Bräter heben und warm stellen. Den Bratensaft mit Sahne löschen, durch ein Sieb passieren und eventuell etwas einkochen, bis die gewünschte Konsistenz erreicht ist. Mit Salz, Pfeffer und Zitronensaft nachwürzen. Den Braten quer zur Faser in Scheiben schneiden, auf einer vorgewärmten Servierplatte anrichten und mit der Soße übergießen. Mit Kartoffelpüree, Rote-Bete-Gemüse, gedünstetem Sauerkraut und Moosbeermarmelade servieren.

PIECZEŃ WOŁOWA ZE ŚMIETANĄ
Rinderbraten mit Sahne
Obwohl einfach in Vorbereitung, ist dieser Rinderbraten ein erlesenes und wohlschmeckendes Gericht, das jede Tafel bereichert.

Zutaten für 5-6 Personen:
1 kg Rinderbraten
125 ml süßer Sahne
50 g geräucherter Speck
2 Zwiebeln
3 Knoblauchzehen

2 El Mehl
2 El Öl
Steinsalz
frisch gemahlener
schwarzer Pfeffer

1. Das Fleisch kurz kalt spülen und trocken tupfen.
2. Den Knoblauch schälen, in Streifen schneiden und das Fleisch damit spicken. Dazu mit der Spitze eines Messers das Fleisch einschneiden und die Knoblauchstifte reinstecken. Das Fleisch für ein paar Stunden kalt stellen.
3. Die Zwiebeln schälen und genauso wie den Speck klein würfeln.
4. Das Öl in einem Bräter oder Schmortopf erhitzen, den Speck darin auslassen.
5. Das Fleisch mit Salz und Pfeffer einreiben und von allen Seiten in dem ausgelassenem Speck gut anbraten. Die gewürfelten Zwiebeln zugeben und glasig mitbraten. Das Fleisch mit heißem Wasser (etwa 250 ml) angießen und zugedeckt bei kleiner Hitze 1 Stunde 30 Minuten schmoren lassen. Eventuell ab und zu etwas Wasser nachgießen.
6. Ist das Fleisch gar, aus dem Bräter nehmen und warm halten. Sahne mit Mehl verquirlen (zuerst nur 4 El, dann den Rest der Sahne nehmen) und unter die Soße mischen. Noch etwa 3 Minuten köcheln lassen. Eventuell noch mit Pfeffer und Salz nachwürzen, gesondert zu dem Braten reichen. Dazu passen: Kartoffelpüree, Rote-Bete-Gemüse und milchsauer eingelegte Gurken.

PIECZEŃ HUSARSKA – Husarenbraten

Der Husarenbraten war besonders im 17./18. Jh. sehr beliebt und noch am Anfang des 20. Jh. als Zierde jeder Tafel angesehen. Auch heute gehört er zu den Speisen, die gerne an Festtagen gegessen werden.

Zutaten für 5 Personen:
1 kg Rinderbraten
Saft einer halben Zitrone
2 El Mehl, 50 g Butter
Steinsalz
frisch gemahlener Pfeffer

Für die Füllung:
3 mittlere Zwiebeln
50 g Butter
1 Eigelb
30 g Schwarzbrotbrösel

1. Das Fleisch kurz abspülen, trocken tupfen und mit einem Fleischklopfer von allen Seiten leicht klopfen. Mit Zitronensaft einreiben und in den Kühlschrank für 1 Stunde stellen.
2. Butter in einer dicken Bratpfanne auf mittlerer Hitze zerlassen. Das Fleisch salzen, pfeffern, leicht mit Mehl bestäuben und von allen Seiten gut anbraten. Mit 250 ml Wasser angießen und zugedeckt etwa 45 Minuten schmoren lassen.
3. Die Füllung vorbereiten: Die Zwiebeln schälen, klein würfeln und in Butter glasig braten. Die Brotbrösel zugeben, kurz mitdünsten und die Masse abkühlen lassen.
4. Das fast weiche Fleisch herausnehmen und in 10 Scheiben schneiden, dabei jede zweite Scheibe nicht ganz durchschneiden, sodass man 5 Scheiben mit je einem „Maul" hat. Je 2 verbundene Scheiben bilden eine Portion.
5. Die Scheiben mit der Zwiebelmasse füllen eventuell mit einem Baumwollfaden umwickeln und zurück in die Pfanne oder in einen Topf legen. Mit 250 ml Wasser angießen und zugedeckt auf kleiner Hitze noch 1 Stunde schmoren. Das Fleisch von Zeit zu Zeit mit Wasser beträufeln. Den Braten serviert man mit Kartoffelpüree und Rotkohlsalat.

FILECIKI – Rinderfilets mit Petersilienbutter

Eine erlesene Speise, die sehr schnell und einfach von der Hand geht und ausgezeichnet schmeckt.

Zutaten
für 3-4 Personen:
600 g Rinderfilet
2-3 El Öl zum Braten
frisch gemahlener
schwarzer Pfeffer
Steinsalz

Für die Petersilienbutter:
2 El fein gehacktes
Petersiliengrün
125 g weiche Butter
1 Tl Zitronensaft
1 Msp. feines Steinsalz

1. Das Fleisch kurz kalt spülen, trocken tupfen und in etwa 1,5 cm dicke Scheiben schneiden. Leicht ausklopfen, pfeffern und salzen.

2. Das Öl in einer beschichteten Pfanne erhitzen und die Rinderfilets von beiden Seiten goldgelb braten, bis sie gut durchgebraten sind.

3. Für die Petersilienbutter die weiche Butter in eine kleine Schüssel legen, Petersiliengrün und andere Zutaten zugeben und alles gut vermischen.

4. Die gebratenen Filets auf einer vorgewärmten Servierplatte anrichten, mit Petersilienbutter teelöffelweise belegen und sofort servieren.

SZTUKA MIĘSA W SOSIE CHRZANOWYM
Gekochtes Rindfleisch in Meerrettichsoße

Sztuka mięsa (wortwörtlich „ein Fleischstück") ist ein altpolnisches Gericht, das bis heute sehr beliebt ist und besonders an Sonntagen gerne gegessen wird. Das Fleisch wird traditionell mit Meerrettichsoße als Hauptgericht serviert. Die Brühe, die dabei entsteht, serviert man mit selbst gemachten Eiernudeln als ersten Gang. Ich fand das Gericht schon als Kind unwiderstehlich lecker. Die Meerrettichsoße wurde von unserem Vater immer kindgerecht abgeschmeckt. Das Fleisch war immer zartweich und sehr aromatisch. Und es gab vorher noch Nudeln, die die Herzen aller Kinder erfreuen.

Zutaten für 5-6 Personen:
1 kg Rindfleisch
(Kamm oder Mittelbug)
3 Möhren
2 Zwiebeln
1 Petersilienwurzel
1 Porree
1 Stück Sellerie
2 Lorbeerblätter
4 Pimentkörner
6 Pfefferkörner
Steinsalz

1. Das Fleisch kurz kalt abspülen und in einen Topf geben. Salz und Gewürze zugeben und mit etwa 2 Liter Wasser aufgießen.
2. Das Suppengrün putzen und waschen. Die Zwiebeln abziehen, halbieren und in einer unbeschichteten Pfanne ohne Fett braun anrösten. Möhren, Petersilienwurzel und Sellerie schälen und grob zerkleinern, den Porree der Länge nach durchschneiden, alles in den Topf geben. Aufkochen und bei mäßiger Hitze etwa 2 Stunden leise köcheln lassen.
3. Das Fleisch herausnehmen und quer zur Faser etwa 3 cm dick schneiden. Mit Meerrettichsoße, Stampfkartoffeln und Rote-Bete-Gemüse servieren.

Anmerkung:
Das Rezept für die Meerrettichsoße befindet sich auf Seite 250.

SZTUKA MIĘSA W GALARECIE – Rindfleisch in Gelee

Erwartete man früher Gäste, kaufte man, neben den verschiedenen Schinken und Würsten, ein schönes Stück Rindfleisch, legte es in Gelee ein, machte dazu einen schönen Kartoffelsalat, und brauchte sich weiter nur darum zu kümmern, dass der Gesprächsstoff nicht ausging.

Zutaten für 5-6 Personen:
1 kg Rindfleisch
(Kamm oder Mittelbug)
750 g Kalbs- oder
Schweinepfötchen
3 Möhren
1 Petersilienwurzel
1 kleine Porree

2 Zwiebeln
1 Stück Sellerie
2 Lorbeerblätter
4 Pimentkörner
5 Pfefferkörner
Steinsalz
ein paar Petersilienzweige
zum Garnieren

1. Wasser mit Salz und Gewürzen aufkochen. Die Pfötchen, wenn nötig, säubern und waschen. Das Fleisch kurz kalt spülen und mit den Pfötchen in den Topf geben. Bei mittlerer Hitze zuerst 1 Stunde kochen.

2. Das Gemüse putzen und zerkleinern, dabei die Zwiebeln halbieren und in einer Pfanne ohne Fett braun anrösten. Alles in den Topf geben und eine weitere Stunde kochen lassen. Sollte das Fleisch schon früher zartweich sein, herausnehmen und zugedeckt zur Seite stellen. Die Pfötchen sollten so weich sein, dass sich das Fleisch ohne Mühe von den Knochen ablösen lässt.

3. Ist es so weit, die Pfötchen herausnehmen. Den Sud durch ein feines Sieb abseihen und auf etwa 500 ml einkochen. Vom Herd nehmen und abkühlen lassen. Das Fleisch quer zur Faser in Scheiben schneiden und auf einer Servierplatte anrichten. Mit dem Sud begießen, mit Petersilienzweigen garnieren und im Kühlschrank über Nacht fest werden lassen. Dazu reicht man Sahnemeerrettich, Moosbeer- oder Preiselbeerenmarmelade und natürlich Kartoffelsalat.

OZÓR W SZARYM SOSIE – Rinderzunge in Grauer Soße

Schon als Kind fand ich das Gericht köstlich: Das zartweiche Fleisch und die leicht süßlich schmeckende Soße waren für mich jedes mal ein Genuss. Dieses altpolnische Gericht wurde schon im 14. Jh. gerne zubereitet und auf vielen erlesenen Tafeln serviert.

Zutaten:
1 Rindszunge, 1 mittelgroße
Zwiebel, 1 Möhre
1 kleine Petersilienwurzel
1 Stück Sellerie, 1 Lorbeerblatt
3 Pimentkörner, 5 Pfefferkörner
1 Nelke

Steinsalz
Für die Soße:
60 g Butter, 5 El Mehl
125 ml trockener Rotwein
1-2 El Zitronensaft
50 g Rosinen
50 g Mandelblätter, 2 El Zucker

1. Die Rinderzunge sorgfältig kalt spülen und zusammen mit Salz und Gewürzen in ein siedendes Wasser legen, zugedeckt auf mittlerer Hitze 1 Stunde kochen.
2. Das Gemüse putzen, grob zerkleinern und in den Topf geben. Weitere 1-2 Stunden kochen, bis die Zunge ganz weich wird.
3. Die Zunge herausnehmen, häuten und schräg in dünne Scheiben schneiden. Auf einer vorgewärmten Servierplatte anrichten.
4. Die Soße: Aus 2 El Zucker ein Karamell machen. Dazu in einer kleinen Pfanne 2 El Zucker erhitzen und unter Rühren goldbraun werden lassen. Mit 3 El heißem Wasser löschen und vom Herd nehmen. Mehl in Butter anschwitzen, mit 500 ml Zungensud löschen und mit Wein, Zitronensaft und Karamell abschmecken. Die Soße sollte säuerlich, würzig und nur leicht süßlich schmecken. Mandelblätter und Rosinen zugeben und die Soße noch mal kurz aufkochen. In einer Sauciere gesondert zum Fleisch servieren. Dazu reicht man Kartoffelpüree, grüne Bohnen und Tomatensalat, im Winter gedünstete Schwarzwurzeln.

FLACZKI – Flecksuppe (Kaldaunen)

Flaczki, auch *flaki* genannt, ist ein noch aus dem Mittelalter stammendes Gericht, das schon im 15. Jh. an der königlichen Tafel in Krakau serviert wurde. Die *flaczki* gelten bis heute als erlesen und sind immer noch sehr beliebt. Für viele, die in die Fremde gehen mussten, waren sie der Inbegriff der vertrauten traditionellen Küche. Auch meinem Lieblingsonkel Bronek, der in den vierziger Jahren als British Airforce Mechaniker in England geblieben ist, habe ich während seiner Besuche mit dem Gericht immer eine große Freude machen können.

Zutaten für 4-5 Personen:
1 kg Kutteln
250 g Suppenfleisch
1 Möhre, 1 Stück Sellerie
1 kleine Petersilienwurzel
1 Zwiebel, 1 kleiner Porree
1 Lorbeerblatt, 5 Pimentkörner
5 Pfefferkörner, leicht zerdrückt
Zum Abschmecken:
1-2 Tl Paprikapulver, edelsüß
1 El getrockneter Majoran
Steinsalz
frisch gemahlener Pfeffer

1. Die Kutteln mit 2-3 El Salz einreiben und sorgfältig ausspülen. In einen Topf legen und gerade mit Wasser aufgießen. Die Gewürze zugeben, salzen und zugedeckt so lange kochen, bis die Kutteln sehr weich sind (etwa 4 Stunden). Die verdampfte Flüssigkeit nach und nach nachgießen.

2. Aus dem Suppenfleisch und dem Gemüse etwa 1,5 Liter Fleischbouillon kochen. Das Gemüse später wieder entfernen.

3. Sind die Kutteln zartweich, aus dem Topf nehmen, in etwa ½ cm breite Streifen schneiden und in die Fleischbouillon geben. Den Kuttelsud etwas einkochen und zu den Kutteln geben. Alles noch ein paar Minuten leise kochen lassen, dann mit Pfeffer, Paprika und Majoran abschmecken. Die Kutteln sollten eine leicht sämige Konsistenz haben und würzig, aber nicht sehr scharf schmecken. Die Gewürze werden zusätzlich auf den Tisch gestellt, da es eine Sitte ist, dass sich jeder die *flaczki* nach seinem Geschmack nachwürzen darf. Dazu reicht man Brot oder Brötchen.

GULASZ – Rindergulasch

Das Rezept ist ausgesprochen einfach, gelingt immer und schmeckt vorzüglich.

Zutaten für 4 Personen:
*500 g Rindfleisch
ohne Knochen
3-4 Zwiebeln
1 Lorbeerblatt,
4 Pimentkörner
4 Pfefferkörner
Steinsalz
frisch gemahlener
schwarzer Pfeffer
1-2 Tl Paprikapulver
edelsüß
2 El Mehl
4 El Wasser
Öl zum Braten*

1. Das Fleisch kurz kalt spülen, trocken tupfen und in etwa 2 cm große Würfel schneiden. Mit Salz und Pfeffer bestreuen. Die Zwiebeln schälen und klein würfeln.
2. In einem Bratentopf 2-3 El Öl heiß werden lassen und das Fleisch darin von allen Seiten gut anbraten. Die gewürfelten Zwiebeln zugeben und glasig mitbraten.
3. Etwa 250 ml heißes Wasser zugießen, die Gewürze zufügen und zugedeckt etwa 1 Stunde schmoren lassen, bis das Fleisch weich ist. Mehl mit Wasser verrühren und unter Gulasch mischen. Mit Paprika, Pfeffer und eventuell noch etwas Salz abschmecken. Mit Kartoffelnudeln (*kopytka*) und einem Salat servieren.

TATAR

Das Tatar verdankt die traditionelle polnische Küche den orientalischen Einflüssen, die unter der Herrschaft des letzten polnischen Königs Poniatowski, in der polnischen Küche zu spüren waren. Ich mochte das Tatar für mein Leben gern. Während meiner Studienzeit gab es das beste Tatar in der Mensa des Warschauer Konservatoriums, wo eine liebe Freundin von mir Gesang studiert hat.

Zutaten für 4 Personen:
500 g Rinderfilet   *(von sehr frischen Eiern)*
oder fertiges Tatar   *4 El Öl*
1 Zwiebel   *4 Tl Senf*
4 kleine Gewürzgurken   *nach Belieben*
12 kleine   *Steinsalz, frisch*
marinierte Pilze   *gemahlener*
4 Eigelbe   *schwarzer Pfeffer*

1. Das Fleisch kalt spülen, trocken tupfen und in große Würfel schneiden. Durch einen Fleischwolf in eine Schüssel drehen.

2. Das Öl zugeben und mit Salz und Pfeffer abschmecken, gut vermischen.

3. Die Zwiebel abziehen und fein würfeln auch die marinierten Gurken ebenfalls fein würfeln.

4. Das Tatar in 4 Portionen teilen und auf kleinen Tellern anrichten. In jeder Portion eine Mulde in der Mitte machen und je 1 Eigelb hinein geben. Die gewürfelten Gurken, die fein gewürfelte Zwiebel und die Pilze portionsweise zusammen mit je einem Teelöffel Senf um das Tatar anrichten, sofort servieren. Dazu passen frische Mohnbrötchen.

KALBFLEISCH

Kalbfleisch wird in der traditionellen polnischen Küche wegen seines sehr delikaten Geschmacks hoch geschätzt und auf verschiedene Weisen zubereitet. Das Fleisch gilt als sehr bekömmlich (besonders das von Milchkälbern) und wird deswegen gerne für Kinder und Genesende zubereitet. Kalbfleisch ist heller als Rindfleisch und sehr mager. Es lässt sich auch viel leichter zubereiten.

CIELĘCINA DUSZONA – Geschmortes Kalbfleisch

Geschmortes Kalbfleisch schmeckt sehr delikat und aromatisch. Die Zubereitung ist denkbar einfach.

Zutaten für 4-5 Personen:
1 kg Kalbfleisch
von der Schulter
oder Keule
½ Lorbeerblatt
1-2 Pimentkörner
1 Möhre
1 Zwiebel
1 kleines Stück Sellerie
Steinsalz
1 Msp. frisch gemahlener
weißer Pfeffer
2-3 El süße Sahne,
nach Belieben

1. Das Fleisch in 4-5 Stücke teilen und in einen nicht zu großen Topf geben. Das Gemüse putzen, waschen, schälen, zerkleinern und zusammen mit den Gewürzen zufügen. Mit 250 ml Wasser aufgießen, aufkochen, salzen und zugedeckt etwa 50 Minuten leise köcheln lassen. Von Zeit zu Zeit nachschauen und etwas heißes Wasser nachgießen.

2. Das ausgekochte Gemüse herausnehmen und die Soße mit Sahne und ein bisschen Pfeffer abschmecken. Dazu passen Kartoffelpüree und ein Kopfsalat mit Sahne oder in Butter gedünstete Karotten.

MOSTEK CIELĘCY NADZIEWANY – Gefüllte Kalbsbrust

Die Speise war jahrelang ein Glanzstück in dem „Fleischgerichte-Repertoir" meiner Mutter gewesen. Sie hatte es oft zu verschiedenen festlichen Anlässen zubereitet. Die Kalbsbrust wurde abwechselnd mit verschiedenen Farcen gefüllt.

Zutaten:
1 kg Kalbsbrust, Öl zum Braten
Steinsalz
Kalbfleischfüllung:
250 g Kalbfleisch,
125 ml Schlagsahne
2 Eigelbe
2 El Semmelbrösel, Steinsalz

Kalbsleberfüllung:
100 g Kalbsleber
1 Ei, 1 El Butter
1 altbackenes Brötchen
1 El Petersiliengrün, Steinsalz
frisch gemahlener weißer Pfeffer
1 Msp. Muskatnuss

1. In die Kalbsbrust vom Metzger eine Tasche schneiden lassen.
2. Für Kalbfleischfüllung: Das Fleisch für die Füllung durch einen Fleischwolf drehen. Mit Eigelben, Semmelbrösel und Salz vermengen. Sahne steif schlagen und unter die Masse mischen.
3. Für Kalbsleberfüllung: Brötchen einweichen und gut ausdrücken. Die Leber pürieren und durch ein feines Sieb streichen. Mit Brötchen, Butter und Eigelb vermengen. Petersilie beifügen und mit Salz, Pfeffer und frisch geriebener Muskatnuss abschmecken. Eiweiß steif schlagen und unter die Masse mischen.
3. Die Kalbsbrust leicht salzen, mit einer Farce füllen und zunähen oder mit Zahnstochern zustecken.
4. Die Kalbsbrust in 2 El Öl von beiden Seiten goldgelb anbraten. In einen Bräter legen und bei 200 °C etwa 1 Stunde 30 Minuten braten. Dabei von Zeit zu Zeit zuerst mit etwas Wasser, später mit dem Bratensaft begießen.
5. Die Kalbsbrust aus dem Bräter nehmen und warm halten. Den Bratfond mit 250 ml Wasser löschen und zur gewünschten Konsistenz einkochen.

CIELĘCINA W ŚMIETANIE – Kalbfleisch in Sahne

Mein Lieblingsrezept aus der Zeit, als unsere großen Kinder noch ganz klein waren. Was ich an dem Gericht so geschätzt habe, war nicht nur, dass es nahrhaft und sehr bekömmlich ist, sondern dass ich für die Kinder nicht extra habe kochen müssen. Es ist ein einfaches und sehr schmackhaftes Gericht.

Zutaten für 2 Erwachsene
und 2 kleine Kinder:
500-600 g Kalbfleisch
(von Milchkalb)
von der Schulter oder Keule
125 ml süße Sahne
125 ml Wasser
½ Tl Steinsalz

1. Das Fleisch kurz abspülen und in einen nicht zu großen Topf geben, es sollte gerade so reinpassen. Mit Wasser und Sahne auffüllen, salzen, kurz aufkochen und zugedeckt bei niedriger Hitze etwa 50 Minuten schmoren lassen. Von Zeit zur Zeit nachschauen und die verdampfte Flüssigkeit ersetzen.
2. Weil das Fleisch sehr delikat schmeckt, reicht man dazu nur Kartoffel-Möhren-Püree und grüne Bohnen.

Anmerkung:
Kocht man das Fleisch für kleine Kinder, nimmt man natürlich viel weniger Sahne (etwa 1-2 El), dafür aber etwas mehr Wasser. Servieren kann man das Fleisch nicht nur mit Kartoffel-Möhren-Püree, sondern auch mit jeder Art von Nudeln.

SZNYCLE – Kalbsschnitzel
Die zarten Kalbsschnitzel gelten in der traditionellen polnischen Küche als erlesen und werden gerne zu besonderen Anlässen serviert.

Zutaten für 4 Personen: *Öl zum Braten, Steinsalz*
4 Kalbsschnitzel *frisch gemahlener weißer*
2 El Mehl *Pfeffer*

Die Schnitzel breit klopfen, mit Salz und Pfeffer einreiben und mit Mehl bestäuben. In 3-4 El heißem Öl von beiden Seiten goldgelb braten. Einige Minuten zugedeckt nachdünsten lassen. Mit neuen Kartoffeln und einem Tomatensalat servieren.

KLOPSIKI CIELĘCE – Kleine Kalbsklöpse
Die kleinen Kalbsklöpse sind sehr bekömmlich und werden deswegen gerne als Schonkost serviert.

Zutaten für 3-4 Personen: *1 Möhre, 1 Stückchen Sellerie*
400 g Kalbfleisch ohne Knochen *1 kleine Petersilienwurzel*
½ altbackenes Brötchen *½ Zwiebel, 1 Prise Steinsalz*
1 Ei *1 El Dillspitzen*

1. Das Gemüse putzen, waschen, zerkleinern und in einen Topf geben. Mit etwa 300 ml Wasser aufgießen, leicht salzen und zugedeckt etwa 30 Minuten kochen.
2. Das Fleisch durch einen Fleischwolf in eine Schüssel drehen. Das Brötchen einweichen und gut ausdrücken, zum Fleisch geben. Ei zufügen, leicht salzen und alles gut miteinander vermengen.
3. Aus der Fleischmasse mit nassen Händen etwa walnussgroße Fleischkugeln formen, in die Gemüsebrühe legen und etwa 15 Minuten leise köcheln lassen. Die Kalbsklöpse werden mit Kartoffel- und Möhrenpüree serviert und nach Belieben mit Dillspitzen garniert.

KOTLETY MIELONE Z CIELĘCINY – Kalbfleischfrikadellen

Die Kalbfleischfrikadellen werden gerne für kleine Kinder zubereitet, weil das Fleisch besonders mager und leicht verdaulich ist.

Zutaten für 4-5 Personen
(für kleine Esser):
500 g Kalbfleisch
ohne Knochen
1 altbackenes Brötchen
1 Ei

2 El Semmelbrösel
2-3 El süße Sahne
2 El Mehl
4 El Wasser
Steinsalz
Öl zum Braten

1. Das Fleisch grob würfeln und durch einen Fleischwolf in eine Schüssel drehen.
2. Das Brötchen einweichen, gut ausdrücken und zusammen mit Ei zum Fleisch geben, leicht salzen und alles gut miteinander vermengen.
3. Mit nassen Händen ovale Frikadellen formen und in Semmelbröseln wenden, dabei etwas flach drücken.
4. In einer Schmorpfanne etwa 2-3 El Öl erhitzen und die Frikadellen von beiden Seiten goldbraun braten. Mit etwa 200 ml Wasser aufgießen und zugedeckt gute 30 Minuten schmoren lassen. Zwischendurch eventuell etwas Wasser nachgießen.
5. Mehl mit Wasser verquirlen und die Flüssigkeit damit binden. Eventuell noch leicht mit Salz abschmecken und mit Sahne abrunden.
6. Die Frikadellen zusammen mit der Soße in einer Servierschüssel servieren. Dazu passt am besten Kartoffel-Möhren-Püree und Gurkensalat.

Herzhafte Variante:
Eine fein gewürfelte Zwiebel zu der Fleischmasse geben und mit weißem Pfeffer aus der Mühle zusätzlich abschmecken.

KOTLETY MIELONE Z CIELĘCINY Z PIECZARKAMI
Kalbfleischfrikadellen mit Champignons

In vielen Familien werden die Kalbfleischfrikadellen gerne mit Champignons zubereitet und mit Kartoffelnudeln (*kopytka*) gegessen.

Zutaten:
500 g Kalbfleisch
ohne Knochen
1 altbackenes Brötchen
1 Ei
2 El Semmelbrösel
2-3 El süße Sahne
2 El Mehl
4 El Wasser

Steinsalz
Öl zum Braten
200 g Champignons
125 ml süße Sahne
1 Zwiebel
2-3 El Öl
Steinsalz
weißer Pfeffer
aus der Mühle

1. Das Fleisch grob würfeln und durch einen Fleischwolf in eine Schüssel drehen.
2. Das Brötchen einweichen, gut ausdrücken und zusammen mit dem Ei in die Schüssel geben, leicht salzen und alles gut miteinander vermengen.
3. Mit nassen Händen ovale Frikadellen formen und in Semmelbröseln wenden, dabei etwas flach drücken.
4. In einer Schmorpfanne etwa 2-3 El Öl erhitzen und die Frikadellen von beiden Seiten goldbraun braten.
5. Zwiebel abziehen, klein würfeln. Champignons putzen, blättern, beides zu den Frikadellen geben und kurz mitbraten. Mit etwa 200 ml Wasser aufgießen und zugedeckt gute 30 Minuten schmoren lassen.
6. Sahne zugeben und dicklich einkochen. Mit Salz und Pfeffer abschmecken und mit *kopytka* (Kartoffelnudeln) und Rosenkohl servieren.

OZORKI CIELĘCE W GALARECIE – Kalbszungen in Gelee

Die Kalbszungen in Gelee gelten in der traditionellen polnischen Küche als eine besondere Delikatesse und werden sehr gerne zu besonderen Anlässen serviert. Traditionell werden sie mit Kalbspfötchen-Aspik und nicht mit Gelatine zubereitet.

Zutaten für 4 Personen:
3 Kalbszungen
(etwa 1 kg)
750 g Kalbspfötchen
1 Möhre
1 kleine Petersilienwurzel
1 Zwiebel

1 Stückchen Sellerie
1 Lorbeerblatt
2 Pimentkörner
3 Pfefferkörner
Steinsalz
Zum Garnieren:
Petersilienzweige

1. Kalbspfötchen und Zungen sorgfältig unter kaltem Wasser spülen. Ein Topf mit 1,5 Liter Wasser auffüllen. Gemüse putzen, waschen, grob zerkleinern und in den Topf geben, salzen und aufkochen. Die Zungen zufügen und bei niedriger Hitze 1 Stunde 30 Minuten kochen, bis das Fleisch weich ist.

2. Die gekochten Zungen sowie ein Stück Möhre für die Garnierung herausnehmen. Die Kalbspfötchen in den Zungensud geben und zugedeckt mindestens 2 Stunden leise kochen lassen, bis sich das Fleisch von Knochen mühelos lösen lässt.

3. Die Flüssigkeit durch ein feines Sieb gießen und abkühlen lassen. Sie sollte etwa ¾ Liter ausmachen,

4. Die Zungen häuten und schräg in etwa 1 cm dicke Scheiben schneiden. Auf einer Servierplatte anrichten. Mit Möhrenscheiben und Petersiliengrün garnieren und mit dem Sud begießen. Im Kühlschrank fest werden lassen.

Anmerkung: Ein Gelee ohne Gelatine hat eine andere, weichere Konsistenz. Auch den Geschmack empfinden viele als weicher und runder.

ZIMNE NÓŻKI – Kalbspfötchen in Aspik

Die Kalbspfötchen in Gelee werden wortwörtlich „kalte Füßchen" genannt. Sie werden nicht nur als eine sehr schmackhafte Speise geschätzt, sondern gelten auch als „Knochennahrung" für heranwachsende Kinder und sogar als Heilmittel für alle, die Knochenbrüche erlitten haben.

Zutaten für 4-6 Personen:
4 Kalbspfötchen
(zusammen etwa 1 kg)
1 Möhre
1 Stückchen Sellerie
1 Zwiebel

1 Lorbeerblatt
5 Pimentkörner
5 Pfefferkörner
Steinsalz
2 l Wasser
1 Zitrone

1. Die Kalbspfötchen sorgfältig putzen, waschen und zusammen mit Gewürzen in einen Topf geben. Mit Wasser auffüllen, aufkochen lassen und zugedeckt auf kleiner Hitze etwa 1 Stunde leise kochen lassen.
2. Gemüse putzen, waschen und grob zerkleinern. Die Zwiebel halbieren und in einer Pfanne ohne Fett an den Schnittstellen braun rösten. Alles in den Topf geben und eine weitere Stunde kochen, bis sich das Fleisch von den Knochen mühelos lösen lässt.
3. Alles aus dem Sud herausnehmen. Knochen von den Pfötchen entfernen und das Fleisch würfeln. Den Sud auf 1 Liter auskochen und eventuell noch abschmecken, dann abkühlen lassen.
4. Das gewürfelte Fleisch in eine flache 3-4 cm hohe kalt ausgespülte Form oder Servierschüssel legen und mit dem Sud auffüllen, im Kühlschrank fest werden lassen.
5. Auf eine Servierplatte stürzen oder in der Servierschüssel lassen. Längs und quer in etwa 3-4 cm große Quadrate schneiden, mit Petersiliengrün garnieren und mit dünn geschnittenen Zitronenscheiben servieren.

Anmerkung:
Auf die gleiche Weise kann man auch die Schweinepfötchen zubereiten.

WĄTRÓBKA SMAŻONA – Gebratene Kalbsleber

Kenner schätzen die gebratene Kalbsleber als kulinarischen Genuss, denn die Leber ist sehr zart und mild im Geschmack.

Zutaten für 4 Personen:
600 g Kalbsleber
(oder 4 Scheiben)
4 El Mehl
2 große Zwiebeln
Steinsalz
frisch gemahlener
weißer Pfeffer
3-4 El Öl
zum Braten
(kann ruhig etwas mehr sein)

1. Die Leber unter kaltem Wasser kurz abspülen und abtrocknen. In Scheiben schneiden. Alle Scheiben nacheinander von beiden Seiten im Mehl wenden und leicht abschütteln.
2. Das Öl in einer großen Pfanne erhitzen und die Leberscheiben darin bei mittlerer Hitze etwa 4 Minuten pro Seite braten. In eine vorgewärmte Pfanne geben und zur Seite stellen.
3. Zwiebeln abziehen, in dünne Ringe schneiden und in der großen Pfanne goldgelb dünsten.
4. Die Leberscheiben zu den Zwiebelringen legen, leicht salzen und pfeffern und 1-2 Minuten mitdünsten lassen.
5. Die gebratene Leber auf einer vorgewärmten Servierplatte anrichten und mit Zwiebelringen garnieren. Mit Stampfkartoffeln und Sauerkrautsalat im Winter oder mit neuen Kartoffeln und Kopfsalat mit Sahne im Sommer servieren.

CYNADERKI – Kalbsnieren in Sahne

Obwohl von den Kennern geschätzt, werden die Kalbsnieren heutzutage nicht oft zu Hause gemacht; in Restaurants dagegen immer noch gerne bestellt. Meine Mutter konnte früher die Kalbsnieren sehr schmackhaft zubereiten.

Zutaten für 4 Personen:
500 g Kalbsnieren
1 mittlere Zwiebel
(von etwa 100 g)
125 ml süße Sahne
1 El Mehl

2-3 El Öl
Steinsalz
frisch gemahlener
weißer Pfeffer
1 Msp. Paprikapulver,
rosenscharf

1. Die Nieren waschen, aufschneiden, von Röhren, Sehnen und Fett befreien und in eine Schüssel mit kaltem Wasser geben. 1 Stunde darin wässern, dabei das Wasser mindestens zweimal erneuern.

2. Zwiebel abziehen und klein würfeln.

3. Nieren aus dem Wasser herausnehmen, abtropfen lassen und in 0,5 cm dicke Scheiben schneiden. Mit Mehl bestäuben.

4. In einer Pfanne das Öl erhitzen und die Nierenscheiben darin von beiden Seiten goldbraun anbraten. Die gewürfelte Zwiebel zugeben und kurz mitbraten. 250 ml heißes Wasser zugießen und zugedeckt etwa 15 Minuten schmoren lassen.

5. Sahne zugeben, mit Salz, Pfeffer und Paprika würzen und weitere 10-15 Minuten schmoren. Mit Stampfkartoffeln und gedünsteten Möhren mit Erbsen servieren.

PŁUCKA NA KWAŚNO – Sauere Kalbslunge

Obwohl der Name für viele etwas befremdlich klingen mag, schmeckt die Speise ausgesprochen lecker. Als Kinder mochten wir die Kalbslunge sehr gerne und stibitzten unserer Mutter schon während der Zubereitung ein bisschen davon. Zudem hat es uns immer Spaß gemacht zuzuschauen, wie beim Kochen von der Lunge immer mehr wurde (sie dehnt sich beim Kochen beachtlich aus).

Zutaten für 4 Personen:
500 g küchenfertige
Kalbslunge
1 mittlere Zwiebel
1 Lorbeerblatt
1 Nelke
4 Pimentkörner
4 Pfefferkörner

Für die Soße:
2 El Mehl
6 El Butter
4 El süße Sahne
Saft einer Zitrone
Steinsalz,
frisch gemahlener
schwarzer Pfeffer

1. Die Lunge kalt waschen, in einen großen Topf legen, salzen und mit Wasser gerade bedecken. Zwiebel abziehen, mit der Nelke spicken und in einen Topf geben. Zugedeckt etwa 1 Stunde 30 Minuten kochen lassen.
2. Die fertig gekochte Lunge aus dem Topf herausnehmen, abtropfen lassen und mundgerecht würfeln.
3. Für die Mehlschwitze Butter in einer Pfanne bei mittlerer Hitze zerlassen und Mehl einrühren. Goldgelb anschwitzen und mit 500 ml Lungensud ablöschen. Kurz aufkochen und vom Herd nehmen. Sahne untermischen und mit Zitronensaft und Pfeffer abschmecken.
4. Die gekochten Kalbslungenwürfel in eine Schüssel legen. Mit der Soße übergießen und kurz vermengen. Mit Stampfkartoffeln und Rote-Bete-Gemüse servieren.

LAMMFLEISCH

In der traditionellen polnischen Küche gibt es viele alte Lammfleischrezepte, obwohl das Lammfleisch nie so populär war wie die anderen Fleischsorten. Gegessen wird es bis heute vor allem in Ost- und Südpolen, wo auch die meisten Schafe gezüchtet werden. Im übrigen Polen gehört das Fleisch meistens an festliche Tafeln und wird mit vielen frischen Kräutern zubereitet. Zu den althergebrachten Speisen, die schon in der Vergangenheit sehr geschätzt wurden, gehört der Lammbraten. Es war der Lieblingsbraten des letzten polnischen Königs Stanisław August Poniatowski, den er an den berühmten Donnerstagstafeln auf einer goldenen Servierplatte kredenzen ließ. Der Diener hatte dabei laut: „Hammel" zu rufen. Zu den berühmten Donnerstagstafeln wurden damals die bekanntesten Intellektuellen jener Zeit eingeladen.

BARANINA Z KAPUSTĄ – Lammfleisch mit Weißkraut
Es ist eine alte Bauernspeise, die bis heute gerne gekocht wird.

Zutaten für 4 Personen:
600 g möglichst mageres
Lammfleisch vom Nacken
1 kg Weißkohl
1 Zwiebel, 1 Möhre

1 Stück Sellerie
1 Zweig frischer Rosmarin
Steinsalz, frisch gemahlener
schwarzer Pfeffer
2 EL Mehl, 3 El Öl

1. Das Fleisch in einen Topf geben. Mit etwa 250 ml Wasser aufgießen, salzen und zugedeckt 40 Minuten kochen.
2. Weißkohl halbieren und fein hobeln. Zwiebel abziehen, der Breite nach schneiden und in einer Pfanne ohne Fett braun anrösten. Möhre und Sellerie putzen, schälen und zerkleinern. Alles in den Fleischtopf geben und zugedeckt noch etwa 30 Minuten leise köcheln lassen.
3. Mehl ins Öl einrühren und goldgelb anschwitzen, mit 250 ml Kochsud ablöschen und unter den Weißkohl mischen. Mit Stampfkartoffeln und Rote-Bete-Gemüse servieren.

PIECZEŃ BARANIA ZE ŚMIETANĄ
Lammbraten in Sahne

Es ist ein altes Rezept, nach dem auch heute der saftige Braten sehr gerne zubereitet wird. Die Marinade verfeinert das Aroma des Fleisches und macht den Braten zusammen mit der sahnigen Soße zu einem Festtaggericht.

Zutaten für 4-5 Personen:
1 kg Lammfleisch ohne Knochen
(von der Keule), 2 Zwiebeln
4 El Butter, 125 ml Sahne
1-2 Tl Zitronensaft
2 El Mehl, Steinsalz
schwarzer Pfeffer,
frisch gemahlen

1 Msp. Paprika, rosenscharf
Für die Beize: *Saft einer*
Zitrone, 2 El Wasser
3 Lorbeerblätter
5 Pimentkörner
5 Pfefferkörner
250 ml Wasser

1. Das Fleisch vom Fett befreien.
2. Die Beize kochen und noch heiß über das Fleisch gießen. Mit einem Teller abdecken und für 3 Stunden zur Seite stellen. Abtropfen lassen, mit Salz und Pfeffer einreiben und mit Mehl bestäuben.
3. Zwiebeln schälen und würfeln. Butter in einem Bräter bei mittlerer Temperatur zerlassen und das Fleisch darin rundherum anbraten. Zwiebelwürfel hinzufügen und kurz mitbraten. 250 ml Wasser zugießen und zugedeckt 1 Stunde 30 Minuten schmoren lassen. Eventuell ab und zu ein wenig Flüssigkeit nachgießen.
4. Sahne in den Bräter gießen und alles noch etwa 10 Minuten weiter schmoren lassen.
5. Den Braten herausnehmen, quer zu Faser in Scheiben schneiden und auf einer vorgewärmten Servierplatte anrichten.
6. Die Soße durch ein feines Sieb passieren, mit Paprika, Zitronensaft und eventuell noch Salz und Pfeffer würzen. In einer Sauciere zum Braten reichen. Dazu passt Buchweizengrütze oder Kartoffelpüree und Rote-Bete-Gemüse sowie ein Weißkohl- oder Sauerkrautsalat.

POTRAWKA Z BARANINY – Lammragoût

Das Rezept ist über 90 Jahre alt und eine Spezialität der bürgerlichen Küche. Das Gericht wird traditionell mit Kartoffelnudeln *kopytka* und Rote-Bete-Gemüse serviert.

Zutaten für 5-6 Personen:
1 kg Lammfleisch
ohne Knochen
250 g Champignons
2 Zwiebeln
2 Knoblauchzehen
125 ml süße Sahne

2 El Mehl
4 El Wasser
1-2 Tl Zitronensaft
4 El Öl zum Braten
Zum Garnieren:
Petersiliengrün

1. Das Fleisch von dem Fett befreien, kurz kalt spülen, trocken tupfen und in etwa 2 cm große Würfel schneiden. Champignons putzen, spülen und in Scheiben schneiden. Zwiebeln schälen und klein würfeln.

2. Öl in einer großen Pfanne mit Deckel erhitzen und die Fleischwürfel darin von allen Seiten goldbraun anbraten.

3. Champignons und die Zwiebelwürfel hinzufügen und etwa 3 Minuten mitbraten, bis sie glasig werden. Salzen, pfeffern, mit 250 ml Wasser aufgießen und zugedeckt auf kleiner Flamme 1 Stunde und 15 Minuten schmoren lassen, bis das Fleisch weich ist.

4. Sahne in die Pfanne geben und aufkochen lassen. Mehl mit Wasser verrühren und unter Soße mischen. Nochmals aufkochen lassen. Die Hitze auf niedrigste Stufe reduzieren und noch 2-3 Minuten köcheln lassen. Mit Salz, Pfeffer und Zitronensaft abschmecken. Mit Kartoffeln und geschmortem Sauerkraut oder mit *pyzy* (Kartoffelklößen), Rote-Bete-Gemüse und Rosenkohl servieren.

ZRAZIKI W SOSIE PIECZARKOWYM
Kleine Lammkoteletts in Champignonsoße

Eine kräftige, sehr aromatische Speise, die besonders gut mit Buchweizengrütze und sauren Gurken schmeckt.

Zutaten für 4 Personen:
500 g Lammfleisch
aus der Keule
150 g Champignons
125 ml süße Sahne
1 Zwiebel
3 Pimentkörner
3 Pfefferkörner
250 ml Wasser
2 El Mehl
4 El Öl
Steinsalz
frisch gemahlener
Pfeffer

1. Die Zwiebel abziehen und klein würfeln. Die Champignons putzen und in Scheiben schneiden.

2. Das Fleisch von überschüssigem Fett befreien und in kleine Scheiben, quer zur Faser schneiden. Jedes Stück ausklopfen, salzen, pfeffern und leicht mit Mehl bestäuben.

3. Das Öl in einer tiefen Pfanne heiß werden lassen und die Fleischstücke darin von beiden Seiten goldbraun braten. Die Zwiebelwürfel und Champignonscheiben zugeben und mitbraten, bis sie glasig werden. Wasser zugießen, Gewürze zufügen und zugedeckt zuerst aufkochen und dann bei niedriger Hitze etwa 1 Stunde schmoren lassen, bis das Fleisch weich ist.

4. Sahne zugießen und die Soße sämig einkochen. Mit Zitronensaft und eventuell noch Salz und Pfeffer abschmecken. Außer mit Buchweizengrütze kann man das Fleisch mit aller Art von selbst gemachten Nudeln, Rote-Bete-Gemüse und einem beliebigen Salat servieren.

KOTLETY MIELONE Z BARANINY – Lammfrikadellen

Es ist eine besonders herzhafte Variante der Frikadellen, die am besten an kalten, nassen Tagen schmeckt.

Zutaten für 4 Personen:
500 g Lammfleisch
ohne Knochen
1 altbackenes Brötchen
1 Ei
2 Knoblauchzehen

1 kleine Zwiebel
Steinsalz
frisch gemahlener
Pfeffer
Öl zum Braten

1. Das Brötchen in reichlich Wasser einweichen und gut ausdrücken.
2. Das Fleisch vom Fett befreien, grob würfeln und durch einen Fleischwolf in eine Schüssel drehen.
3. Zwiebel abziehen und fein würfeln. Knoblauch abziehen und ebenfalls klein würfeln, mit Salz vermengen und mit der breiten Seite eines Messers zu einer homogenen Masse zerreiben.
4. Zusammen mit Ei und Brötchen zum Fleisch geben, mit Pfeffer und Salz abschmecken und zu einer glatten Masse vermischen.
5. Mit nassen Händen kleine ovale Frikadellen formen.
6. In einer Pfanne nur soviel Öl gießen, dass der Boden bedeckt wird. Das Öl heiß werden lassen und die Frikadellen darin goldbraun braten. Etwa 300 ml Wasser zugießen und zugedeckt 40 Minuten schmoren lassen, bis das Fleisch ganz weich ist. Zwischendurch eventuell etwas heißes Wasser nachgießen. Mit Stampfkartoffeln und Sauerkrautsalat servieren.

Anmerkung:
Legt man zu den Lammfleischfrikadellen 10-15 geschälte Knoblauchzehen in die Pfanne, bekommt man eine herzhafte und sehr aromatische Soße.

GEFLÜGELGERICHTE

Geflügel wurde in der traditionellen polnischen Küche immer schon hoch geschätzt. Im Mittelalter waren es die mit Rosinenfarce gefüllten Gänse, Puten und Hühner, die sich besonderer Beliebtheit erfreuten und gerne sogar an der königlichen Tafel in Krakau serviert wurden. Große Vorliebe galt lange Zeit den Kapaunen, kastrierten jungen Hähnen, die ihres zarten, weißen Fleisches wegen gemästet wurden. Im 17. Jh. wurden mit ihnen die verrücktesten Rezepte ausprobiert. Eins davon war „der Kapaun in der Flasche". Dazu nahm man einem küchenfertigen Kapaun vorsichtig die Haut ab, steckte sie in eine Flasche und fügte 16 Eigelbe hinzu, die mit Milch und Talg verquirlt waren. Die Flasche kam ins Wasserbad und wurde langsam gekocht: Die stockenden Eier füllten die Haut aus und die Gäste fragten sich dann erstaunt, auf welch mysteriöse Weise habe sich der fette Kapaun durch den schmalen Flaschenhals quetschen können.

KOTLETY MIELONE Z KURY – Hähnchenfrikadellen
Die Frikadellen werden besonders gerne für Kinder gemacht, weil sie leicht bekömmlich und delikat vom Geschmack sind.

Zutaten für 4-5 Personen:
4 Hähnchenbrustfilets
½ altbackenes Brötchen
250 ml Milch, Steinsalz

frisch gemahlener weißer
Pfeffer, Öl zum Braten
1-2 El Butter, nach Belieben

1. Die Filets kurz kalt spülen, trocken tupfen. Das Brötchen in Milch einweichen, gut ausdrücken und zusammen mit Fleisch durch einen Fleischwolf drehen. Mit Salz und Pfeffer abschmecken und mit nassen Händen kleine Frikadellen formen.
2. In einer Pfanne nur soviel Öl gießen, dass der Boden bedeckt wird. Die Frikadellen darin bei mittlerer Hitze von beiden Seiten goldbraun braten. Butter in die Pfanne geben und die Frikadellen darin wenden. Mit Möhren-Kartoffel-Püree servieren.

KURA Z ROSOŁU – Sonntagshahn

Es war früher weit verbreitet, dass es am Sonntag ein Huhn zum Mittagsessen gab, besonders auf dem Lande. Man scherzte sogar, dass an diesem Tag nur die leichtsinnigen Hühner vor der Tür gegackert haben. Ein Huhn zu kochen hatte unter anderem den Vorteil, dass man ein gutes Stück Fleisch und eine kräftige Suppe bekam, was zusammen ein nahrhaftes und gut schmeckendes Sonntagsgericht ergab.

Zutaten für 4-5 Personen:
1 Sonntagshahn
etwa 2 Liter Wasser
Suppengrün:
2 Möhren
1 Stück Sellerie
1 Zwiebel
1 Stange Porree

1 kleines Stück Weißkohl
1 Petersilienwurzel
5 Pfefferkörner
Steinsalz
Pfeffer aus der Mühle
Zum Garnieren:
Dill oder Petersilie, fein gewogen

1. Den Hahn und die Innereien gründlich waschen, überflüssiges Fett aus der Bauchhöhle entfernen und den Hahn mit den Innereien in einen großen Suppentopf legen. Mit Wasser angießen, sodass der Hahn gut bedeckt wird.

2. Das Suppengrün putzen und waschen. Möhren und Petersilienwurzel der Länge nach vierteln. Zwiebel abziehen, halbieren und in einer Pfanne ohne Fett braun anrösten. Alles in einen Topf geben, die Pfefferkörner und ½ Teelöffel Salz zugeben, kurz aufkochen, dann auf mittlere Hitze umschalten und etwa 50 Minuten kochen lassen, bis das Hahnfleisch weich ist.

3. Den Hahn portionieren und mit Stampfkartoffeln, Kopfsalat mit Sahne und im Winter mit Wintergemüse servieren.

KURCZAKI W ŚMIETANIE – Stubenküken in Sahne

Als wir noch Kinder waren, wurde mein Vater als junger Brückenbauingenieur oft aufs Land geschickt, um neue Brücken zu bauen. War die Gegend einladend, verbrachten wir dort den Sommer mit ihm. Zu unserer Freude brachten auch andere Mitarbeiter ihre Kinder mit und manchmal schloss sich auch die frühere Kommilitonin meiner Mutter mit ihrer Tochter uns an. Wir hatten einen Fluss, eine Menge Sand und viel Platz, um uns austoben zu können. Was das Essen betraf, da boten die Bauernmärkte alles, was wir brauchten. Unter anderem auch die Stubenküken, die in Butter und Sahne geschmort nach grenzenlosem Sommer und Freiheit schmeckten.

Zutaten für 4-5 Personen:
3 küchenfertige Stubenküken
von etwa 500 g
oder 2 kleine Hähnchen
von etwa 700 g
3-4 gehäufte El Butter
200 ml süße Sahne

Steinsalz
frisch gemahlener
weißer Pfeffer
Zum Garnieren:
Dill oder
Petersilie,
fein gewogen

1. Die Stubenküken kalt waschen, trocken tupfen und der Länge nach halbieren. Mit Salz und Pfeffer einreiben.

2. Butter in einer großen Pfanne zerlassen und auf mittlerer Hitze die Stubenküken darin von allen Seiten goldgelb anbraten. Zusammen mit dem Bratensaft in einen Topf geben, mit 125 ml Wasser aufgießen, Sahne zugeben und zugedeckt etwa 30 Minuten schmoren lassen, bis das Fleisch der Stubenküken weich ist.

3. Die Stubenküken in einer Servierschüssel anrichten, die Soße mit Pfeffer und eventuell noch mit Salz abschmecken und das Fleisch damit begießen. Mit Dill oder Petersilie garnieren. Dazu passen besonders gut neue Kartoffeln und grüner Kopfsalat mit Sahne oder Gurkensalat.

Anmerkung:
Wer mag, kann anstatt der süßen Sahne *Crème fraîche* nehmen.

KURA DUSZONA W MAŚLE – In Butter geschmortes Hähnchen

Die besten Hähnchen machte eine Freundin meiner Eltern, liebevoll von ihnen Balbina genannt. Sie trafen sich gerne zum Bridge und aßen dann gemeinsam zu Abend. Nach dem Spiel gingen sie immer spazieren: Im Frühling, um den Nachtigallen zuzuhören, im Sommer um die lauen Abende auszukosten und im Winter einfach, um die frische Luft zu genießen.

Zutaten für 4-5 Personen:

1 Hähnchen 1,2-1,5 kg	*Steinsalz*
4-5 El Butter	*Pfeffer aus der Mühle*

1. Das Hähnchen waschen, abtropfen lassen, in Portionstücke teilen und mit Salz und Pfeffer bestreuen.

2. Butter in einer großen Pfanne bei mittlerer Hitze zerlassen und das Hähnchen darin von allen Seiten goldgelb anbraten. Etwa 200 ml warmes Wasser zugießen und zugedeckt 40 Minuten bei niedriger Hitze schmoren lassen, bis das Fleisch weich ist. Das Hähnchen schmeckt am besten mit neuen Kartoffeln und einem Kopfsalat mit Sahne.

POTRAWKA Z KURCZAKA – Hänchenragoût

Ein einfaches, schmackhaftes Gericht, das gut mit Nudeln schmeckt.

Zutaten für 4 Personen:

1 Hähnchen 1,2-1,5 kg	*1 El Mehl, 4 El Wasser*
250 g Champignons	*1 Tl Zitronensaft*
200 ml süße Sahne	*4-5 El Butter*
	Steinsalz, Pfeffer aus der Mühle

Das Hähnchen nach dem Rezept oben zubereiten. Die Champignons putzen, klein schneiden und mitbraten. Das weiche Fleisch von Knochen befreien und in kleine Stücke zerteilen. Sahne in die Pfanne geben und aufkochen lassen. Mehl mit Wasser verrühren und unter die Soße mischen. Kurz aufkochen lassen und mit Salz, Pfeffer und Zitronensaft abschmecken.

KURA DUSZONA Z PAPRYKĄ – Hähnchen mit Paprika

Hähnchen mit Paprika war mein erstes Fleischgericht, das ich selbstständig gekocht habe.

Zutaten für 4 Personen:

1 Hähnchen von etwa 1,2 kg
1 grüne
1 rote Paprika
1 Zwiebel
3-4 El einfaches Olivenöl
Steinsalz
frisch gemahlener
schwarzer Pfeffer
1 Tl Paprikapulver,
edelsüß
1 Msp. Paprikapulver,
rosenscharf

1. Das Hähnchen kalt abspülen und abtropfen lassen. In 8 Portionen schneiden und mit Salz und Pfeffer bestreuen.

2. Zwiebel abziehen und klein würfeln. Paprika waschen, der Länge nach halbieren, den Stielansatz mit den Kernen entfernen und in Streifen schneiden.

3. In einer großen Pfanne das Öl erhitzen und die Hähnchenteile darin goldgelb anbraten. In einen Topf legen. Zwiebelwürfel und Paprika in der Pfanne glasig andünsten und zusammen mit dem Bratensaft zum Hähnchen in den Topf geben. Mit etwa 250 ml Wasser aufgießen und bei kleiner Hitze 30-40 Minuten schmoren lassen, bis das Fleisch weich ist. Mit Paprikapulver und eventuell noch mit Salz und Pfeffer abschmecken. Sollte die Soße etwas zu dünn sein, eventuell noch etwas einkochen.

4. Die Hähnchenteile in eine Servierschüssel legen, mit Paprikastreifen garnieren. Die Soße über das Fleisch gießen. Mit Kartoffel- oder Kartoffel-Möhren-Püree servieren.

KURA PIECZONA – Brathähnchen

Das Rezept gehört wohl zu den einfachsten und kann durch verschiedene Beilagen auf vielerlei Arten angerichtet werden.

Zutaten für 4 Personen:
1 Brathähnchen von etwa 1 kg *Steinsalz und*
3 El zerlassene Butter *weißer Pfeffre aus der Mühle*

1. Das Brathähnchen kalt waschen und trocken tupfen, mit Salz und Pfeffer innen und außen einreiben und 1 Stunde kalt stehen lassen. Danach in eine Fettpfanne legen und gut mit Butter bepinseln, die Flügelspitzen unter den Körper stecken. Bei 200 °C etwa 45 Minuten braten.

2. Das fertige Brathähnchen tranchieren. Mit Kartoffeln, Gemüse und Salat servieren.

KURA PIECZONA Z MAJERANKIEM
Brathähnchen mit Majoran

Es ist ein Rezept meiner Schwiegermutter. Als ich kurz nach unserer Hochzeit krank geworden bin und im Bett lag, brachte sie mir unter anderem auch ein mit Majoran gebratenes Huhn. Bis heute schmeckt es für mich nach Fürsorge und Genesung.

Zutaten für 4 Personen: *2-3 El Butter,*
1 Brathähnchen von etwa 1 kg *zerlassen*
3-4 El Majoran *Steinsalz*

1. Das Brathähnchen kalt waschen und abtrocknen, mit Butter bepinseln und mit Salz und reichlich Majoran einreiben.

2. In einen Bräter legen und die Flügelspitzen unter den Körper stecken. Bei 200 °C 40-50 Minuten braten. Warm mit Kartoffelpüree, Rote-Bete-Gemüse und einem Salat, kalt mit Kartoffelsalat servieren.

KURA PIECZONA NADZIEWANA WĄTRÓBKĄ
Poularde mit Leberfüllung
Eine gebratene Poularde passt zu vielen Anlässen, zu den festlichen bekommt sie eine Füllung.

Zutaten für 4-6 Personen:
1 Poularde von etwa 1,5 kg
1 Hühnerleber
1 altbackenes Brötchen
1 Ei

3 El Butter
1 El Petersiliengrün,
nach Belieben
Steinsalz
frisch gemahlener weißer Pfeffer

1. Die Poularde kalt abspülen und abtrocknen, mit Salz und Pfeffer einreiben und für 1 Stunde kalt stellen.

2. Für die Füllung das Brötchen einweichen und gut ausdrücken. Die Leber in 1 El Butter dünsten, mit einer Gabel zerdrücken und mit einem Holzlöffel durch ein Sieb passieren. Butter und Eigelb schaumig rühren und mit Leber und Brötchen zu einer homogenen Masse vermischen. Sollte die Mischung zu weich sein, 1-2 El Semmelbrösel untermischen. Mit Salz, Pfeffer und Petersiliengrün abschmecken.

3. Die Poularde mit der Lebermasse füllen und mit einem Baumwollfaden zunähen. In eine Fettpfanne legen und bei 200 °C etwa 1 Stunde und 10 Minuten goldbraun braten.

4. Mit Stampfkartoffeln, Preiselbeerkonfitüre und gedünsteten grünen Bohnen oder Rote-Bete-Gemüse sowie einem Salat servieren.

Anmerkung:
Eine Poularde ist ein Masthähnchen von 1200-3500 g Gewicht, die Hähnchen bis 1200 g Gewicht nennt man Brathähnchen.

KURA PIECZONA NA DZIKO – Poularde auf Wildbretart

Die Wacholderbeeren verleihen der Poularde den früher so begehrten Wildgeschmack. Auf diese Art wurden früher vor allem Kapaunen gebraten.

Zutaten für 4-5 Personen:
1 Poularde von etwa 1,5 kg
50 g Butter
(als Butterflöckchen)
8 Wacholderbeeren, fein
zerstoßen
Steinsalz
frisch gemahlener
schwarzer Pfeffer

Für die Füllung:
1 altbackenes Brötchen
250 ml Milch
1 Ei, 60 g Butter,
raumtemperiert
100 g Hühnerleber
1-2 Wacholderbeeren, fein
zerstoßen
Für die Soße:
125 ml süße Sahne

1. Die Poularde kalt spülen, trocken tupfen. Mit Salz, Pfeffer und Wacholderbeeren einreiben und für 2 Stunden in den Kühlschrank legen, damit die Aromen ins Fleisch einziehen.

2. Für die Füllung das Brötchen einweichen, gut ausdrücken, die Leber in 1 El Butter dünsten, erkalten lassen und mit einem Holzlöffel durch ein Sieb passieren. Die restliche Butter und Eigelb dazu geben, alles zu einer homogenen Masse vermischen. Mit Salz, Pfeffer und Wacholderbeeren würzen. Eiweiß steif schlagen und unter die Masse mischen.

3. Die Poularde damit füllen, die Bauchöffnung mit Holzstäbchen zustecken, in eine Fettpfanne legen und mit Butterflöckchen belegen. Bei 200 °C etwa 1 Stunde und 10 Minuten goldbraun braten. Gelegentlich mit dem Bratensaft begießen.

4. Den Bratenfond mit etwas heißem Wasser aufgießen und aufkochen. Sahne zugeben und noch ein paar Minuten köcheln lassen, bis die Soße eingedickt ist. Mit Salz und Pfeffer abschmecken und über die tranchierte Poularde gießen. Dazu passen: Kartoffelpüree und Rote-Bete-Gemüse.

PASZTET Z KURY – Hühnerpastete

Es ist ein Rezept meines Vaters, nach dem er die Hühnerpastete gerne gebacken hatte.

Zutaten:
1 Hähnchen von 1,2 kg
150 g Hähnchenleber
1 Möhre, 1 Stück Sellerie
1 kleine Petersilie
1 Zwiebel
½ Lorbeerblatt
1-2 Pimentkörner
1-2 El Semmelbrösel
Steinsalz
frisch gemahlener
schwarzer Pfeffer

1. Das Hähnchen kalt waschen und zerteilen, die Lebern kalt abspülen und zusammen mit dem Hähnchen in einen Topf geben.

2. Zwiebel abziehen, der Breite nach schneiden und in einer Pfanne ohne Fett braun rösten. Gemüse putzen, waschen, schälen und grob zerkleinern, zusammen mit Gewürzen, in den Topf geben und mit Wasser aufgießen, sodass alles knapp bedeckt wird. Zugedeckt etwa 40 Minuten kochen, bis das Fleisch weich ist und sich mühelos von den Knochen lösen lässt.

3. Den Topf vom Herd nehmen und abkühlen lassen. Das Fleisch auslösen und mit den Hähnchenlebern und der Hälfte der Gemüse (gut abtropfen lassen!) durch einen Fleischwolf drehen. Ist die Masse zu weich, 1-2 El Semmelbrösel untermischen.

4. Mit Salz und Pfeffer abschmecken und in eine ausgefettete Kastenform füllen. Glatt streichen und bei 180 °C etwa 40 Minuten backen. Erkalten lassen und aus der Form stürzen. Nach Bedarf in Scheiben schneiden. Die Pastete schmeckt besonders gut mit Butterbrot und sauren Gurken.

WĄTRÓBKA Z CEBULKĄ – Hühnerleber mit Zwiebel

Es gab während meiner Studienzeit in der Nähe der Universität in Warschau ein kleines Restaurant, in dem das Gericht sehr schmackhaft zubereitet wurde. Da kamen gerne nicht nur die Studenten, um schnell etwas zu essen.

Zutaten für 4 Personen:
500 g Hähnchenleber
3 mittelgroße Zwiebeln

1-2 El Butter, Steinsalz
frisch gemahlener Pfeffer
Öl zum Braten

1. Die Hühnerlebern putzen und kalt abspülen. Zwiebeln schälen und in dünne Ringe schneiden.

2. In einer Pfanne 3-4 El Öl erhitzen und die kleinen Lebern darin von allen Seiten goldbraun anbraten. Zwiebelringe zufügen und glasig braten.

3. Die Hitze reduzieren, die gebratene Lebern mit Salz und Pfeffer abschmecken und zugedeckt so lange dünsten lassen, bis die Zwiebelringe weich und die Lebern gar sind.

4. Butter in die Pfanne geben und unter die Lebern rühren. Mit Stampfkartoffeln und Sauerkrautsalat servieren.

KURA Z KAPUSTĄ – Hähnchen mit Kohl

Es ist ein Sommergericht, das meine Schwiegermutter gerne gekocht hatte. Das Hähnchen wird mit dem weichen Sommerkohl zubereitet, der feiner schmeckt als der Weißkohl. Das Gericht schmeckt nach langen, warmen Sommertagen, an denen alles leichter zu gelingen scheint.

Zutaten für 4-6 Personen:
1 Hähnchen von etwa 1 kg
1 Sommerkohl
1 El Dill, fein gewogen
2 El Mehl, 4 El Wasser
Suppengrün: 1 Möhre
1 Petersilienwurzel
1 Stück Sellerie
1 mittlere Zwiebel
Zum Würzen: Steinsalz
frisch gemahlener
weißer Pfeffer
ein paar Tropfen Zitronensaft,
frisch gepresst

1. Zwiebel abziehen, der Breite nach schneiden und an der Schnittstelle braun rösten. Gemüse putzen, schälen und grob zerkleinern, alles in einen Topf geben.

2. Das Hähnchen kalt spülen, in 8 Teile schneiden und zum Gemüse in den Topf geben.

3. Sommerkohl putzen, halbieren und in feine Streifen hobeln.

4. Das Hähnchen mit dem Sommerkohl bedecken und mit so viel Wasser aufgießen, dass der Kohl knapp bedeckt ist. ½ Teelöffel Salz zufügen und zugedeckt bei mittlerer Flamme etwa 30 Minuten kochen lassen, bis das Fleisch weich ist.

5. Die Hähnchenteile und das Suppengrün aus dem Topf herausnehmen. Das Fleisch von Haut und Knochen lösen und grob würfeln, das Suppengrün wieder entfernen.

6. Sollte noch mehr Flüssigkeit als etwa 1 Glas im Topf sein, in eine Pfanne abgießen, etwas einkochen und zurück in den Topf geben. Mehl mit Wasser verquirlen und unter den Sommerkohl mischen, kurz aufkochen. Hähnchenfleisch untermischen und mit Dill, Pfeffer, Zitronensaft und eventuell noch etwas Salz abschmecken. Mit neuen Kartoffeln servieren.

GALARETA Z KURY – Hähnchen in Gelee

In den ersten Jahren unserer Ehe habe ich das Gelee oft zubereitet, wenn wir Gäste erwarteten. Es ist eine schmackhafte und sehr dekorativ aussehende Speise.

Zutaten:
1 Hähnchen von etwa 1 kg
1 Möhre
1 Zwiebel
1 Stück Sellerie
1 kleine Petersilienwurzel
100 g enthülste frische Erbsen
oder TK-Erbsen
1 Tl Dill oder
Petersilie, fein gewogen
Steinsalz
frisch gemahlener
weißer Pfeffer
Zum Garnieren:
ein paar Salatblätter
2 Zitronen

1. Zwiebel abziehen, der Breite nach schneiden und an der Schnittstelle braun rösten. Gemüse putzen, schälen und grob zerkleinern, nur die Möhre klein würfeln, alles in einen Topf geben.

2. Das Hähnchen kalt abspülen und in den Topf zu dem Gemüse legen, mit Wasser aufgießen, salzen und zugedeckt etwa 30-40 Minuten kochen, bis das Fleisch weich ist. Kurz vom Ende der Kochzeit (etwa 10 Minuten) die Erbsen in den Topf geben.

3. Hähnchen herausnehmen, das Fleisch von Haut und Knochen lösen und in kleine Stücke schneiden.

4. Das ausgekochte Gemüse (außer Möhrenwürfel und Erbsen) wegwerfen und die Bouillon auf etwa 750 ml reduzieren. Mit Pfeffer, Dill und eventuell noch etwas Salz abschmecken und erkalten lassen.

5. Kleine halbrunde Formen oder Teetassen kalt ausspülen. Zuerst die Erbsen und Möhrenwürfel, dann das Fleisch verteilen und mit Bouillon aufgießen. Im Kühlschrank über Nacht zu Gelee erstarren lassen. Am nächsten Tag auf eine mit Salatblättern belegte Servierplatte stürzen und mit Zitronenachteln servieren.

KOTLETY POŻARSKIE
Gebratene Hähnchen- oder Putenbrustfilets

Als *kotlety pożarskie* bezeichnet man in der traditionellen polnischen Küche Geflügelschnitzel, die aus Geflügelbrust (Hähnchen oder Pute) zubereitet werden. Das Fleisch wird ausgeklopft, paniert und kurz gebraten. Traditionell wurden früher die Schnitzel mit Trüffelsoße und Gemüse serviert. Die besten Putenschnitzel, die ich gegessen habe, hatte meine Schwiegermutter gebraten. Sie waren immer saftig und sehr delikat im Geschmack.

Zutaten für 4 Personen:

2 ganze küchenfertige Hähnchenbrüste oder 800 g Putenbrust
1 Ei
2-3 El Semmelbrösel

1-2 El Butter
Steinsalz
frisch gemahlener weißer Pfeffer
Öl zum Braten

1. Die Hühnerbrüste oder die Putenbrust kalt abspülen und trocken tupfen. Hühnerbrüste je in 4 Teile schneiden: Zuerst die Brusthälften trennen, dann waagerecht schneiden. Putenbrust mit einem sehr scharfen Messer quer zur Faser in etwa 2 cm breite Scheiben schneiden.
2. Die Fleischscheiben einzeln mit einem Fleischklopfer vorsichtig ausklopfen. Mit Salz und Pfeffer bestreuen und kurz zur Seite legen.
3. Das Ei verquirlen, die Semmelbrösel parat halten. 2-3 El Öl in einer großen Pfanne erhitzen. Hühnerbrust- oder Putenbrustscheiben zuerst in Ei, dann in Semmelbröseln wenden und von beiden Seiten etwa 3 Minuten goldbraun braten.
4. Die Pfanne vom Herd nehmen und kurz abkühlen lassen. Erst dann Butter in die Pfanne geben und das Fleisch darin wenden. Mit Stampfkartoffeln und Kopfsalat mit Sahne oder Gurkensalat mit Dill servieren.

INDYK NADZIEWANY WĄTRÓBKĄ – Pute mit Leberfüllung

Die Pute mit Leberfüllung gehört in der traditionellen polnischen Küche zu festlichen Gerichten. Gegessen wurde sie schon im Mittelalter. Meine Eltern haben schon mal die Pute für Ostern oder Weihnachten gebraten. Meine Mutter war für die Füllung, mein Vater für den Braten zuständig.

Zutaten:
1 Babypute von etwa 3 kg
Steinsalz
frisch gemahlener schwarzer Pfeffer
Für die Füllung: 1 Putenleber
1 altbackenes Brötchen
50 g Rosinen, 50 g Mandelstifte

4 El Butter, raumtemperiert
100 g Butter (als Butterflöckchen)
2 Eier, Steinsalz
1 Msp. Muskatnuss, frisch gerieben
frisch gemahlener schwarzer Pfeffer

1. Die Pute kalt spülen und trocken tupfen. Mit Salz und Pfeffer innen und außen einreiben und für 24 Stunden in den Kühlschrank legen.

2. Für die Füllung das Brötchen einweichen und gut ausdrücken. Leber in 1 El Butter dünsten und zusammen mit Brötchen durch einen Fleischwolf drehen. Eigelbe, restliche 3 El Butter, Rosinen und Mandelstifte unter die Lebermasse mischen. Mit Muskat, Salz und Pfeffer abschmecken. Eiweiße steif schlagen und unter die Masse heben.

3. Die Pute mit der Farce füllen, mit Zahnstochern und Küchengarn zubinden und in eine Fettpfanne legen. Mit Butterflöckchen belegen und auf der unteren Schiene bei 200 °C etwa 2 Stunden 30 Minuten braten, dabei häufig mit dem Bratensaft begießen. Die fertig gebratene Pute herausnehmen, tranchieren und auf einer vorgewärmten Servierplatte anrichten.

4. Das Fett abfließen lassen. 250 ml heißes Wasser in die Fettpfanne gießen. Den Bratensatz lösen, durch ein feines Sieb in einen Topf umfüllen und sämig einkochen. Mit Salz und Pfeffer abschmecken und über die Pute gießen. Dazu serviert man *pyzy* (Kartoffelklöße), Preiselbeermarmelade und Gemüse.

INDYK NADZIEWANY RODZYNKAMI – Pute mit Rosinenfüllung

Die Pute mit Rosinenfüllung wurde schon im 14. Jh. zu festlichen Anlässen serviert. Sie schmeckt sehr exquisit und wird auch heute gerne zubereitet.

Zutaten:
1 Babypute von etwa 3 kg
Steinsalz
frisch gemahlener schwarzer Pfeffer
Für die Füllung:
2 altbackene Brötchen
2 Gläser Milch

4 El Butter, raumtemperiert
3 Eier
60 g Sultaninen
60 g kleine schwarze Rosinen
60 g Mandelblättchen
2 El Zucker
1 Msp. Muskatblüte
Steinsalz

1. Die Pute kalt abspülen und trocken tupfen. Mit Salz und Pfeffer innen und außen einreiben. Für 24 Stunden kalt stellen.

2. Brötchen in Milch einweichen, gut ausdrücken und durch ein Sieb passieren. Eigelbe mit 3 El Butter und Zucker zusammenschlagen und unter die Brötchenmasse mischen. Mit Salz und Muskatblüte abschmecken.

3. In einer Pfanne die restliche Butter (etwa 1 El) zerlassen und die Mandelblättchen darin goldgelb rösten. Zusammen mit Rosinen unter die Füllung mischen. Eiweiße steif schlagen und vorsichtig mit der Farce vermengen. Die Pute damit füllen, die Bauchöffnung mit Holzstäbchen zusammenstecken und mit einem Baumwollfaden kreuzweise zusammenbinden.

4. Die Pute in eine Fettpfanne legen und auf der unteren Schiene im Backofen bei 200 °C etwa 2 Stunden 30 Minuten braten. Von Zeit zu Zeit mit dem Bratensaft begießen. Die fertig gebratene Pute tranchieren und auf einer vorgewärmten Servierplatte legen.

5. Das Fett abfließen lassen. Etwa 250 ml heißes Wasser in die Fettpfanne gießen, den Bratensatz lösen und durch ein feines Sieb in einen Topf umfüllen. Sämig einkochen, abschmecken und über die Pute gießen. Dazu passen *pyzy* (Kartoffelklöße) und Rote-Bete-Gemüse.

INDYK NADZIEWANY SARDELAMI – Pute mit Sardellenfüllung

Das Rezept stammt aus den 20er Jahren des letzten Jahrhunderts. Die Sardellenfüllung wurde damals sehr geschätzt.

Zutaten:
1 Babypute
von etwa 3 kg
Steinsalz
frisch gemahlener
schwarzer Pfeffer
Für die Füllung:
4 Sardellenfilets
400 g Hühnerbrust
1 kleine Zwiebel
100 g Butter,
raumtemperiert
1 altbackenes Brötchen
2 Eier
20 g Kapern
Steinsalz
frisch gemahlener
weißer Pfeffer

1. Die Pute kalt abspülen und trocken tupfen. Mit Salz und Pfeffer einreiben und für 24 Stunden in den Kühlschrank stellen.
2. Hühnerbrust würfeln und in 1 El Butter anbraten, Zwiebel schälen, klein würfeln und kurz mitbraten. Etwa 125 ml Wasser dazu gießen und zugedeckt so lange schmoren lassen, bis das Fleisch weich ist.
3. Das Brötchen einweichen, gut ausdrücken und zusammen mit dem Kalbfleisch und den Sardellenfilets zweimal durch einen Fleischwolf drehen. Den Rest der Butter und die Eier unter die Füllung mischen. Mit Salz und Pfeffer abschmecken. Die Pute mit der Farce füllen und die Bauchöffnung mit einem Baumwollfaden zunähen.
4. Die Pute in die Fettpfanne legen, die Flügelspitzen unter den Körper stecken, mit Wasser beträufeln und auf der unteren Schiene im Backofen bei 200 °C etwa 2 Stunden 30 Minuten knusprig braten.
5. Fett abfließen lassen. Etwa 250 ml heißes Wasser in die Fettpfanne gießen. Den Bratensatz lösen und durch ein feines Sieb in einen Topf umfüllen. Zur gewünschten Konsistenz einkochen, eventuell noch mit Salz und Pfeffer abschmecken und über die Pute gießen. Mit Kartoffelnudeln (*kopytka*), Rotkohl und Moosbeermarmelade servieren.

INDYK NADZIEWANY TRUFLAMI – Pute mit Trüffelfüllung

Die Trüffelfüllung gehört zu den feinsten und wird gerne zu besonderen Anlässen zubereitet. Das Rezept stammt aus einem alten Kochbuch, das am Anfang des 20. Jahrhunderts herausgegeben wurde.

Zutaten:
1 Babypute von etwa 3 kg
1-2 schwarze Trüffel
500 g Kalbfleisch
oder Hähnchenbrust
80 g Butter

1 Zwiebel
½ altbackenes Brötchen
1 Ei
Steinsalz
frisch gemahlener
weißer Pfeffer

1. Die Pute kalt abspülen und trocken tupfen, mit Salz und Pfeffer einreiben und für 24 Stunden kühl stellen.
2. Das Kalbfleisch grob würfeln. Zwiebel abziehen und klein würfeln. In einer tiefen Pfanne 1 El Butter zerlassen und das Fleisch darin kurz anbraten. Die Zwiebelwürfel zugeben und kurz mitbraten. Etwa 125 ml warmes Wasser in die Pfanne gießen und das Kalbfleisch so lange schmoren lassen, bis es weich ist. Abkühlen lassen.
3. Das Brötchen einweichen und gut ausdrücken. Zusammen mit dem Fleisch zweimal durch einen Fleischwolf drehen. Die Trüffel gründlich waschen, dünn schälen und in hauchdünne Scheiben schneiden oder hobeln. Zusammen mit dem Rest der Butter unter die Farce mischen. Mit Salz und Pfeffer abschmecken und die Pute damit füllen. Die Bauchöffnung mit Holzstäbchen zusammenstecken und mit einem Baumwollfaden kreuzweise zusammenbinden
4. Bei 200 °C etwa 2 Stunden 30 Minuten braten. Dann die Pute herausnehmen, tranchieren und auf einer vorgewärmten Servierplatte anrichten.
5. Fett von der Fettpfanne abfließen lassen. Etwa 250 ml heißes Wasser darübergießen, kurz einweichen lassen und durch ein feines Sieb in einen Topf umfüllen. Sämig einkochen und die Pute damit begießen. Mit Kartoffelpüree, Moosbeer- oder Preiselbeermarmelade und einem Salat servieren.

GĘŚ NADZIEWANA KASZĄ GRYCZANĄ
Gans mit Buchweizenfüllung

Es ist ein altpolnisches Rezept, das heute noch gerne verwendet wird. Der Buchweizen und die Gans ergänzen sich wunderbar im Geschmack. Die Gans bleibt saftig und delikat und profitiert von dem feinherben Aroma der Buchweizengrütze, die im Gegenzug den Geschmack des Fleisches annimmt und noch kräftiger und deftiger als sonst schmeckt.

Zutaten:
1 bratfertige Gans von 3-4 kg   *1-3 El Majoran*
300 g Buchweizen, geröstet   *Steinsalz*
1 kleine Handvoll   *frisch gemahlener*
getrockneter Pilze   *schwarzer Pfeffer*

1. Die Gans kalt abspülen und trocken tupfen. Überflüssiges Fett entfernen und innen und außen mit Salz, Pfeffer und Majoran einreiben. Für 2 Stunden zur Seite legen.

2. Die Pilze in einem Topf 1 Stunde einweichen, weich kochen und klein schneiden. Den Buchweizen in dem Pilzsud kernig kochen (S. 211), mit den Pilzen vermengen und mit Salz und Pfeffer abschmecken.

3. Die fertige Farce in die Gans füllen und die Öffnung mit Zahnstochern zusammenstecken und mit einem Baumwollgarn kreuzweise zusammenbinden. Die Haut der Gans einstechen.

4. Die Gans auf der mittleren Schiene bei 200 °C etwa 2 Stunden 30 Minuten braten, dabei immer wieder mit dem Bratensaft begießen. Die fertig gebratene Gans tranchieren und auf einer vorgewärmten Servierplatte anrichten.

6. Fett von der Fettpfanne abfließen lassen und den Bratensatz mit etwa 250 ml Wasser ablöschen. Durch ein feines Sieb in einen Topf umfüllen und zur gewünschten Konsistenz einkochen. Eventuell mit Salz und Pfeffer abschmecken und über die Gans gießen. Dazu passen: *kopytka* (Kartoffelnudeln) und Bigos.

GĘŚ W WINNYM SOSIE – Gans in Weinsoße

Weinsoße hat in der polnischen Küche eine sehr lange Tradition. Schon im 16./17. Jh. hatte man Fleisch nicht nur mit Gewürzen, sondern oft auch mit Wein zubereitet. Die Gans in Weinsoße wird gerne zu besonders festlichen Anlässen zubereitet. Die Soße und die Apfelfüllung geben der Gans ein frisches, fruchtiges Aroma, was von vielen sehr geschätzt wird.

Zutaten:
1 bratfertige Gans
von etwa 3-4 kg
Steinsalz
frisch gemahlener
schwarzer Pfeffer

Für die Füllung:
1 kg Boskop-Äpfel
Für die Soße:
375 ml kräftiger Rotwein
3 El Mehl
3 El Butter
1-2 El Karamell

1. Die Gans unter kaltem Wasser abspülen und abtrocknen, von überflüssigem Fett befreien und innen wie außen mit Salz und Pfeffer einreiben.

2. Äpfel schälen, vierteln, entkernen und die Gans damit füllen. Die Öffnung mit Holzstäbchen zustecken. Die Haut der Gans einstechen.

3. Die Gans in eine Fettpfanne legen, mit Wein beträufeln und auf der unteren Schiene bei 200 °C etwa 2 Stunden 30 Minuten knusprig braun braten. Dabei immer wieder mit Bratensaft begießen.

4. Die fertig gebratene Gans auf eine große Platte legen und warm halten. Den Bratensaft entfetten und mit etwa 200 ml Wein aufgießen, eventuell noch mit einem Löffel losschaben. Durch ein feines Sieb in einen Topf gießen.

5. Das Mehl in Butter hell anschwitzen, unter Rühren mit dem Bratenfond ablöschen und noch ein paar Minuten köcheln lassen. Den Rest des Weines zugeben und mit Salz, Pfeffer und Karamell abschmecken. Dazu passen Kartoffelnudeln und Rote-Bete- oder Rotkohl-Gemüse.

SMALEC GĘSI – Gänseschmalz

Es ist ein altes, im Original übernommenes Rezept. Die Köchin preist das Schmalz als einen köstlichen Brotaufstrich, besonders für Schwarzbrot.

Zutaten:
1 kg Gänsefett
2 Äpfel
1 kleine Zwiebel
von etwa 60 g
1 Msp. Majoran

Gänsefett klein schneiden und auslassen. Die Grieben herausnehmen. Die in Ringe geschnittenen Äpfel, die gewürfelte Zwiebel und den Majoran zugeben. So lange mitbraten lassen, bis die Zwiebelwürfel weich sind. Durch ein Sieb in einen irdenen Topf gießen. Mit einer Prise Steinsalz bestreut schmeckt das Gänseschmalz ausgezeichnet zum Brot.

PÓŁGĘSKI – Geräucherte Gänsebrust

Das Gericht kommt aus der alten ostpolnischen Küche, in der es sehr geschätzt und oft als Vorspeise serviert wurde. In Ostpolen wird die geräucherte Gänsebrust auch heutzutage sehr gerne gegessen.

Zutaten:
2 kg Gänsebrust
mit Haut, ohne Knochen
100 g Salz
8 g Salpeter

1. Salpeter und Salz zusammenmischen und das Fleisch damit einreiben. In einen breiten Steinguttopf dicht an dicht legen und mit einem Teller beschweren. Ganze 7-8 Tage pökeln lassen, dabei das Fleisch jeden Tag wenden. Früher wurde das Gänsefleisch gerne in Behälter aus Eichenholz gelegt, sodass die Gänsebrust das einzigartige Aroma des Eichenholzes annehmen konnte.

2. Die Gänsebrust mit einem Leinentuch abreiben, zusammenrollen und fest mit einem Faden umwickeln. In kaltem Rauch 2-4 Tage räuchern.

3. Danach für ein paar Tage zum trocknen aufhängen. Hauchdünn geschnitten als Vorspeise servieren.

WĄTRÓBKA GĘSIA SMAŻONA – Gebratene Gänseleber

Gänseleber gehört zu den kulinarischen Freuden, denen nicht alle zugetan sind. Für manche ist sie aber ein Leckerbissen. Es ist ein altes Rezept, das heute noch gerne verwendet wird.

Zutaten:

500 g Gänseleber
(2 Stück)
3 El Butter
2 El Mehl
1 Zwiebel

3 El Madeira
Steinsalz
Pfeffer aus der Mühle
1 Msp. Ingwerpulver,
nach Belieben

1. Die Leber kalt abspülen, trocken tupfen, mit Pfeffer und Ingwer würzen und mit Mehl bestäuben.
2. Butter in einer Pfanne auslassen und die Leber bei mittlerer Hitze von beiden Seiten darin goldbraun braten.
3. Zwiebel schälen und in dünne Ringe schneiden. In die Pfanne geben und goldbraun mitbraten.
4. Die Leber mit den Zwiebelringen salzen und mit Wein übergießen, zugedeckt noch etwa 10-15 Minuten dünsten.
5. Die Leber in dünne Scheiben schneiden. Mit Kartoffelpüree und Sauerkrautsalat servieren.

KACZKA PIECZONA Z JABŁKAMI – Ente mit Apfelfüllung

Es ist ein ganz einfaches Rezept, nach dem mein Vater immer eine Ente gebraten hat. Das Fleisch schmeckte immer fruchtig und aromatisch nach Äpfeln, die Äpfel im Gegenzug übernahmen das einzigartige Aroma des Entenfleisches. Dazu gab es noch die süßsauer schmeckende Soße. Zusammen mit Kartoffeln, *buraczki* und *bigos* ergab die Ente ein festliches und sehr schmackhaftes Menü. Auch ich brate bis heute eine Ente am liebsten nach demselben Rezept.

Zutaten:
1 bratfertige Ente
von etwa 1,5 kg
500 g säuerliche Äpfel,
am besten Boskop
Steinsalz
frisch gemahlener
schwarzer Pfeffer

1. Die Ente kalt abspülen und trocken tupfen, von innen und von außen mit Salz und Pfeffer einreiben, für 2 Stunden zur Seite legen.

2. Äpfel waschen, entkernen und vierteln oder (bei großen) achteln. Die Ente damit füllen, auf eine Fettpfanne legen, die Bauchöffnung mit Holzstäbchen zusammenstecken und mit einem Baumwollfaden kreuzweise zusammenbinden. Die Haut der Ente einstechen.

3. Bei 200 °C etwa 1 Stunde und 15 Minuten knusprig braun braten, dabei ab und zu zuerst mit Wasser, dann mit dem Bratensaft begießen.

4. Die fertig gebratene Ente tranchieren und auf einer vorgewärmten Servierplatte anrichten. Mit ein paar Apfelstücken garnieren.

5. Fett von der Fettpfanne abfließen lassen und den Bratensatz mit etwa 150 ml Wasser ablöschen. In eine Pfanne geben, ein paar Apfelstücke durch ein Sieb dazu passieren und zur gewünschten Konsistenz einkochen. Eventuell noch mit Salz und Pfeffer nachwürzen und in einer Sauciere servieren. Dazu reicht man Kartoffelpüree, Rote-Bete-Gemüse und geschmortes Sauerkraut oder Bigos.

KACZKA DUSZONA W SOSIE JABŁKOWYM
Gedünstete Ente in Apfelsoße

Nach dem sehr alten Rezept wird die Ente nicht gebraten, sondern in Apfelsaft gedünstet. Das Fleisch wird dadurch bekömmlicher und die Apfelsoße gibt ihm ein frisches, fruchtiges Aroma.

Zutaten:
1 bratfertige Ente
von etwa 1,5 kg
1 Möhre
1 Stück Sellerie
1 Petersilienwurzel
1 Zwiebel, Steinsalz
frisch gemahlener schwarzer
Pfeffer

Für die Soße:
250 g Äpfel (Boskop)
1 mittlere Zwiebel
(etwa 100 g)
2 gehäufte El Butter
1-2 El Karamell
Für die Mehlschwitze:
3 El Mehl
4 El Butter

1. Die Ente kalt abspülen, trocken tupfen und in Portionen schneiden.

2. Gemüse putzen, waschen, schälen und zerkleinern. In einen Topf geben, mit etwa 500 ml Wasser aufgießen und aufkochen lassen. Die Ententeile zufügen, salzen und zugedeckt etwa 1 Stunde schmoren lassen, bis das Fleisch weich ist.

3. Für die Soße Äpfel und Zwiebel schälen und würfeln. Butter in einer Pfanne zerlassen, Zwiebelwürfel darin glasig braten, Apfelwürfel zugeben und so lange zugedeckt dünsten lassen, bis die Zwiebelwürfel weich und die Äpfelwürfel zerkocht sind. Dann durch ein Sieb passieren.

4. Mehl in Butter hell anschwitzen, mit dem Entenfond löschen und unter die Äpfel-Zwiebel-Masse mischen. Mit Salz, Pfeffer und Karamell abschmecken.

5. Die Ente in eine vorgewärmte Servierschüssel geben, mit der Soße begießen und mit Buchweizengrütze und Rotkohl-Gemüse servieren.

Anmerkung: Umso aromatischer die Äpfel, desto besser das Ergebnis.

KACZKA NADZIEWANA SARDELAMI
Ente mit Sardellenfüllung

Die Sardellen geben der Ente einen spezifischen Geschmack, der speziell am Anfang des letzten Jahrhunderts geschätzt wurde. Diese Füllung hatte man damals gerne zu besonderen Anlässen zubereitet.

Zutaten:
1 küchenfertige Ente
von etwa. 1,5 kg
Für die Füllung*:*
3 Sardellenfilets
1 altbackenes
Brötchen

2 El Butter,
1 Entenleber
1 Ei
Steinsalz
frisch gemahlener
schwarzer Pfeffer

1. Die Ente unter kaltem Wasser abspülen und trocken tupfen. Innen wie außen mit Salz und Pfeffer einreiben, für 2 Stunden zur Seite legen.
2. Für die Füllung das Brötchen einweichen und gut ausdrücken, mit Leber und Sardellen durch einen Fleischwolf drehen. Ei untermischen und mit Salz und Pfeffer abschmecken. Die Ente damit füllen und die Bauchöffnung mit einem Baumwollfaden zunähen. Die Haut der Ente einstechen.
3. Die Ente in eine Fettpfanne legen, mit Wasser beträufeln und bei 200 °C auf der mittleren Schiene 1 Stunde 30 Minuten knusprig braun braten, dabei von Zeit zu Zeit zuerst mit Wasser, dann mit dem Bratenfond begießen.
4. Die fertig gebratene Ente tranchieren und auf einer vorgewärmten Servierplatte anrichten.
5. Fett von der Fettpfanne abfließen lassen. Etwa 250 ml Wasser zugießen und den Bratensatz unter Rühren lösen. Bratenfond durch ein feines Sieb in einen Topf umfüllen und zur gewünschten Konsistenz einkochen. Eventuell noch mit Salz und Pfeffer nachwürzen und über die Ente gießen. Dazu passen Stampfkartoffeln oder *pyzy* (Kartoffelklöße) und Rote-Bete-Gemüse.

KACZKA NA DZIKO – Ente auf Wildbrettart

Weil das Wild früher nicht immer erreichbar oder bezahlbar war, man aber den Wildgeschmack nicht missen wollte, benutzte man eine Beize, um dem Hausgeflügel den gewünschten Wildgeschmack zu geben. Das gebeizte Hausgeflügel kam schon im 16./17. Jh. auf den Tisch.

Zutaten:
1 bratfertige Ente
von etwa 1,5 kg
Steinsalz, frisch gemahlener
schwarzer Pfeffer
1-2 El Karamell
Für die Beize:
125 ml trockener Rotwein
250 ml Wasser
Saft einer Zitrone

5 Pfefferkörner, 5 Pimentkörner
10 Wacholderbeeren, leicht
zerdrückt, 1 Lorbeerblatt
3 Nelken, 1 Stückchen Ingwer
1 kleine Möhre
1 kleine
Petersilienwurzel
1 kleines Stück Sellerie
1 mittlere Zwiebel

1. Am Vortag die Ente kalt abspülen, trocken tupfen und in eine Schüssel legen. Gemüse putzen, waschen, schälen und zerkleinern. Zusammen mit Gewürzen in einen Topf geben und 30 Minuten kochen. Zitronensaft und Wein zufügen, einmal aufkochen und die Ente damit begießen. Für 24 Stunden kalt stellen. Von Zeit zu Zeit wenden.

2. Am nächsten Tag die Ente aus der Marinade herausnehmen, abtropfen lassen und mit Salz und Pfeffer innen und außen einreiben. Für 1 Stunde zur Seite legen.

3. Die Ente in die Fettpfanne legen, die Flügelspitzen unter den Körper stecken, bei 200 °C auf der mittleren Schiene etwa 1 Stunde 30 Minuten knusprig braun braten. Immer wieder mit der Marinade löffelweise begießen. Die Ente tranchieren und auf einer vorgewärmten Servierplatte anrichten.

4. Fett von dem Bratensatz weggießen und den Bratensatz mit Wasser löschen. Durch ein feines Sieb in einen Topf umfüllen und sämig einkochen. Mit Karamell, Salz und Pfeffer abschmecken und die Ente damit begießen. Mit Kartoffelpüree und Rotkohlsalat servieren.

WILDGERICHTE

In der traditionellen polnischen Küche gibt es eine Fülle an sehr schmackhaften und erlesenen Rezepten für Wildgerichte. Die meisten von ihnen kommen aus der Adelsküche, denn das Jagen war früher ein Privileg des Adels und der Könige, und das schon seit dem 13. Jahrhundert. Gejagt wurde von allem das Großwild, obwohl gebraten auch manches Federwild gleichermaßen als erlesen galt. Die Wildgerichte wurden vor allem zu besonderen Anlässen zubereitet. Unter ihnen fanden sich manchmal auch so ungewöhnliche Spezialitäten wie Elchbraten, Bärentatzen in Kirschsoße oder Biberschwänze mit Kaviar. Noch im Jahre 1805 hatte der Fürst Karol Radziwiłł auf dem letzten großen altpolnischen Festmahl Elchwindfänge kredenzen lassen, einen damals besonderen Leckerbissen

Wildfleisch wird bis heute gerne nach althergebrachten, seit Generationen überlieferten Rezepten zubereitet. Dazu gehört, dass man das Wildfleisch mariniert. In einer guten Küche nimmt man dazu Wein und Zitronensaft, auf Essig wird gänzlich verzichtet. Die klassischen Beilagen bilden die Preiselbeer- oder Moosbeermarmelade und das Rote-Bete- oder Rotkohl-Gemüse. Den Soßen wurde früher gerne dicke Sahne zugegeben, um das charakteristische Wildfleischaroma zu verfeinern. Heutzutage nimmt man dafür oft die süße Sahne.

COMBER JELENI W ŚMIETANIE – Hirschrücken in Sahne

In der traditionellen polnischen Küche gilt der Hirschrücken als eins der erlesensten Fleischstücke. Schon in der altpolnischen Küche wurde er zu den wichtigsten Anlässen zubereitet. Im 16. Jh. gehörte der Hirschrücken zu den Hochzeitsmenüs der Magnaten. Dank der Sahne in dem alten Rezept entsteht eine Soße mit besonders apartem Aroma.

Zutaten für 8-10 Personen:
1 Rehrücken von etwa 2 kg
50 g Butter
Steinsalz
frisch gemahlener
schwarzer Pfeffer
Für die Marinade:
125 ml kräftiger Rotwein

Saft einer Zitrone
5 Pimentkörner
5 Pfefferkörner
5 Wacholderbeeren
2 Nelken, 1 Msp. Ingwer
Für die Soße:
500 ml süße Sahne
oder Crème fraîche

1. Den Hirschrücken mit einem spitzen Messer häuten und kurz kalt abspülen, gründlich abtrocknen.

2. Die Zutaten für die Marinade aufkochen und abkühlen. Das Fleisch darin 3-4 Tage an einem kühlen Platz marinieren. Von Zeit zu Zeit wenden.

3. Den Hirschrücken aus der Marinade nehmen und abtropfen lassen, mit Salz und Pfeffer einreiben und in einen Bräter legen. Gewürze von der Marinade zufügen, das Fleisch mit Butterflöckchen belegen und zugedeckt bei 200 °C auf der mittleren Schiene etwa 1 Stunde 20 Minuten braten. Das Fleisch häufig begießen. Zuerst mit der Marinade, dann mit dem Bratensaft. Den Braten herausnehmen und warm halten.

4. Den Bratensatz mit der Sahne loskochen und sämig einkochen. Mit Salz und Pfeffer abschmecken.

6. Den Braten in dünne, schräge Scheiben schneiden und auf einer vorgewärmten Servierplatte anrichten. Mit einem Teil der Soße überziehen, den Rest in einer Sauciere dazu reichen. Mit Preiselbeermarmelade, Kartoffelpüree und *bigos* servieren.

UDZIEC JELENI W DZIKIM SOSIE
Hirschkeule in Wilder Soße (Kirschsoße)
Der Hirsch war früher eine hoch geschätzte Jagdtrophäe und das Fleisch eine Zierde von erlesensten Tafeln. Serviert wurde das Fleisch traditionell mit einer Kirschsoße, die man früher einfach Rote Soße nannte. Das alte Rezept eignet sich auch für Rehkeule.

Zutaten für 6-8 Personen:
1 Hirschkeule von etwa 1,5 kg
120 g Speck, 1 kleine Möhre
1 kleine Wurzelpetersilie
1 Zwiebel, 1 Stück Sellerie
100 g Butter, Steinsalz
frisch gemahlener
schwarzer Pfeffer
Für die Marinade:
125 ml Rotwein
Saft einer Zitrone

Je 5 Pfeffer- und Pimentkörner
5 Wacholderbeeren, 2 Nelken
1 Msp. Ingwer
Für die Kirschsoße:
2 El Johannisbeergelee
von roten Johannisbeeren
2 El Kirschsaft
125 ml Rotwein
1 El Karamell
2 El Mehl, El Wasser

1. Das Fleisch häuten, kurz kalt abspülen und trocken tupfen.

2. Die Zutaten für die Marinade zusammenkochen, abkühlen und die Hirschkeule darin 2-3 Tage an einem kühlen Platz marinieren lassen, gelegentlich wenden.

3. Die Hirschkeule aus der Marinade nehmen, gründlich abtrocknen lassen und mit Salz und Pfeffer einreiben. Den Speck in dünne Streifen schneiden und das Fleisch damit spicken.

4. Die Keule in einen Bräter legen. Gemüse putzen, schälen und zerkleinern. Mit Gewürzen aus der Marinade in den Bräter geben. Butter zerlassen und das Fleisch damit begießen.

6. Zugedeckt bei 230 °C etwa 1 Stunde und 10-20 Minuten braten. Dabei häufig zuerst mit der Marinade und dann mit dem Bratensaft löffelweise begießen.

7. Den Braten aus dem Bräter herausnehmen und warm halten. Den Bratensatz mit 125 ml Wein ablöschen und loskochen, durch ein feines

Sieb in einen Topf passieren lassen. Johannisbeergelee und Kirschsaft hineinrühren und mit Karamell, Salz und Pfeffer abschmecken. Sollte die Soße nicht sämig genug sein, mit Mehl binden. Dazu die Soße aufkochen, Mehl mit Wasser verquirlen und in die Soße rühren.

8. Die gebratene Hirschkeule tranchieren und die Scheiben auf einer vorgewärmten Servierplatte anrichten. Mit der Soße gleichmäßig überziehen und mit Kartoffelpüree und Bigos servieren.

KOTLETY Z JELENIA Z MASŁEM SZCZYPIORKOWYM
Hirschfleischkoteletts mit Schnittlauchbutter

Das alte Rezept ist an sich ganz einfach. Das, was die Speise festlich macht, ist das Hirschfleisch mit seinem einmaligen Aroma.

Zutaten für 5-6 Personen:
1 kg Hirschrücken ohne Knochen, 80 g Butter oder Öl zum Braten, Steinsalz, frisch gemahlener schwarzer Pfeffer
Für die Marinade:
125 ml Rotwein
Saft einer Zitrone
3 Pimentkörner
3 Wacholderbeeren, 2 Nelken
Msp. Ingwer
Für die Schnittlauchbutter:
150 g Butter, raumtemperiert
1 Tl Zitronensaft, Steinsalz
2 gehäufte El Schnittlauchröllchen

1. Das Fleisch kurz abspülen, trocken tupfen und in eine Schüssel legen.

2. Die Zutaten für die Marinade aufkochen, abkühlen lassen und über das Fleisch gießen. An einem kühlen Platz 1-2 Tage marinieren. Öfters wenden.

3. Die Butter mit dem Salz und dem Zitronensaft verrühren, die Schnittlauchröllchen untermischen und kalt stellen.

4. Den Rücken aus der Marinade nehmen, gut abtropfen lassen. Schräg zur Faser in 1,5 cm dünne Scheiben schneiden. Gut ausklopfen, salzen und pfeffern.

5. Die Koteletts bei starker Hitze von beiden Seiten etwa 4 Minuten goldbraun braten. Auf eine vorgewärmte Servierplatte legen und teelöffelweise mit Schnittlauchbutter belegen. Sofort servieren.

GULASZ Z JELENIA – Hirschgulasch

Dank dem alten Rezept kann man aus den nicht so begehrten Fleischstücken eine sehr schmackhafte, würzige und aromatische Speise zaubern.

Zutaten für 5-6 Personen:
700 g Reh- oder Hirschfleisch von Keule oder Schulter
2-3 Zwiebeln
je 3 Pfeffer- und Pimentkörner
3 Wacholderbeeren
1 Rosmarinzweig, 80 g Speck oder Öl zum Braten; 2 El Mehl
Für die Soße: 2 gehäufte El Pflaumenmus, 1 mittelgroßer Apfel (am besten Boskop)
10 El Roggen- oder Vollkornbrotbrösel
30 g Mandelblättchen
1 El Karamell
Für die Marinade:
125 ml Rotwein
Saft einer Zitrone
2 Nelken; 1 Msp. Ingwer
je 4 Pfeffer- und Pimentkörner
3 Wacholderbeeren

1. Das Fleisch kurz abspülen, trocken tupfen und in eine Schüssel legen.

2. Die Zutaten für die Marinade zusammenkochen, abkühlen und über das Fleisch gießen. Für 1-2 Tage zugedeckt im Kühlschrank stehen lassen. Von Zeit zu Zeit wenden.

3. Das Fleisch aus der Marinade nehmen, abtropfen lassen. In etwa 2-3 cm große Würfel schneiden, salzen, pfeffern und leicht mit Mehl bestäuben. Die Marinade durch ein Sieb seihen und zur Seite stellen.

4. Zwiebeln schälen und würfeln. Öl in einer großen Bratpfanne erhitzen oder den Speck würfeln und auslassen. Das Fleisch darin von allen Seiten etwa 5 Minuten goldbraun braten. Die Zwiebelwürfel zugeben und glasig mitbraten. 250 ml Wasser zugießen und zugedeckt 40 Minuten schmoren.

5. Den Apfel schälen und klein würfeln. Mit Brotbrösel und Mandelblättchen in die Pfanne geben. Die Marinade zugießen und weitere 20 Minuten schmoren lassen, bis das Fleisch ganz weich und zart ist.

6. Die Soße mit dem Pflaumenmus, Karamell, Salz und Pfeffer abschmecken, mit *kopytka (*oder *pyzy),* Rote-Bete-Gemüse und Sauerkrautsalat servieren.

KOTLETY MIELONE Z SARNINY – Rehfleischfrikadellen

Ein Rezept aus den Zeiten, in denen Sparsamkeit sehr geschätzt wurde. Auch die Fleischstücke, die für den Braten nicht taugten, sollten in der Küche eine Verwendung finden. Veredelt werden die Rehfleischfrikadellen mit einer köstlichen Soße.

Zutaten für 4-5 Personen:
500 g Reh- oder Hirschfleisch
100 g Speck
1 altbackenes Brötchen
1 Ei, Steinsalz
frisch gemahlener
schwarzer Pfeffer
60 g Speck oder
3 El Öl zum Braten
Für die Soße:
125 ml Madeira
2 El Mehl
4 El Wasser
Für die Marinade:
125 ml Rotwein
Saft einer Zitrone
2 Nelken
1 Msp. Ingwer
je 3 Pfeffer- und Pimentkörner
3 Wacholderbeeren

1. Das Fleisch kurz spülen, trocken tupfen und in eine Schüssel legen.

2. Die Zutaten für die Marinade aufkochen, abkühlen und über das Fleisch gießen. Zugedeckt über Nacht im Kühlschrank marinieren lassen.

3. Brötchen in reichlich Wasser einweichen und gut abtropfen.

4. Das Fleisch aus der Marinade nehmen und gut abtropfen lassen. Genau wie den Speck grob würfeln und zusammen mit dem Brötchen durch einen Fleischwolf drehen. Mit dem Ei vermengen und mit Salz und Pfeffer abschmecken. Mit nassen Händen kleine Frikadellen formen und etwas flach drücken.

6. In einer Pfanne die 60 g Speck auslassen und die Frikadellen von beiden Seiten goldbraun braten. Die Pfanne mit etwa 200 ml Wasser aufgießen und zugedeckt bei kleiner Hitze etwa 30 Minuten schmoren lassen.

7. Die Frikadellen herausnehmen und in eine Servierschüssel legen. Die Soße mit Mehl binden, den Wein untermischen und mit Marinade, Salz und Pfeffer abschmecken. Kurz aufkochen und über die Frikadellen gießen. Mit Stampfkartoffeln und Sauerkrautsalat servieren.

PIECZEŃ MYŚLIWSKA Z DZIKA
Wildschweinbraten nach Jägerart

Der Wildschweinbraten hat sich mit der Zeit sehr verändert. Im Mittelalter noch im Ganzen gebraten und im 16./17. Jahrhundert noch so groß, dass er von zwei Dienern aufgetragen werden musste; wurde er mit der Zeit immer kleiner, bis er die heutzutage gewöhnliche Größe von 1-2 kg erreicht hat.

Zutaten für 4 Personen:
800 g Wildschweinfleisch
aus der Keule
60 g Speck oder 3 El Öl
125 ml süße Sahne, 2 El Mehl
1 El Johannisbeergelee
von Roten Johannisbeeren
Steinsalz, frisch gemahlener
schwarzer Pfeffer

Für die Marinade:
250 ml Rotwein
Saft einer Zitrone
1 l Wasser
1 Zwiebel, gewürfelt
1 Lorbeerblatt, je 10 Piment-
und Pfefferkörner
10 Wacholderbeeren
3 Nelken, 1 Msp. Ingwer

1. Das Fleisch kalt abspülen, trocken tupfen und in eine Schüssel legen.

2. Die Zutaten für die Marinade kurz aufkochen und das Fleisch sofort damit begießen. 2-3 Tage zugedeckt kalt stehen lassen. Das Fleisch aus der Beize nehmen, abtropfen lassen und mit Salz und Pfeffer einreiben.

3. Speck in einer Pfanne auslassen und das Fleisch darin von allen Seiten knusprig braun anbraten.

4. Das Fleisch mit dem Fett in einen Bräter geben, mit 250 ml Marinade begießen und zugedeckt 1 Stunde 30 Minuten schmoren lassen, bis das Fleisch weich ist.

5. Den Braten herausnehmen und warm stellen. Den Bratensaft mit etwas Marinade löschen. Sahne zusammen mit Mehl glatt rühren und unter den Bratenfond mischen. Kurz aufkochen und mit Johannisbeergelee und eventuell noch Salz und Pfeffer abschmecken.

6. Den Braten quer zur Faser schneiden und auf einer vorgewärmten Servierplatte anrichten. Die Soße getrennt in einer Sauciere servieren. Dazu reicht man Kartoffelpüree, Rote-Bete-Gemüse und *bigos*.

ZAJĄC W ŚMIETANIE – Hase in Sahne

Es ist ein altes Rezept, nach dem der Hase bis heute gerne zubereitet wird. Die Marinade macht das dunkle Fleisch zarter, die Sahne verfeinert den kräftigen, charakteristischen Geschmack.

Zutaten für 4 Personen:
1 junger Hase, zerlegt
100 ml süße Sahne
50 g Butter
2 El Mehl
Steinsalz
frisch gemahlener schwarzer Pfeffer

Für die Marinade:
Saft einer Zitrone
125 ml Wasser
1 Zwiebel
10 Pfefferkörner
10 Pimentkörner
1 Lorbeerblatt
Zum Garnieren:
3 Petersilienzweige

1. Für die Marinade die Zwiebel schälen und würfeln. Wasser mit Zitronensaft, Zwiebelwürfeln und Gewürzen aufkochen und über das Hasenfleisch gießen. Zugedeckt über Nacht in den Kühlschrank stellen.

2. Das Fleisch aus der Marinade herausnehmen, mit Salz bestreuen und in einen Topf dicht beieinander legen. Mit Butterflöckchen belegen und mit 250 ml Wasser angießen. Zugedeckt 1 Stunde bei mittlerer Hitze schmoren lassen, bis das Fleisch weich ist. Von Zeit zu Zeit das verdampfte Wasser löffelweise ersetzen.

3. Das weiche Fleisch herausnehmen und warm halten. Sahne mit Mehl verrühren, in den Topf geben, aufkochen lassen und mit Salz und Pfeffer abschmecken.

4. Die Hasenteile in eine vorgewärmte Terrine legen und mit der Soße begießen. Mit Petersilienzweigen garnieren und mit Kartoffelpüree, Rote-Bete-Gemüse oder Rotkohlsalat servieren.

Anmerkung: Statt süßer Sahne kann man auch *Crème fraîche* nehmen.

PASZTET Z ZAJĄCA – Hasenpastete

Pasteten haben in der traditionellen polnischen Küche eine lange Tradition. Früher wurden sie gerne auch mit verschiedenen Füllungen zubereitet. Im 16./17. Jahrhundert waren es sogar die gebackenen Singvögel, die in die Pasteten kamen. Die Hasenpastete wird bis heute zu großen Festtagen wie Weihnachten und Ostern zubereitet. Auch meine Eltern haben sie oft gemacht. Allerdings bekam sie nicht mal einen Hauch von Muskat, weil wir Kinder ihn nicht mochten.

Zutaten:
1 küchenfertiger Hase, zerlegt
250 g Kalb- oder
Schweinefleisch
ohne Knochen
200 g Hähnchenleber
1 mittlere Zwiebel
(etwa 100 g)
1 Stück Sellerie
1 kleine Petersilienwurzel

Gewürze:
2 Lorbeerblätter
5 Pfefferkörner
4 Pimentkörner
1 Msp. Muskat, nach Belieben
Außerdem:
3-4 getrocknete Steinpilze
2 Eier
2-3 El Semmelbrösel
2 gute El Butter

1. Gemüse putzen, schälen, grob zerkleinern und zusammen mit dem Hasen- und Schweinefleisch dicht beieinander in einen Topf legen. Gewürze und Pilze zufügen und mit Wasser gerade aufgießen. Zugedeckt auf kleiner Flamme etwa 1 Stunde leise köcheln lassen.

2. In der Zwischenzeit die Hähnchenleber putzen, kalt abspülen und in einer Pfanne in der Hälfte der Butter etwa 10 Minuten dünsten.

3. Hasenfleisch von den Knochen befreien, Schweinefleisch zerkleinern und mit Leber, Gemüse und Pilzen zwei Mal durch einen Fleischwolf drehen. Eier und Semmelbrösel unter die Fleischmasse mischen und mit Salz, Pfeffer und Muskat abschmecken.

4. Die Pastetenmasse in eine mit der restlichen Butter ausgefetteten Kastenform geben. Bei 175 °C etwa 1 Stunde 30 Minuten backen. Erst nach völligem Auskühlen aus der Form stürzen.

KRÓLIK PIECZONY – Gebratenes Kaninchen

Ein sehr einfaches Rezept aus einem alten Kochbuch. Das Kaninchen wird vor dem Braten mit dem geräuchertem Speck gespickt, um das Austrocknen des Fleisches zu verhindern. Das Spicken (Lardieren) war in der altpolnischen Küche gut bekannt.

Zutaten für 3-4 Personen:
1 junges küchenfertiges Kaninchen
60 g Butter
10 g Semmelbrösel
Salz
200 g geräucherter Speck

1. Das Kaninchenfleisch kurz kalt spülen, trocken tupfen, mit Salz und Pfeffer einreiben und etwa 1 Stunde zur Seite legen.

2. Den geräucherten Speck in Streifen schneiden und das Kaninchenfleisch damit spicken: Mit einem scharfen Messer oder einer Spicknadel in dem Fleisch nicht zu kleine Löcher stechen und die Speckstreifen in die Löcher schieben.

3. Das mit Speck gespickte Kaninchen in eine Fettpfanne legen. Butter in einer Pfanne auf mittlerer Hitze zerlassen und das Kaninchen damit begießen.

4. Bei 200 °C auf der mittleren Schiene etwa 60 Minuten braten, dabei immer wieder mit der Butter, dann mit dem Bratensaft begießen. Am Ende des Bratens das Kaninchen mit den Semmelbrösel bestreuen und noch etwa 5 Minuten bräunen lassen.

5. Das gebratene Kaninchen tranchieren, in eine vorgewärmte Servierschüssel legen und mit der heißen Bratensoße begießen. Mit Petersilienzweigen garnieren und mit Kartoffelpüree, Blumenkohl und Möhrensalat servieren.

KRÓLIK W ŚMIETANIE – Kaninchenfleisch in Sahne

Die Sahne ergibt eine gehaltvolle, köstliche Soße. Ich bereite das einfache Gericht oft, wenn unser älterer Sohn nach Hause kommt, weil es seine Lieblingsspeise ist.

Zutaten für 3 Personen:
1 junges küchenfertiges
Kaninchen

50 g Butter
250 ml süße Sahne, Steinsalz
frisch gemahlener weißer Pfeffer

1. Das Kaninchen kurz kalt spülen, trocken tupfen und portionieren. Das Fleisch mit Salz und Pfeffer einreiben und etwa 1 Stunde zur Seite legen.

2. Butter in einem Schmortopf zerlassen und die Kaninchenteile bei mittlerer Flamme darin etwa 10 Minuten goldgelb anbraten. 125 ml warmes Wasser in den Topf gießen, aufkochen, die Hitze reduzieren und das Ganze zugedeckt etwa 30 Minuten schmoren lassen.

3. Das Kaninchen herausnehmen, in eine vorgewärmte Servierschüssel geben und warm halten. Sahne in den Topf geben, den Bratensatz loskochen und die Soße sämig einkochen. Mit Salz und Pfeffer eventuell noch etwas nachwürzen und über das Fleisch gießen. Mit Kartoffelpüree oder Löffelnudeln, Rote-Bete-Gemüse und Kopfsalat servieren.

KRÓLIK DUSZONY W MAŚLE
In Butter geschmortes Kaninchenfleisch

Es ist ein einfaches Familienrezept, nach dem ich das Kaninchen bis heute gerne zubereite. Das Fleisch wird butterzart und schmeckt sehr aromatisch.

Zutaten für 3 Personen:
1 junges küchenfertiges
Kaninchen, 60 g Butter
1 Möhre, 1 Zwiebel

1 Stück Sellerie, 1 El Mehl
1 El Butter, Steinsalz, frisch
gemahlener weißer Pfeffer

1. Das Kaninchen kurz kalt abspülen, trocken tupfen und portionieren. Mit Salz und Pfeffer bestreuen und für 1 Stunde zur Seite legen. Gemüse putzen, waschen, schälen und klein würfeln.

2. Butter in einem Schmortopf zerlassen und die Kaninchenstücke bei mittlerer Hitze darin etwa 10 Minuten goldgelb anbraten. Gemüse zugeben und kurz mitbraten lassen. Den Topf mit 200 ml Wasser angießen und zugedeckt etwa 45 Minuten bei schwacher Hitze schmoren lassen. Ist das Fleisch weich, herausnehmen, in einer Servierschüssel anrichten und warm halten.

4. Den Bratensatz mit etwas Wasser loskochen. Mehl mit Butter verkneten und stückchenweise unter ständigem Rühren in die Soße geben. Mit Salz und Pfeffer nachwürzen und über das Fleisch gießen. Mit Löffelnudeln, Rote-Bete-Gemüse und grünen Bohnen servieren.

MŁODA DZIKA KACZKA PIECZONA (CYRANKA)
Gebratene junge Wildente

Das alte Rezept ist sehr einfach und geht schnell von der Hand. Bei uns zu Hause wurde eine Wildente schon mal zu Weihnachten oder Ostern gebraten. Mein Vater hat sie jedoch immer ohne Ingwer zubereitet.

Zutaten für 3-4 Personen: *2 El Zitronensaft, ½ Tl Ingwer*
1 bratfertige junge Wildente *50 g Butter, raumtemperiert*

1. Die Ente kurz kalt spülen, trocken tupfen und innen mit Salz und Ingwer, außen nur mit Salz einreiben. Für 1 Stunde kalt legen.
2. Danach in einen Bräter legen, die Flügelspitzen unter den Körper stecken, mit Zitronensaft beträufeln und die Butter in Flöckchen darauf legen. Bei 200 °C auf der mittleren Schiene etwa 50 Minuten knusprig braun braten. Gelegentlich mit dem Bratensaft begießen.
3. Die fertig gebratene Ente aus dem Bräter herausnehmen, tranchieren und auf einer vorgewärmten Servierplatte anrichten, warm halten.
4. Den Bratensaft entfetten, etwas warmes Wasser zugießen und den Bratensatz unter Rühren loskochen. Durch ein Sieb in einen Topf gießen und einkochen, bis die Soße sämig genug wird. Die Ente damit überziehen. Mit Kartoffelpüree, Rote-Bete-Gemüse und mariniertem Kürbis servieren.

DZIKA KACZKA PIECZONA (starsza)
Gebratene ältere Wildente

Eine ältere Wildente zu braten, erfordert etwas Zeit. Denn die Ente muss zuerst gebeizt werden, damit ihr Fleisch mürber wird.

Zutaten für 3-4 Personen:

1 ältere Wildente, küchenfertig vorbereitet	*125 ml kräftiger Rotwein*
	Saft einer Zitrone
50 g Butter, raumtemperiert	*2 Nelken*
	5 Pfefferkörner
Steinsalz	*2 Lorbeerblätter*
Für die Beize:	*1 Msp. Ingwer*

1. Die Ente kalt spülen, trocken tupfen und in eine Schüssel legen.

2. Für die Beize Wein mit Zitronensaft und Gewürzen aufkochen, abkühlen und über die Ente gießen. Zugedeckt 1-2 Tage kühl stellen. Von Zeit zu Zeit wenden.

3. Die Ente aus der Marinade nehmen, abtropfen lassen und mit Salz innen und außen einreiben.

4. Einen Bräter mit Butter ausfetten und die Ente hineinlegen. Mit Butterflöckchen belegen und zugedeckt bei 200 °C auf der mittleren Schiene etwa 60 Minuten braten, dabei immer wieder mit dem Bratensaft und der Marinade begießen. Am Ende des Bratens die Ente im offenen Topf noch 5 Minuten bräunen lassen.

5. Die Ente in 8 Teile zerlegen und auf einer vorgewärmten Platte anrichten, warm halten.

6. Den Bratensatz mit etwas warmem Wasser aufgießen und loskochen. Durch ein Sieb in einen Topf schütten und bis zur gewünschten Konsistenz einkochen. Die Ente damit überziehen. Mit Kartoffelpüree und Rotkohlsalat oder Buchweizengrütze und Rote-Bete-Gemüse servieren.

MŁODA DZIKA GĘŚ PIECZONA
Gebratene junge Wildgans

Obwohl eine Wildgans entschieden herber schmeckt als eine gezüchtete, werden ihr in dem altem Rezept Kräuter zugegeben, die den kostbaren Geschmack noch unterstreichen.

Zutaten für 4 Personen:
1 junge küchenfertige
Wildgans
Saft einer Zitrone
1 Tl Ingwer
50 g Butter,
raumtemperiert
1 Lorbeerblatt
2 Thymianzweige
oder 1 Tl getrockneter
Thymian
Steinsalz

1. Die Gans kurz kalt abspülen und trocken tupfen. Mit Salz und Ingwer innen, außen nur mit Salz einreiben. Für 1 bis 2 Stunden kalt stellen.

2. Einen Bräter mit Butter ausfetten. 125 ml heißes Wasser hineingießen, Kräuter und Gans hineinlegen. Die Flügelspitzen unter den Körper stecken. Die Gans mit Zitronensaft beträufeln und mit Butterflöckchen belegen. Bei 200 °C auf der mittleren Schiene etwa 1 Stunde 30 Minuten braten.

3. Die fertig gebratene Gans aus dem Bräter herausnehmen und warm halten. Gewürze herausholen und den Bräter mit etwas Wasser aufgießen. Den Bratensatz loskochen, durch ein feines Sieb in einen Topf gießen und einkochen, bis die Soße dicklich wird.

4. Die Gans tranchieren und auf einer vorgewärmten Servierplatte anrichten. Mit der Soße überziehen und mit Kartoffelpüree, Bigos und Moosbeer- oder Preiselbeermarmelade servieren.

Anmerkung:
Wildgänse und Wildenten, besonders die älteren, wurden früher vor dem Braten oft mit Speckstreifen gespickt, um das Austrocknen des mageres Fleisches zu verhindern.

DZIKA GĘŚ PIECZONA (starsza)
Gebratene ältere Wildgans

Eine ältere Wildgans muss zuerst gebeizt werden, um ihr Fleisch zarter zu machen. Dank der vielen Gewürze entwickelt die Wildgans einen kräftigen, herben Geschmack.

Zutaten für 4 Personen:
1 ältere Wildgans, küchenfertig vorbereitet
50 g Butter, raumtemperiert,
1 Zwiebel
5 Pfefferkörner
5 zerstoßene Wacholderbeeren
1 Lorbeerblatt
1 Msp. Ingwer
Steinsalz
Für die Beize:
125 ml kräftiger Rotwein
Saft einer Zitrone
3 Nelken,
8 Pfefferkörner
2 Lorbeerblätter
1 Msp. Ingwer

1. Die Gans kalt spülen, trocken tupfen und in eine Schüssel legen.

2. Für die Beize den Wein mit Gewürzen und Zitronensaft aufkochen, abkühlen und über die Gans gießen. Zugedeckt 1-2 Tage im Kühlschrank stehen lassen.

3. Die Gans aus der Marinade nehmen und innen und außen mit Salz einreiben. Einen Bräter mit Butter ausfetten und mit etwas heißem Wasser aufgießen. Gewürze und geschälte und gewürfelte Zwiebel zugeben. Die Gans in den Bräter legen, mit Butterflöckchen belegen und zugedeckt bei 200 °C etwa 1 Stunde 40 Minuten braten, bis das Fleisch ganz weich ist. Zwischendurch die Gans mit dem Bratensaft begießen.

4. Die fertig gebratene Gans aus dem Bräter herausnehmen und warm halten. Gewürze herausholen, mit etwas Wasser aufgießen, umrühren und durch ein Sieb in einen Topf gießen. Bis zur gewünschten Konsistenz einkochen.

5. Die Gans tranchieren, auf einer vorgewärmten Servierplatte anrichten und mit der Soße übergießen. Mit Kartoffelklößen (*pyzy*) und Rote-Bete-Gemüse oder Kartoffelpüree und *bigos* servieren.

BAŻANT PIECZONY – Gebratener Fasan

In der altpolnischen Küche gehörte der Fasan zu dem edelsten Federwild. Was ihn so begehrenswert machte, war nicht nur sein delikates, aromatisches Fleisch, sondern auch sein farbenprächtiges Gefieder, mit dem er gerne auf den Tischen der Magnaten serviert wurde. Besonders gefragt war er im 16./17. Jahrhundert, in dem die Präsentation oft wichtiger war als der Geschmack.

Zutaten für 3-4 Personen: *frisch gemahlener*
1 küchenfertiger Fasan *schwarzer Pfeffer*
200 g Speck, Steinsalz *1 El Mehl, 2 El Wasser*

1. Den Fasan kalt spülen, trocken tupfen und mit Salz und Pfeffer einreiben. Für 30 Minuten in den Kühlschrank legen.

2. Den Speck in dünne Scheiben schneiden und den Fasan damit umwickeln. Mit einem Baumwollfaden festbinden. In einem Bräter bei 200 °C etwa 1 Stunde bis 1 Stunde 30 Minuten (bei größeren Vögeln), braten. Hin und wieder mit dem Bratfond begießen.

3. Den fertig gebratenen Fasan vom Speck und Fäden befreien und warm stellen. Den Bratfond mit etwas Wasser angießen, loskochen und mit Mehl binden. Dazu den Bratfond aufkochen, Mehl mit Wasser verquirlen und in den Bratfond rühren. Mit Pfeffer und eventuell noch Salz nachwürzen. Den Fasan tranchieren und auf einer vorgewärmten Servierplatte anrichten. Mit der Soße begießen und mit Kartoffelpüree und Rote-Bete-Gemüse servieren.

PRZEPIÓRKI – WACHTELN

Die Wachteln dürfen nicht mehr gejagt werden und sind nur als gezüchtet zu bekommen. Junge Wachteln lassen sich gut braten. Sind sie fett genug, brauchen sie keine Ummantelung aus Speck. Ältere werden zuerst gebeizt und erst dann geschmort.

PRZEPIÓRKI DUSZONE W MAŚLE
In Butter geschmorte Wachteln

Man kann nach dem sehr einfachen Rezept jüngere wie ältere Wachteln zubereiten. Die älteren müssen jedoch zuerst 1-2 Tage in der Beize liegen, um mürber zu werden.

Zutaten für 4 Personen:
4 ältere küchenfertige Wachteln
60 g Butter, Steinsalz
Für die Beize:

250 ml trockener Weißwein
1 Lorbeerblatt
je 5 Piment- und Pfefferkörner
5 Wacholderbeeren, 1 Zwiebel

1. Die Wachteln waschen und trocken tupfen, die Brust flach drücken und die Schenkel mit einem Baumwollgarn befestigen
2. Für die Beize den Wein mit Gewürzen und der geschälten und gewürfelten Zwiebel aufkochen, abkühlen lassen und über die Wachteln gießen. Zugedeckt 1-2 Tage kühl stehen lassen.
3. Die Butter in einem Bräter auf mittlerer Hitze zerlassen und die Wachteln darin von allen Seiten anbraten. Zugedeckt bei kleiner Hitze etwa 40 Minuten schmoren lassen, bis das Fleisch weich ist.
4. Die Wachteln auf einer vorgewärmten Servierplatte anrichten und mit dem Bratensaft begießen. Sofort servieren. Dazu passen Kartoffelpüree und Rosenkohl.

PRZEPIÓRKI W LIŚCIACH WINOGRON
Wachteln in Weinblättern

Nach dem alten Rezept zubereitet, werden die Wachteln besonders saftig und ihr feines Aroma kommt voll zur Geltung.

Zutaten für 4 Personen:
4 junge küchenfertige Wachteln
8 Weinblätter, 200 g Speck

50 g Butter, Steinsalz
frisch gemahlener weißer
Pfeffer

1. Die Wachteln kalt spülen, abtrocknen, salzen und pfeffern.

2. Jede Wachtel mit einem Weinblatt und einer Speckscheibe umwickeln und mit einem Baumwollgarn befestigen.
3. Die Wachteln in einen Bräter legen. Bei 200 °C auf der mittleren Schiene 20 Minuten braten. Etwa 5 Minuten vom Ende der Bratzeit den Speck und die Weinblätter entfernen und die Wachteln bräunen lassen.
4. Die fertig gebratene Wachteln auf einer vorgewärmten Platte anrichten. Den Bratensatz mit etwas Wasser angießen, mit Holzlöffel umrühren und durch ein Sieb in einen Topf gießen. Einkochen, bis der Bratensaft eine dickliche Konsistenz bekommt, die Butter untermischen und die Soße über die Wachteln gießen. Dazu serviert man Kartoffelpüree und Rote-Bete-Gemüse oder Möhrensalat.

KUROPATWY PIECZONE – Gebratene Rebhühner
Dank dem Speckmantel bleiben die Rebhühner angenehm saftig und ihr delikater Geschmack kommt gut zur Geltung.

Zutaten für 4 Personen:
4 junge, gut abgehangene,
küchenfertige Rebhühner
250 g Speck

ein paar frische Salbeiblätter
Steinsalz
frisch gemahlener
schwarzer Pfeffer

1. Die Rebhühner kurz kalt spülen und trocken tupfen. Die Flügel und Keule mit einem Baumwollfaden festbinden. Die Salbeiblätter verteilt in jedes der Rebhühner stecken.
2. Den Speck in dünne Scheiben schneiden und die Rebhühner damit umwickeln. Mit einem Küchengarn festbinden.
3. Die Vögel in einen Bräter nebeneinanderlegen und bei 200 °C etwa 30 Minuten auf der unteren Schiene braten.
4. Fäden, Speck und die Salbeiblätter entfernen und die Rebhühner halbieren. Auf einer vorgewärmten Servierplatte anrichten und sofort servieren. Dazu reicht man Kartoffelpüree, Rote-Bete-Gemüse oder Rotkohlsalat.

KUROPATWY W ŚMIETANIE – Rebhühner in Sahne

Bei den Rebhühnern ist es wichtig, dass sie gut abgehangen sind. Junge Rebhühner kann man wie Hühner braten, die älteren werden geschmort. Man rechnet einen Vogel pro Person. Rebhühner in Sahne ist ein erlesenes Gericht voller Aroma und Geschmack. Dank der Sahne entsteht eine köstliche Soße und das Fleisch schmeckt geradezu delikat.

Zutaten für 4 Personen:

4 küchenfertige	*1 EL Mehl*
junge Rebhühner,	*1 El Zitronensaft*
gut abgehangen	*Steinsalz*
50 g Butter	*frisch gemahlener*
250 ml süße Sahne	*weißer Pfeffer*

1. Die Rebhühner kurz kalt spülen, trocken tupfen und innen und außen mit Salz und Pfeffer einreiben. Für 30 Minuten in den Kühlschrank stellen.

2. Die Butter in einem Bräter auf mittlerer Hitze zerlassen, die Rebhühner nebeneinander hineinlegen und von jeder Seite 5 Minuten anbraten. Mit etwa 125 ml Wasser angießen und zugedeckt 30 Minuten schmoren lassen. Die Sahne zufügen und weiter, jetzt bei schwacher Hitze, etwa 10-15 Minuten schmoren, bis die Rebhühner weich sind.

3. Mehl mit Wasser verquirlen und die Soße damit binden.

4. Die Rebhühner auf einer vorgewärmten Servierschüssel anrichten, mit der Soße begießen und mit Kartoffelpüree, Rote-Bete-Gemüse oder grünen Bohnen servieren.

PERLICZKI W ŚMIETANIE – Perlhühner in Sahne

Früher wurden Perlhühner gerne gehalten, und das nicht nur zur Zierde des Hühnerhofes, sondern auch wegen seines schmackhaften Fleisches, das zart und von einem leichten Wildgeschmack ist. Das delikate Fleisch wurde sehr geschätzt und gerne auf Festtafeln aufgetischt. Es ist ein altes, einfaches Rezept, nach dem bei uns zu Hause leider nur Stubenküken zubereitet wurden.

Zutaten für 2-3 Personen:
1 großes küchenfertiges
Perlhuhn, 200 ml süße Sahne

30 g Butter (etwa 2 El)
Steinsalz, frisch gemahlener
weißer Pfeffer

1. Das Perlhuhn waschen, abtrocknen und in 4 Portionen Teilen. Mit Salz und Pfeffer bestreuen.
2. Butter in einer Bratpfanne auf mittlerer Hitze erhitzen und die Teile von allen Seiten goldbraun anbraten. In einen Topf geben, mit etwas Wasser und Sahne angießen und 40-50 Minuten schmoren lassen, bis das Fleisch weich ist. Die verdampfte Flüssigkeit nach und nach ersetzen.
3. Das Perlhuhn herausnehmen und die Soße zur gewünschten Konsistenz einkochen. Zusammen mit dem Perlhuhn in einer Servierschüssel auftischen. Dazu passen Kartoffel-Möhren-Püree und gedünstete junge Erbsen.

Anmerkung:
Perlhühner kommen ursprünglich aus Afrika, wo sie in freier Wildband leben. Sie waren schon den Römern bekannt, aber richtig nach Europa kamen sie im 15. Jh. Heutzutage sind Perlhühner leider nur sporadisch erhältlich, da sie selten gezüchtet werden. Es liegt daran, dass die Perlhühner erst vor 500 Jahren domestiziert wurden und noch viel von ihrem ursprünglichen Verhalten zeigen: Sie sind sehr scheu und sehr laut, brauchen außerdem sehr viel Platz.

GOŁĘBIE – TAUBEN

Die Rezepte für Tauben stehen in den alten Kochbüchern unter Geflügel, was heutzutage vielleicht etwas schockierend wirkt. Früher waren jedoch die Menschen gewohnt die Tauben auf ihrem Speisezettel zu sehen, genauso wie wir es heute mit Hähnchen, Enten und Gänsen tun. Anderswo in der Welt werden Tauben auch heutzutage gerne zubereitet und gegessen, auch Wildtauben.

GOŁĘBIE GOTOWANE – Gekochte Tauben

Die gekochten Tauben wurden früher oft und gerne gegessen, besonders auf dem Lande. Das Gericht kann man auch aus älteren Tauben zubereiten.

Zutaten für 4 Personen:
2 küchenfertige Tauben
Suppengrün:
1 Möhre
1 Stück Sellerie
1 kleine Petersilienwurzel
1 kleine Zwiebel
1 Stück Blumenkohl
oder Weißkohl
Außerdem:
Steinsalz
1 Msp. frisch gemahlener
weißer Pfeffer
1 El Dill oder
Petersilie, fein gewogen

1. Die Tauben kalt waschen. Das Suppengrün putzen, Sellerie, Möhre und Petersilienwurzel schälen und grob zerkleinern. Die Zwiebel abziehen, der Breite nach schneiden und an den Schnittstellen braun rösten.

2. Die Tauben und das Gemüse in einen Topf geben, mit Wasser aufgießen, salzen und zugedeckt etwa 1 Stunde kochen, bis das Fleisch weich ist.

3. Die gekochten Tauben herausnehmen. Die Brühe mit Pfeffer und Dill abschmecken.

4. Das Fleisch von Knochen ablösen, in mundgerechte Stücke schneiden und in den Topf zurücklegen. Die Taubensuppe mit selbst gemachten Eiernudeln servieren.

FISCHGERICHTE

In der traditionellen polnischen Küche gibt es viele geschmackvolle Fischrezepte. Der Fisch war früher schließlich eine wichtige Nahrungsquelle, vor allem an den Fastentagen, die viel zahlreicher (im Mittelalter 192 im Jahr) und viel strenger waren als heute. Nicht mal die königliche Tafel blieb davon verschont.

Gegessen wurden früher vor allem die Flussfische, die seit dem 13. Jh. in vielen Binnenseen gezüchtet wurden, weil die Nachfrage so groß war. Die Meeresfische waren selten und nur gesalzen oder geräuchert zu bekommen, was an den langen Wegen lag.

Von den Flussfischen schätzt man bis heute vor allem den Karpfen, der am Heiligabend auf dem Tisch nicht fehlen darf. Auch Hecht, Forelle, Schleie und Zander gehören zu denen, die auch heute gerne gegessen werden. Der Weißfisch, Bauernkarpfen und die Brasse gelten als „Kleinfisch" und werden lediglich von den Anglern geschätzt.

Von den Meeresfischen, die sich einen Platz in der altpolnischen Küche (recht spät) erobert haben, sind vor allem der Kabeljau, Rotbarsch, Seebarsch und Heilbutt, die auch heute gerne gegessen werden. Wie in vielen anderen Küchen gelten der Aal und der Lachs als eine Delikatesse und werden oft und gerne zu besonderen Anlässen zubereitet.

KARP W GALARECIE – Karpfen in Gelee

In der traditionellen polnischen Küche gehört der Karpfen auf ein Weihnachtstisch. Ein Heiligabend ohne ihn wäre für viele auch heute einfach nicht vorstellbar. Für mich gehört gerade der Karpfen in Gelee zu einem Festessen am Heilig Abend. Dieses ist ein altes Familienrezept, nach dem mein Vater immer den Karpfen zubereitet hatte.

Zutaten für 5-6 Personen:
1 küchenfertiger Karpfen von *1 kleine Zwiebel*
etwa 1,5 kg *150 g Rosinen*
2 Möhren *Steinsalz*

1. Den Karpfen säubern, die Schuppen entfernen, kalt abspülen und abtropfen lassen. Die Flossen (außer der Schwanzflosse) und den Kopf abschneiden. Dann den Karpfen portionieren, dabei zuerst längs halbieren, die Mittelgräte entfernen, dann schräg in Portionen schneiden.

2. Die Möhren schälen und vierteln. Die Zwiebel abziehen und halbieren, zusammen mit dem Kopf und den Flossen in einen Topf legen. Mit etwa 1,5 l Wasser auffüllen, leicht salzen, aufkochen und bei kleiner Hitze etwa 30 Minuten kochen.

3. Die Fischreste herausnehmen und den portionierten Karpfen in den Fischsud legen. 100 g Rosinen zufügen und auf kleiner Hitze etwa 20 Minuten leise kochen, bis der Fisch gar ist.

4. Die gekochten Fischportionen herausnehmen und die Gräte entfernen. Auf einer Servierplatte anrichten und mit Möhrenstückchen garnieren.

5. Den Fischsud durch ein Sieb seihen. Die restlichen Rosinen zufügen und die Flüssigkeit auf etwa ¾ Liter auskochen. Eventuell noch mit Salz nachwürzen. Der Fischsud sollte aromatisch mit einem Hauch von Süße schmecken.

6. Die „neuen" Rosinen auf der Servierplatte verteilen. Den Karpfen mit dem Sud begießen und über Nacht im Kühlschrank erstarren lassen.

KARP W SZARYM SOSIE – Karpfen in grauer Soße

Karpfen in grauer Soße ist eine traditionelle Weihnachtsspeise, die am Heilig Abend auch heute gerne gegessen wird. Es ist ein sehr altes Rezept, das seinen Ursprung im 16./17. Jh. hat. Damals wurde in der altpolnischen Küche nicht nur sehr viel gewürzt, sondern auch sehr gerne mit Rosinen, Mandeln, Nüssen und Zitronen gekocht.

Zutaten:
1 küchenfertiger Karpfen
von etwa 1 kg
1 Stück Sellerie
1 Zwiebel
5 Pfefferkörner, leicht zerdrückt
2 Pimentkörner
1 Msp. Ingwer
1 Glas Bier
¾ l Wasser

Für die Soße:
50 g Pfefferkuchen
50 g Butter
1 El Pflaumenmus
1-2 Tl Zitronensaft
50 g Rosinen,
50 g Mandelstifte
ein paar Walnüsse
Steinsalz
Pfeffer aus der Mühle

1. Den Karpfen säubern und schuppen, kalt abspülen, abtropfen lassen und portionieren (wie im vorherigen Rezept beschrieben).
2. Die Zwiebel und den Sellerie schälen. Die Zwiebel in Ringe schneiden, den Sellerie würfeln. In einen Topf geben, die Gewürze zufügen und mit Bier und Wasser aufgießen. Zugedeckt etwa 20 Minuten kochen.
3. Den portionierten Karpfen in den Gemüsesud legen und bei kleiner Hitze 20 Minuten kochen lassen. Ist der Fisch gar, herausnehmen und auf einer vorgewärmten Servierplatte anrichten, warm halten.
4. Für die Soße den Fischsud durch ein Sieb seihen und auf etwa 500 ml auskochen. Den Pfefferkuchen zugeben, kurz aufkochen und durch ein Sieb streichen. Die Butter untermischen und die Soße mit Pflaumenmus, Zitronensaft und Pfeffer abschmecken. Mandelstifte, Walnüsse und die in kochendem Wasser 10 Minuten eingeweichten Rosinen zugeben. Ein paar Minuten durchziehen lassen und über den Karpfen gießen. Sofort servieren

KARP SMAŻONY – Gebratener Karpfen

Auch frisch gebraten kommt der Karpfen traditionell am Heiligabend auf den Tisch. Bei uns zu Hause findet er immer einen großen Anklang.

Zutaten für 4 Personen:
1 Karpfen von etwa 1 kg *Steinsalz*
3 El Mehl *Öl zum Braten*

1. Den Karpfen säubern, sorgfältig von den Schuppen befreien, innen und außen unter fließend kaltem Wasser abspülen und abtropfen lassen. Dann längs halbieren, die Mittelgräte entfernen, schräg in Stücke schneiden und salzen.

2. In einer schweren Pfanne das Öl erhitzen, den Fisch portionsweise im Mehl wenden und von beiden Seiten goldbraun braten, bis er durch und durch gar ist. Auf einer vorgewärmten Servierplatte anrichten und sofort servieren.

Anmerkung: Portioniert und gesalzen kann der (fangfrische) Karpfen über Nacht im Kühlschrank auf den nächsten Tag warten.

MASŁO ŚLEDZIOWE – Heringsbutter

Den Hering als Brotaufstrich hat schon meine Mutter als Kind gerne gegessen. Das Rezept meiner Oma ist denkbar einfach und schmeckt vorzüglich.

Zutaten: *4 Heringsfilets, 125 g weiche Butter*

1. Die Heringsfilets in eine Schüssel legen, mit kaltem Wasser aufgießen und für 2-4 Stunden einweichen lassen. Sind sie nicht mehr zu salzig, abtropfen lassen und sehr fein hacken, durch einen Fleischwolf drehen oder mit dem Pürierstab fein pürieren.

2. Die Butter cremig rühren und den gehackten Hering untermischen, sodass eine glatte Masse entsteht. Direkt aufs Brot streichen und mit Schnittlauchröllchen oder Zwiebelwürfeln garnieren.

ŚLEDŹ POSTNY – Fastenhering

Der Hering wurde früher für gewöhnlich an den Fastentagen gegessen. Heutzutage wird er zu verschiedenen Anlässen zubereitet. Wir essen ihn bis heute gerne an den großen Fastentagen vor Ostern und Weihnachten, einfach um dem Jahr eine Struktur zu geben, und um eine alte Familientradition beizubehalten. Auch unsere Kinder mögen das „karge" Gericht.

Zutaten für 5 Personen: *1 kg Heringsfilets, 3-4 Zwiebeln, Rapsöl*

1. Die Heringsfilets in eine Schüssel geben, mit kaltem Wasser auffüllen und 2-4 Stunden einweichen lassen. Von Zeit zu Zeit probieren, ob sie schon nicht mehr zu salzig schmecken.
2. Die Zwiebeln schälen und klein würfeln. Den Hering abtropfen lassen und in etwa 2-3 cm große Stücke schneiden. Abwechselnd mit den Zwiebelwürfeln in ein Glas oder einen irdenen Topf schichten und mit Öl aufgießen. Für 24 Stunden kalt stellen, um die Aromen durchziehen zu lassen. An großen Fastentagen serviert man den Hering traditionell mit Pellkartoffeln.

ŚLEDŹ W CIEŚCIE – Im Teig gebratener Hering

Es ist eine traditionelle Weihnachtsspeise, welche früher oft am Heiligabend gegessen wurde. Auch meine Großmutter mütterlicherseits hatte sie jedes Jahr zubereitet, solange die Kinder noch zu Hause waren. Im Original wurde der Teig ohne Eier und Sahne vorbereitet, weil früher der Heiligabend ein strenger Fastentag war.

Zutaten für 4 Personen:
8 Heringsfilets   *5 El saure Sahne, 150 g Mehl*
2 Eier von mittlerer Größe   *2 El Öl sowie Öl zum Ausbacken*

1. Die Heringsfilets für 2-4 Stunden ins kalte Wasser legen. So lange wässern, bis sie nicht mehr zu salzig schmecken, abtropfen lassen.
2. Die Eier in eine Rührschüssel aufschlagen, mit Öl und Sahne verquirlen. Das Mehl nach und nach zugeben und alles zu einem glatten Teig verrühren.
3. In einer Pfanne das Öl erhitzen. Die Heringsfilets in den Teig tauchen und von beiden Seiten goldbraun ausbacken. Auf einem vorgewärmten Teller anrichten und sofort servieren.

ŚLEDŹ NADZIEWANY I SMAŻONY
Gebratener gefüllter Hering

Um die vielen Fastentage etwas abwechslungsreicher zu gestalten, haben sich die Menschen früher fantasievolle Fastengerichte ausgedacht. Der gefüllte Hering gehört dazu.

Zutaten für 4 Personen:
4 ganze männliche Heringe
(Milchner)
Für die Füllung:
1 mittlere Zwiebel
120 g Semmelbrösel
Heringsmilch
von 4 Heringen
1 El Petersilie,
fein gewogen
(nach Belieben)
Zum Panieren:
1 Ei
4 gute El Mehl
Zum Braten:
4 El Öl

1. Die Heringe ausnehmen und gründlich waschen, die Heringmilch behalten und mit den Heringen ins kalte Wasser legen. So lange wässern, bis sie nicht mehr zu salzig schmecken.
2. Für die Füllung die Zwiebel schälen und fein würfeln. Die Heringsmilch durch ein Sieb streichen und mit Zwiebelwürfeln, Semmelbröseln und Petersilie zusammenmischen. Die Heringe damit füllen.
3. In einer Pfanne das Öl erhitzen. Die Heringe im verquirlten Ei und Mehl panieren und von beiden Seiten braten. Mit Stampfkartoffeln und Meerrettichsoße servieren.

FLĄDRA SMAŻONA – Gebratene Flunder (oder Scholle)
In unseren Ferien an der Ostsee wurden wir (Kinder) zusammen mit unseren Eltern oft von einer Fischerfamilie zum Fischessen eingeladen. Eine entfernte Verwandte meiner Mutter hat vor Jahren in die Familie eingeheiratet und freute sich, uns verköstigen zu können. Die fangfrische Flunder war mein unschlagbarer Favorit, da sie keine lästigen Gräten hatte und einfach köstlich schmeckte. Bis heute esse ich Fisch am liebsten im Sommer, weil er dann für mich einfach anders schmeckt.

Zutaten:
1 küchenfertige Flunder oder Scholle pro Person,
Steinsalz, Speiseöl zum Braten

1. Den Fisch säubern, von den kleinen Schuppen befreien und gründlich unter fließend kaltem Wasser innen und außen spülen. Abtrocknen lassen und salzen.
2. So viel Öl, dass der Boden gut bedeckt wird, in der Pfanne erhitzen und den Fisch bei mittlerer Hitze von beiden Seiten je etwa 5 Minuten goldbraun braten. Die Flunder schmeckt am besten mit Kartoffelpüree und grünem Salat mit Sahne.

Zwei Varianten:
1. Die Flunder in Mehl, das mit einer Messerspitze frisch gemahlenem Pfeffer und Salz vermischt wurde, wenden. Überschüssiges Mehl abschütteln und den Fisch wie oben braten.
2. Die Flunder zuerst in Mehl, dann in verquirltem Ei und wieder in Mehl wenden. Bei mittlerer Hitze etwa 5 Minuten pro Seite braten, bis der Fisch goldbraun und gar ist.

SZCZUPAK (PSTRĄG, SANDACZ) SMAŻONY
Gebratener Hecht (Forelle oder Zander)
In der traditionellen polnischen Küche ist das die einfachste und populärste Art der Fischzubereitung.

Zutaten für 4 Personen:
1 kg Hecht
(Forelle oder Zander),
ausgenommen und geschuppt
50 g Mehl

Steinsalz
frisch gemahlener
schwarzer Pfeffer
Speiseöl zum Braten

1. Den Fisch säubern und unter fließend kaltem Wasser abspülen. Abtropfen lassen und schräg in Portionen schneiden. Jede Portion längs halbieren und die Mittelgräte entfernen. Den Fisch salzen, pfeffern und mit Mehl bestäuben.

2. So viel Öl, dass der Boden gut bedeckt wird, in einer Pfanne heiß werden lassen und die Fischportionen darin von beiden Seiten goldgelb braten. Die Hitze herunterschalten und den Fisch noch einige Minuten ziehen lassen. Der Fisch schmeckt am besten mit neuen Kartoffeln und einem Gurken- oder Tomatensalat.

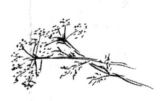

Zwei Varianten:
1. Bevor der Hecht in die Pfanne kommt, eine Zwiebel würfeln und leicht anbraten. Den Fisch dazu geben und von beiden Seiten goldbraun anbraten. 1 El Wasser zufügen und den Fisch zugedeckt noch 15 Minuten dünsten.
2. Den Hecht nach dem Dünsten noch mit 1-2 El Parmesan bestreuen und im Backofen etwa 6 Minuten überbacken.

SUM PIECZONY – Gebackener Wels

Der Wels hat mich früher mal tief beeindruckt. Noch als „drei Käse hoch" habe ich ihn mit so langen Bartfäden serviert bekommen, dass sie fast auf dem Tisch lagen. Mit Zitronenscheiben dekoriert, sah er überwältigend aus.

Zutaten für 4 Personen:
1 kg Wels, filetiert
150 ml süße Sahne
50 g Butter
1-2 El Zitronensaft
Steinsalz

1. Den Fisch kurz kalt abspülen, abtropfen lassen und portionieren. Jede Portion salzen, mit dem Zitronensaft beträufeln und für etwa 15 Minuten zur Seite legen.

2. Die Butter zerlassen. Den Fisch in einen Schmortopf legen und mit der Butter begießen. Bei 180 °C etwa 30 Minuten braten, bis der Fisch gerade gar ist.

3. Die Sahne mit Salz und Zitronensaft abschmecken und über den Fisch gießen, noch ein paar Minuten im Backofen halten. Den gebackenen Fisch vorsichtig herausnehmen, auf einer vorgewärmten Fischplatte anrichten und mit der Soße begießen. Mit Kartoffelpüree und Gemüse servieren.

ŁOSOŚ W MAŚLE – Lachs in Butter

Das Rezept habe ich in einem sehr alten Kochbuch gefunden. Die Butter rundet den Geschmack des Fisches auf eine vorzügliche Weise ab.

Zutaten für 4 Personen:
4 Portionen Lachsfilet
4 El Butter, Steinsalz
3-4 El Öl, 3 Zweige Dill

Das Lachsfilet salzen und zur Seite stellen. In einer großen Pfanne das Öl erhitzen und die Fischstücke darin von beiden Seiten je etwa 3 Minuten goldbraun braten. Auf jede Portion 1 El Butter legen und das Lachsfilet zugedeckt bei niedriger Hitze noch etwa 10 Minuten ziehen lassen. Auf einer vorgewärmten Servierplatte mit Dillzweigen garnieren und sofort servieren.

WĘGORZ DUSZONY – Gedünsteter Aal

Den Aal esse ich am liebsten geräuchert. Den besten hat mein Vater, der immer Spaß am Kochen (wie Räuchern) hatte, in unseren Ferien am Ostsee geräuchert. Leider braucht man dazu etwas mehr als eine Küche. Fürs Dünsten reicht sie aber allemal.

Zutaten für 4-5 Personen:

1 kg Aal, küchenfertig
1 Möhre
1 Stück Sellerie
1 Zwiebel
125 ml süße Sahne

4 El Mehl
1 El Dill,
fein gewogen
1-2 Tl Zitronensaft
Steinsalz

1. Den Aal unter fließendem Wasser abspülen, abtropfen lassen und in etwa 6 cm dicke Stücke schneiden.

2. Für den Gemüsesud das Gemüse putzen, schälen, waschen und grob zerkleinern. In einen Topf geben, mit 500 ml Wasser aufgießen und zugedeckt etwa 25 Minuten kochen.

3. Den portionierten Aal in einen Topf legen, mit dem Gemüsesud aufgießen, salzen und zugedeckt bei kleiner Hitze etwa 15 Minuten sanft köcheln lassen, bis der Fisch weich ist.

4. Den Aal herausnehmen und in eine vorgewärmte Servierschüssel legen. Mehl mit Sahne verquirlen und unter die Soße mischen. Mit Zitronensaft und Dill abschmecken. Die fertige Soße über den Aal gießen und noch ein paar Minuten stehen lassen, damit der Fisch den Geschmack der Soße annehmen kann In einem Kochbuch aus den 20er Jahren empfiehlt die Köchin den gedünsteten Aal auf einer vorgewärmten Fischplatte mit Reis oder Perlgraupen zu servieren.

ROLADA RYBNA W GALARECIE – Fischroulade in Gelee

Das Rezept ist zwar sehr zeitaufwendig, die Mühe lohnt jedoch, weil das Ergebnis überaus köstlich und somit die Zierde jeder Tafel ist.

Zutaten:
500 g Rotbarsch-
oder Kabeljaufilet
½ altbackenes Brötchen
½ Glas Milch
20 g Weizengrieß
1 Ei , 1 kleine Zwiebel
2 El Butter, Steinsalz
frisch gemahlener weißer Pfeffer
20 g Gelatine

Für den Gemüsesud: 1 Möhre
1 kleine Zwiebel, 1 Stück Sellerie
Zum Garnieren:
ein paar Möhrenwürfel
(gekocht)
1 Cornichon, in dünne
Scheiben geschnitten
1 gekochtes Ei,
in Scheiben geschnitten

1. Das Gemüse putzen, grob zerkleinern und etwa 25 Minuten kochen.

2. Die Zwiebel abziehen, grob würfeln. Das Brötchen in Milch einweichen, gut ausdrücken. Beides zusammen mit dem Fischfilet durch einen Fleischwolf drehen. Ei und Weizengrieß unter die Fischmasse mischen, mit Salz und Pfeffer abschmecken und eine etwa 5 cm dicke Rolle daraus formen.

3. Ein Nessel- oder Leintuch dick mit Butter ausfetten und zweimal um die Fischroulade schlagen. An den Enden mit Küchengarn binden. In einen Topf, in den sie gerade hineinpasst, legen und mit dem kochend heißen Gemüsesud auffüllen, sodass die Roulade gerade bedeckt ist. Salzen und zugedeckt bei kleiner Hitze etwa 1 Stunde köcheln lassen.

4. Die Fischroulade im Topf erkalten lassen, dann vorsichtig herausnehmen. Das Tuch entfernen und die Roulade schräg in etwa 2 cm dicke Scheiben schneiden. Auf einer Servierplatte anrichten, mit Möhrenwürfel, Cornichon- und Eierscheiben garnieren.

5. Die Flüssigkeit durch ein Sieb gießen und auf ¾ l einkochen. Die Gelatine einweichen und in den Sud rühren, bis sie sich aufgelöst hat. Erkalten lassen und über die Scheiben gießen. Im Kühlschrank fest werden lassen.

RYBA PO GRECKU – Fisch auf griechische Art

Es ist eine Speise, die oft und gerne zubereitet wird. Sie geht schnell von der Hand und schmeckt ausgezeichnet. Ob die Speise aus der griechischen Küche kommt, ist leider nicht nachvollziehbar, wenngleich die griechische Küche (gebackenen) Fisch mit viel Gemüse und Tomaten kennt (*psari plaki*).

Zutaten für 4 Personen:
700 g Fischfilet
vom Kabeljau oder Rotbarsch
2 große Zwiebeln
2-3 Möhren
500 g Tomaten
1 Stück Sellerie
1 kleine Wurzelpetersilie,
wenn zur Hand,
1 El Petersiliengrün,
fein gewogen
Steinsalz
frisch gemahlener Pfeffer
Öl zum Braten

1. Das Gemüse putzen und waschen, die geschälten Zwiebeln und die gehäuteten Tomaten würfeln, Möhren, Petersilie und Sellerie grob reiben.

2. Das Fischfilet in Portionen schneiden und salzen.

3. In einer großen Pfanne das Öl erhitzen und den Fisch von beiden Seiten goldbraun braten. Auf einen Teller legen und warm halten.

4. Das zerkleinerte Gemüse: die Zwiebeln, Möhren, Petersilie und den Sellerie in die Pfanne geben. Unter Rühren kurz anbraten, sodass die Zwiebelwürfel glasig aber nicht braun werden. Die Tomaten dazu geben und das Ganze zugedeckt auf niedriger Hitze etwa 15 Minuten dünsten lassen. Eventuell etwas kochendes Wasser dazu gießen, sodass eine dicke Soße entsteht.

5. Die Gemüsesoße mit Salz und Pfeffer abschmecken. Die gebratenen Fischportionen hineingeben und ein paar Minuten ziehen lassen. Mit Stampfkartoffeln und grünem Salat oder einfach nur mit Brot servieren.

KOTLETY MIELONE Z RYBY – Fischfrikadellen

Die Fischfrikadellen hat meine Großmutter mütterlicherseits oft gemacht, als ihre Kinder noch zu Hause waren. Damit konnte sie den Speisezettel an Fastentagen etwas erweitern und die Kinder fanden, nach der Erzählung meiner Mutter, die Fischfrikadellen sehr lecker.

Zutaten für 3- 4 Personen:
500 g Fischfilet
(Kabeljau oder Seebarsch)
1 altbackenes
Brötchen
1 Ei
1 Zwiebel

2 El Butter
1-2 El Semmelbrösel
2 El Mehl
Steinsalz
frisch gemahlener
weißer Pfeffer
Öl zum Braten

1. Das Brötchen einweichen, gut ausdrücken und zusammen mit dem Fischfilet durch einen Fleischwolf drehen. Die Zwiebel abziehen, fein würfeln und in Butter glasig braten.

2. Die Fischmasse zusammen mit den Zwiebelwürfeln und dem Ei mischen, mit Salz und Pfeffer abschmecken. Sollte die Masse zu weich sein noch 1-2 El Semmelbrösel untermengen.

3. Mit nassen Händen kleine Frikadellen formen und mit Mehl bestäuben. In einer Pfanne 3-4 El Öl erhitzen und die Frikadellen darin von beiden Seiten goldbraun braten. Mit Stampfkartoffeln und gedünsteten Möhren servieren.

RAKI W ŚMIETANIE – Flusskrebse in Sahne

Vieles, was früher alltäglich war, ist eine Seltenheit geworden. So ist es auch mit den Flusskrebsen geschehen. Noch in den dreißiger Jahren des letzten Jahrhunderts schrieb eine Lehrerin an einer Wirtschaftsschule für Mädchen: „Von den Krustentieren die bekanntesten und am meisten gegessenen sind die Flusskrebse. Vom frühen Frühling bis zum späten Herbst bekommt man sie auf den Märkten angeboten. Im Sommer schmecken sie am besten." Die zartesten sollten die aus den Bergflüssen stammenden Steinkrebse sein. Ich persönlich habe nie Krebse kochen wollen. Schon als Kind schauderte es mir, wenn ich hörte, dass man sie lebendig ins kochende Wasser werfen muss. Darum habe ich auch dieses aus einem alten Kochbuch stammende Rezept nie ausprobiert.

Zutaten für 3-4 Personen:
20 Flusskrebse
250 ml süße Sahne
40 g Butter

20 g Semmelbrösel
1 Tl Dill oder Petersilie,
fein gewogen
Steinsalz

1. Die Krebse am Rumpf festhaltend unter fließendem Wasser abbürsten, ins kochende Salzwasser geben und etwa 10-15 Minuten kochen.
2. In einem passenden Topf die Butter zerlassen und die Krebse dazugeben. Mit etwas Wasser aufgießen, salzen und zugedeckt schmoren lassen, bis sie rot werden. Die Sahne und die Semmelbrösel zugeben und noch ein paar Minuten köcheln lassen, bis die Soße eindickt. Die Krebse in eine Servierschale geben. Den Dill unter die Soße mischen und die Krebse damit übergießen. Sofort servieren.

Anmerkung:
Früher hat man aus den Krebsschalen gerne eine Krebsbutter gemacht.

EIER- UND MILCHSPEISEN

Wie auch in vielen anderen Küchen, gehören Eier und Milch in der traditionellen polnischen Küche zu den Grundnahrungsmitteln. Schon im tiefen Mittelalter waren die Milcherzeugnisse wie Butter, Sahne und Quark bekannt und wurden genauso wie Eier gerne verspeist.

Die Eier kommen auf den Tisch nicht nur als eigenständige Speisen, sondern auch als Zutat in vielen Gerichten. Für die Milchspeisen werden Milch, Dickmilch, Buttermilch, Sahne, Quark und Frischkäse genommen. Dickmilch und Buttermilch werden gerne getrunken, wobei Dickmilch mit neuen Kartoffeln auch ein beliebtes Sommergericht ergibt. Die Sahne wird in erster Linie als saure Sahne (dicke Sahne) benutzt. Sie ist von dicklicher Konsistenz und sehr fettig, weil ihr kein Fett entzogen wird. Deswegen gerinnt sie auch nicht, wenn sie gekochten Speisen zugegeben wird. Heutzutage wird oft auch die süße Sahne verwendet. Früher war sie viel seltener und wurde fast ausschließlich für den Nachtisch genommen. Neben dem Quark wird der Frischkäse (der Weißkäse genannt wird) gerne gegessen. Er ist von mildem bis leicht säuerlichem Geschmack und wird für viele Mehlspeisen und Kuchen genommen.

In Südpolen wird neben der Kuhmilch auch viel Schafsmilch verarbeitet. Aus der Schafsmilch werden vor allem *bryndza* und *oscypek* hergestellt. *Bryndza* ist ein köstlich schmeckender Schafsquark, *oscypek* ein Weißkäse, der in traditionellen, reich verzierten Holzformen geformt, abgetropft und geräuchert wird. Beide Sorten sind sehr beliebt. Während einer Wanderung in einer Sehnhütte gekauft schmecken sie besonders köstlich.

JAJECZNICA Z BOCZKIEM – Rührei mit geräuchertem Speck

Dieses Rührei haben sich oft die Brückenbauer gemacht, mit denen mein Vater arbeitete. Die meisten von ihnen kamen von weit her und mussten sich am Abend selbst verköstigen, da sie nur an den Wochenenden nach Hause konnten. Die deftige Speise war gerade das Richtige: schnell und einfach zubereitet ergab sie zusammen mit etwas Brot eine sättigende Mahlzeit.

Zutaten für 2 Personen:
4 Eier
100 g geräucherter Bauch

1 Bund Frühlingszwiebeln
oder 1 Zwiebel
½ Bund Petersilie, Steinsalz

1. Frühlingszwiebeln und Petersilie unter fließendem Wasser abspülen und trocken schütteln Die Frühlingszwiebeln in Ringe schneiden, die Petersilie fein hacken.
2. Den geräucherten Bauch würfeln, in einer Pfanne auslassen und die kleinen Zwiebeln darin andünsten. Die Eier direkt aufschlagen und zuerst nur das Eiweiß umrühren. Ist es gestockt, die Eigelbe untermischen, den Schnittlauch zugeben, umrühren und die Pfanne sofort vom Herd nehmen. Die Petersilie unterrühren und das Rührei mit Brot servieren.

JAJECZNICA Z POMIDORAMI – Rührei mit Tomaten

Dieses Rührei habe ich schon in zartem Teenegeralter zubereiten gelernt. Die Tomaten geben dem Rührei einen angenehmen, intensiven Geschmack, was heutzutage besonders unserem jüngeren Sohn gut schmeckt.

Zutaten für 2 Personen:
4 Eier, 1 El Butter
3 reife Tomaten

Steinsalz
frisch gemahlener Pfeffer
1 El Schnittlauchröllchen

1. Die Tomaten mit kochendem Wasser überbrühen, häuten und klein würfeln. Die Butter in einer Pfanne zerlassen und die Tomaten darin andünsten, bis sie weich sind.

2. Die Eier direkt in die Pfanne aufschlagen und vorsichtig umrühren, sodass das Eigelb ganz bleibt. Ist das Eiweiß gestockt, die Eigelbe unterrühren und nach Belieben sofort vom Herd nehmen oder auch sie stocken lassen. Mit Schnittlauch garnieren und mit Brot sofort servieren.

MUCHOMORKI Z JAJEK – Lustige Eier in Mayonnaise
Das Gericht heißt wortwörtlich „Fliegenpilzchen aus Eiern". Es ist eine witzige Art Eier in Mayonnaise zu zubereiten. Die Speise wird besonders gerne bei kleinen Festen aufgetischt, weil sie auch für die Augen ein Leckerbissen ist.

Zutaten für 4-5 Personen:
5 hartgekochte Eier
5 kleine Tomaten
etwa 300 ml Mayonnaise

Zum Garnieren:
1 El Schnittlauchröllchen
ein paar Salatblätter

1. Die hartgekochten Eier pellen und quer halbieren. An der runden Seite etwas stutzen und die abgeschnittenen Eiweißstücke klein würfeln.

2. Eine Servierplatte mit den Salatblättern auslegen, die Mayonnaise darauf verteilen, mit Schnittlauch bestreuen und die Eier mit der Schnittseite nach unten darin setzen.

3. Die Tomaten waschen, abtrocknen und „Pilzhüte" aus ihnen schneiden, auf die Eier setzen und mit dem gewürfelten Eiweiß garnieren.

JAJA NADZIEWANE SARDELAMI – Eier mit Sardellenfüllung
Ein altes Rezept aus einem über 90 Jahre alten Kochbuch.

Zutaten für 4-5 Personen:
8 hartgekochte Eier, gepellt
2-3 Salatblätter
1 El Schnittlauchröllchen
Füllung: 2 Sardellen

20 g altbackenes Brötchen
40 g weiche Butter
2 El süße Sahne
Steinsalz
Pfeffer, frisch gemahlen

1. Eier der Länge nach halbieren, die Eigelbe herausnehmen, in eine Schüssel geben und mit einer Gabel zerdrücken.
2. Die Sardellen von Gräten befreien. Das Brötchen in etwas Wasser einweichen und gut ausdrücken. Beides mit einem Pürierstab pürieren. Butter, Sahne und Eigelbe zugeben und zu einer sämigen Masse verrühren. Mit Salz und Pfeffer abschmecken.
3. Die Eierhälften mit der Sardellenmischung füllen, auf einem Teller auf den Salatblättern anrichten und mit Schnittlachröllchen bestreuen.

JAJA NADZIEWANE TRUFLAMI – Eier mit Trüffelfüllung
Die überaus schmackhafte Eier kann man auch mit Champignons füllen.

Zutaten für 4-5 Personen:
8 hartgekochte Eier, gepellt
2-3 Salatblätter
1 El Schnittlauchröllchen
Füllung: 4 Trüffel

oder 4-5 braune Champignons
2 El saure Sahne
20 g Butter
Steinsalz
frisch gemahlener Pfeffer

1. Die Trüffel oder die Champignons in Butter dünsten, abkühlen und klein würfeln.
2. Die Eigelbe in eine Schüssel geben und mit einer Gabel zerdrücken, die gewürfelten Pilze und die saure Sahne (oder *Crème fraîche*) zugeben und zu einer sämigen Masse verrühren. Mit Salz und Pfeffer würzen.
3. Die Eierhälften mit der Mischung füllen, auf einem Teller auf Salatblättern anrichten, mit Schnittlachröllchen bestreuen.

JAJA NA GRZANKACH
Gefüllte Eier auf gerösteten Baguettescheiben
Ein sehr altes Rezept und ein auch heutzutage elegantes Snack für Gäste.

Zutaten für 4-5 Personen:	*40 g Kaviar*
8 Baguettescheiben	*2 El süße Sahne*
4 hartgekochte Eier, gepellt	*Steinsalz*
20 g Butter	*2 El Schnittlauchröllchen*

1. Die Baguettescheiben mit Butter bestreichen und im Backoffen auf der mittleren schiene bei 200 °C goldgelb anrösten.
2. Die Eier der Länge nach halbieren, die Eigelbe herausnehmen und in eine Schüssel geben, mit einer Gabel zerdrücken, die Sahne zugeben und zu einer sämigen Masse verrühren. Sparsam mit Salz würzen und den Kaviar vorsichtig untermischen.
3. Die Eierhälften an den runden Seiten etwas stutzen, mit der Mischung füllen und auf die gerösteten Baguettescheiben legen. Auf einem Teller auf Salatblättern anrichten und mit Schnittlachröllchen bestreuen.

OMLET MUŚLINOWY – Musselinomelett
Das Omelett kam aus Frankreich schon im 17. Jh. und gehört längst zur Alltagsküche.

Zutaten für 2 Personen:	*Steinsalz*
4 Eier	*Butter zum Ausbacken*
2 El Sahne	

1. Die Eigelbe, Sahne und Salz in eine Schüssel geben und so lange schlagen, bis sich die Zutaten verbinden. Die Eiweiße steif schlagen und vorsichtig untermischen.
2. Die Butter in einer beschichteten Pfanne, bei mittlerer Temperatur, zerlassen. Die Eiermischung in die Pfanne gießen und langsam stocken lassen.

ZSIADŁE MLEKO – Dickmilch

Dickmilch wird in der traditionellen polnischen Küche nicht nur als Ausgangprodukt für Quark und Käse betrachtet, sondern auch pur gegessen. Am besten schmeckt natürlich eine selbst gemachte Dickmilch. Sie hat eine stabile Konsistenz und wird vor dem Servieren nicht verrührt. Früher wurde Dickmilch nicht nur mit neuen Kartoffeln, sondern auch mit verschiedenen Grützen gegessen. Man isst die Dickmilch genauso wie die Grützen oder Kartoffeln mit einem Esslöffel.

Zutaten: *1 l Frischmilch*
1 l frische Rohmilch oder   *und 125 ml saure Sahne*

1. Die frische Rohmilch in einen irdenen Krug gießen und ein Stück Mulltuch darüber legen, bei Zimmertemperatur stehen lassen. Nach 1-2 Tagen ist die Dickmilch normalerweise essfertig.
2. Die Frischmilch zuerst mit der Sahne gut verquirlen, in einen Steinkrug gießen und zugedeckt bei Zimmertemperatur 2 Tage stehen lassen.

TWARÓG – Selbst gemachter Quark

Der Quark ist mit seiner sämigen Konsistenz ein ganz besonderer Genuss.

Zutaten: 2 l Dickmilch aus Rohmilch, die 2 Tage gesäuert hat, Steinsalz

1. Die Dickmilch in einen Topf geben und bei milder Hitze ganz langsam erwärmen. Fängt die Molke an sich abzusetzen, vom Herd nehmen. Nach ein paar Minuten in ein mit Mulltuch ausgelegtes Sieb gießen. Solange abtropfen lassen, bis der Quark die gewünschte Konsistenz erreicht hat.
2. Den Quark in eine Schüssel geben, mit Salz abschmecken und als Brotaufstrich servieren.

Varianten: Unter den gesalzenen Quark 1-2 El Schnittlauchröllchen mischen oder den ungesalzenen Quark mit 1-2 El Vanillezucker süßen.

BIAŁY SER – Weißkäse

Der Weißkäse hat eine viel festere Konsistenz als der Quark. Er schmeckt leicht säuerlich und wird genauso gerne mit Brot gegessen wie für *pierogi*, Pfannkuchen und Käsekuchen genommen.

Zutaten für 4 Personen:
2 l Dickmilch aus frischer Rohmilch, Steinsalz

1. Die Vorgehensweise ist dieselbe wie beim Quark, mit dem Unterschied, dass die erwärmte Dickmilch in ein extra dafür genähtes Leinensäckchen kommt. Das Ganze wird am oberen Ende verknotet und in einen Seiher (Sieb) gelegt. Darüber stülpt man einen Teller, der mit einem großen, sauberen Stein beschwert wird. Der Käse ist fertig, wenn er ohne das Säckchen seine Form behält, was normalerweise 1 bis 2 Tage dauert. Bis heute machen viele Bauern den Frischkäse auf solche Weise, mit dem Unterschied, dass sie dafür einen „Käseabtropfer" aus Holz statt eines Siebs benutzen.
2. Den Weißkäse vorsichtig aus dem Säckchen herausnehmen und auf einen Teller legen. Das Salz gesondert dazu reichen.

Leinensäckchen:
Ein Leinensäckchen ist schnell aus einem 30 x 30 cm Leinentuch genäht. Dazu legt man zwei Seiten schräg und näht sie zusammen. Nach dem Gebrauch das Leinensäckchen am besten genauso wie früher per Hand ausspülten und auskochen. In der Waschmaschine gewaschen, behält er womöglich Reste von dem Waschmittel, bestimmt aber den Duft.

BIAŁY SER Z CEBULKĄ – Weißkäse mit Zwiebel

Den mit Zwiebeln zubereiteten Weißkäse aßen wir als Kinder gerne zu Abend. Mit Butterbrot ergab er eine herrlich schmeckende Speise.

Zutaten:
Frischkäse aus 2 l Dickmilch aus
Rohmilch, 1 kleine Zwiebel

125 ml saure Sahne,
nach Belieben
Steinsalz

1. Die Frühlingszwiebeln abspülen, trocken schütteln und fein schneiden.

2. Den Frischkäse in eine Schüssel geben, die Sahne zufügen und alles zusammen vermengen. Mit Salz abschmecken und die fein geschnittene Frühlingszwiebeln untermischen. In einer irdenen Schüssel servieren. Dazu reicht man Roggenbrot oder Brötchen und Butter.

Variante: Eine halbe Knoblauchzehe abziehen und sehr fein würfeln, etwas Salz zugeben und mit der breiten Seite des Buttermessers zu einer glatten Masse zerreiben, unter den Frischkäse mischen.

BIAŁY SER Z KMINKIEM – Weißkäse mit Kümmel

Ein altes Rezept, nach dem schon früher die Urgroßmütter den Frischkäse zubereitet haben. Der Kümmel verleiht dem Quark sehr viel Aroma.

Zutaten für 4 Personen:
Frischkäse aus 2 l Dickmilch
(aus Rohmilch)
125 ml saure Sahne

1-2 El sehr weiche Butter,
nach Belieben
1 Tl Kümmel
Steinsalz

1. Zuerst den Frischkäse, dann die Sahne unter die Butter rühren. Mit Salz und Kümmel abschmecken.

2. In einem mit Mulltuch ausgelegtem Sieb oder in einem Leinensäckchen im Kühlschrank abtropfen lassen. Der Kümmelfrischkäse schmeckt am besten mit Roggenbrot.

MEHLSPEISEN

Mehlspeisen waren in der traditionellen polnischen Küche immer schon sehr beliebt, genauso in der bäuerlichen und bürgerlichen Küche wie in der adeligen. So verlangte zum Beispiel der bekannteste Fabeldichter der Aufklärung Bischof Krasicki, dass sein neuer Koch unter anderen traditionellen Speisen auch „exzellent" *pierogi* kochen sollte.

Zu den landestypischen Mehlspeisen gehören: Nudeln, Teigtaschen (*pierogi*) und Pfannkuchen. Von Nudeln gibt es verschiedene Arten: Eiernudeln, Reibenudeln, Löffelnudeln und gegossene Nudeln. Als Nudeln bezeichnet man auch alle Arten von Klößen und Klößchen. Die aus Kartoffeln (*kopytka, pyzy,* Schlesische Nudeln) nennt man Kartoffelnudeln, die aus Quark – Quarknudeln. Sehr beliebt sind die Teigtaschen – *pierogi (,,pjerogi")* und ihre kleine Variante *uszka* (Öhrchen). Bei den Pfannkuchen unterscheidet man die großen *naleśniki* und die kleinen *placki*. Die großen werden mit verschiedenen Farcen gefüllt und meistens noch einmal gebacken. Die kleinen, zu denen man auch die Reibekuchen zählt, serviert man mit verschiedenen Beilagen.

KLUSKI KROJONE – Hausgemachte Eiernudeln
Grundrezept

Die hausgemachten Eiernudeln sind in der traditionellen polnischen Küche eine allseits beliebte Speise. Die Nudeln werden als Beilage, eine eigenständige Speise und vor allem als Suppeneinlage sehr gerne gegessen. Hühner- oder Tomatensuppe mit den selbst gemachten Nudeln ergeben für die Meisten eine wahre Köstlichkeit. Es ist eine schlichte Speise, die einfach vollkommen ist. Die Herstellung der Nudeln erfordert natürlich etwas Zeit, macht aber auch Spaß, weil man selbst ein Feinschmeckeressen zaubern kann. Meine Mutter war eine Meisterin darin. Als Kind habe ich ihr gerne dabei zugesehen, wie schnell und sicher sie die perfekt aussehenden Nudeln geschnitten hat. Sogar die älteste Schwester meines Vaters, selbst eine vorzügliche Köchin, hatte ihr oft wie verzaubert zugeschaut. Der Trick dabei ist, das Messer beim Schneiden etwas schräg nach rechts zu halten, und in die zum Körper entgegengesetzte Richtung zu schneiden. Ich schneide die Nudeln bis heute auch auf die Weise, die sich meine Mutter schon von ihrer Mutter abgeschaut hatte.

Zutaten für 4-5 Personen:
400 g Mehl, 3 Eier, 6 El Wasser

Zutaten für 2-3 Personen:
200 g Mehl, 2 Eier, 2 El Wasser

1. Das Mehl auf ein Nudelbrett oder in eine große Schüssel geben. In die Mitte eine Vertiefung eindrücken, das Ei mit Wasser verquirlen und hineingeben. Mit einer Gabel das Mehl langsam einarbeiten und die Masse weiter mit der Hand gründlich zu einem geschmeidigen, festen Teig kneten.

2. Die Arbeitsfläche leicht bemehlen. Den Nudelteig in 3 Stücke teilen. Ein Teil nach dem anderen messerdick ausrollen und auf einen Küchentuch legen.

3. Die Arbeitsfläche und das letzte ausgerollte Stück erneut bemehlen, in etwa 3 cm breite Streifen schneiden. Die Streifen aufeinanderlegen und mit einem scharfen Messer in feine Nudeln schneiden. Die Nudeln auf dem Nudelbrett verstreuen und mit Mehl bestäuben. Auf die Art und Weise weiter machen, bis alle Nudeln fertig sind.

4. In reichlich Salzwasser so lange kochen, bis sie oben schwimmen, dann in ein Sieb schütten, mit kaltem Wasser abbrausen und abtropfen lassen. In Tomatensuppe, Hühner- oder Rindfleischbrühe servieren.

ŁAZANKI – Flekerln

Die Flekerln sind eine Variante der Nudeln, die besonders in Südpolen sehr beliebt sind. Sie werden traditionell mit Weißkraut gegessen.

Zutaten für 4-5 Personen: *Zutaten für 2-3 Personen:*
400 g Mehl, 3 Eier, 6 El Wasser   *200 g Mehl, 2 Eier, 2 El Wasser*

1. Das Mehl in eine große Schüssel geben und nach dem Grundrezept für hausgemachte Nudeln vorgehen.
2. Die Arbeitsfläche leicht bemehlen, den Nudelteig in 3 Stücke teilen und dünn ausrollen, auf ein Küchentuch legen.
3. Die ausgerollten Stücke nacheinander bemehlen und zuerst in 2 cm breite Streifen, dann in Quadrate schneiden. Auf dem Nudelbrett verstreuen und mit Mehl bestäuben.
4. Reichlich Salzwasser kochen und die Flekerln unter Rühren in den Topf geben, schwimmen sie oben auf, in ein Sieb schütten, mit kaltem Wasser abbrausen und abtropfen lassen.

Weißkohl für die Flekerln

Zutaten für 4 Personen: *(im Originalrezept Schmalz)*
1 Weißkohl von etwa 1 kg   *1 mittlere Zwiebel, Steinsalz*
60 g Butter   *1 Msp. frisch gemahlener Pfeffer*

1. Den Weißkohl putzen, halbieren, den Strunk herausschneiden, im Salzwasser weich kochen, ausdrücken und in dünne Streifen schneiden.
2. Die Zwiebel abziehen, klein würfeln und in Butter oder Schmalz glasig braten. Die Weißkohlstreifen zugeben, mit Salz und Pfeffer mild abschmecken und unter die Flekerln mischen. Sofort servieren. Dazu 125 g zerlassener Butter oder Pilzsoße reichen.

KLUSKI KŁADZIONE – Löffelnudeln

Die Löffelnudeln sind einfach in der Zubereitung und passen als Beilage sowohl zu Fleisch- wie zu Gemüsegerichten. Ihr delikater Geschmack unterstreicht die Aromen und macht dadurch die ganze Speise zu einem Genuss.

Zutaten für 3-4 Personen:
300 g Mehl, 2 Eier, 200 ml Wasser, Steinsalz

1. In einer Rührschüssel das Mehl mit Eiern und Wasser zu einer glatten Masse verrühren.
2. Salzwasser zum Kochen bringen und den Teig esslöffelweise ins Wasser legen. Schwimmen die Nudeln oben auf, mit einem Schaumlöffel herausnehmen und auf die Teller verteilen. Mit aller Art Soßen oder als Beilage zum Fleisch servieren.

KLUSKI KŁADZIONE BISZKOPTOWE – Biskuitnudeln

Biskuitnudeln sind eine zarte Variante der Löffelnudeln.

Zutaten für 3-4 Personen:
300 g Mehl, 3 Eier, 200 ml Wasser, Steinsalz

1. Das Mehl in einer Rührschüssel mit Eigelben und Wasser zu einer glatten Masse verrühren. Die Eiweiße steif schlagen und unter die Masse mischen.
2. Salzwasser zum Kochen bringen und den Nudelteig esslöffelweise ins Wasser legen. Schwimmen sie oben auf, mit dem Schaumlöffel herausnehmen und auf die Teller verteilen. Mit aller Art Soßen oder als Beilage zum Fleisch, vor allem Kalbfleisch, servieren.

LENIWE PIEROGI – Quarknockerl

Die Quarknockerl, wortwörtlich „faule Pierogi", sind eine beliebte Kinderspeise und werden vor allem süß serviert.

Zutaten für 3-4 Personen:
500 g Quark   *60-70 g Butter*
(im Originalrezept Weißkäse)   *2 El Semmelbrösel*
100 g Mehl   *1 El Zucker*
Für geröstete Semmelbrösel: *eine Prise Zimt, nach Belieben*

1. Den Quark in ein Sieb geben und über Nacht im Kühlschrank abtropfen lassen. Er sollte eine feste Konsistenz haben.

2. Den abgetropften Quark mit Mehl zu einem geschmeidigen Teig kneten, der sich leicht zu Rollen formen lässt.

3. Das Nudelbrett bemehlen und aus dem Teig etwa 3 cm dicke Rollen formen. Mit der flachen Seite des Messers etwas flach drücken und mit dem Messerrücken ein Muster aus sich durchkreuzenden, schräg laufenden Linien eindrücken.

4. Die flachgedrückten Rollen in etwa 5 cm lange Stücke schneiden. Die fertigen Nockerln sollten etwa die Größe 3 x 5 cm haben.

5. In einem großen Topf reichlich Salzwasser zum Kochen bringen. Den Herd auf mittlere Hitze umschalten, das Wasser sollte nicht wallend, sondern nur leise kochen. Die Nudeln portionsweise in den Topf geben, kommen sie an die Oberfläche, mit einem Schaumlöffel vorsichtig herausnehmen und mit zerlassener Butter, gerösteten Semmelbrösel oder mit gesüßter Sahne servieren. Man kann sie auch erkalten lassen und in reichlich Butter goldgelb anbraten.

Geröstete Semmelbrösel:
Die Butter in einer Pfanne zerlassen, die Semmelbrösel zugeben und auf kleiner Hitze goldgelb rösten, Zucker und Zimt unterrühren.

LANE KLUSKI – Gegossene Nudeln

Die sehr zart schmeckenden Nudeln sind im Nu fertig. Man kocht sie vor allem für Kinder, aber auch Erwachsene essen sie gerne. Die kleinen Nudeln schmecken genauso gut in einer Hühner- wie in einer Milchsuppe.

Zutaten für 3-4 Personen: (als Beilage für eine Suppe)
100 g Mehl, 2 Eier, Steinsalz

1. Das Mehl mit Eiern in einem Becher zu einer glatten Masse verrühren. Der Teig sollte dickflüssig und zäh sein.
2. Salzwasser zum Kochen bringen. Den Teig tropfenweise (nicht zu kleine Tropfen) langsam in den Topf hineingießen, dabei gelegentlich umrühren. Kurz aufkochen, auf ein Sieb schütten und kurz abtropfen lassen. Man kann die Nudeln auch direkt in eine Suppe gießen, was besonders bei einer Milchsuppe von Vorteil ist. Sie schmecken dann noch zarter als sonst.

ZACIERKI – Handgeriebene Nudeln

Zacierki sind traditionelle polnische Nudeln mit einer sehr langen Geschichte. Früher wurden sie meistens ohne Eier zubereitet und besonders in kinderreichen Familien gerne und oft gekocht. Sie gehen schneller von der Hand als die Eiernudeln, schmecken allen Kindern und sind sehr preiswert. Auch ich habe sie als Kind sehr gemocht, vor allem weil sie so bissfest sind. Außer mit Milch schmecken die Nudeln sehr gut in fast allen Suppen. Man kann sie auch als Hauptspeise mit verschiedenen Soßen servieren.

Zutaten für 3-4 Personen:
350 g Mehl, 2 Eier, 8 El Wasser, Steinsalz

1. Das Mehl in eine Schüssel geben, eine Vertiefung in die Mitte drücken, Wasser mit Eiern verquirlen und hineingeben. Mit einer Gabel das Mehl langsam einarbeiten, solange wie es geht. Weiter mit der Hand durchkneten, bis ein glatter und fester Teig entstanden ist.

2. Die Hände bemehlen und den Teig portionsweise (halbe Handvoll) in die rechte Hand nehmen und mit heftigen kurzen Bewegungen an der offenen Handfläche der linken Hand rubbeln. Die kleinen Nudeln sollten etwa 2 cm lang, in der Mitte etwas dicker und fest sein. Für Ungeübte: Man kann den Teig portionsweise auf einer groben Raspel reiben.
3. Die fertigen Nudeln im Salzwasser etwa 3-5 Minuten kochen. Schwimmen sie oben auf, mit einem Schaumlöffel herausnehmen oder durch ein Sieb seihen. Mit einer Pilz-, Tomaten- oder Fleischsoße, gegebenenfalls in einer Suppe warm servieren.

KLUSKI ŚLĄSKIE – Schlesische Nudeln
Die Nudeln schmecken ähnlich wie *kopytka* mit dem Unterschied, dass sie sehr glatt sind. Es sind die Lieblingsnudeln meines jüngeren Bruders, der sie gerade wegen des kleinen Unterschieds immer von meiner Mutter „erbettelt" hat.

Zutaten für 4 Personen:
1 kg Kartoffeln,
vorwiegend festkochend
40 g Weizenmehl
60 g Kartoffelmehl
Steinsalz

Rezept mit Ei:
1 kg Kartoffeln,
vorwiegend festkochend
1 Ei
250 g Kartoffelmehl
Steinsalz

1. Die am Vortag gekochten Kartoffeln durch eine Kartoffelpresse drücken und zusammen mit Weizen- und Kartoffelmehl, oder mit Ei und Kartoffelmehl, schnell zu einem geschmeidigen Teig kneten.
2. Das Nudelbrett mit Mehl bestäuben, aus dem Teig Rollen von etwa 2 cm Durchmesser formen und schräg in 3-4 cm lange Nudeln schneiden.
4. In einem großen Topf reichlich Salzwasser kochen und die Nudeln portionsweise in den Topf geben. Schwimmen sie oben auf, noch ganz kurz ziehen lassen und mit einem Schaumlöffel herausnehmen. Mit Soßen, gebratenen Zwiebelwürfeln, zerlassener Butter oder mit Fleisch und einem Salat servieren.

KOPYTKA – Kartoffelnudeln aus gekochten Kartoffeln

Kopytka bedeutet wortwörtlich „Hüfchen". Wann und warum die Nudeln so benannt wurden, weiß heute keiner mehr. Oft werden sie aus den übrig gebliebenen Kartoffeln gemacht. Meistens wird jedoch extra mehr gekocht. Hat man die gekochten Kartoffeln zur Hand, nimmt man soviel Mehl, dass ein geschmeidiger Teig entsteht, und im Nu sind die Nudeln fertig. Besonders gut schmecken sie mit viel Soße oder mit Gulasch.

Zutaten für 4 Personen:
1 kg vorwiegend festkochende Kartoffeln
200 g Mehl
auf 800 g gekochte Kartoffeln
Steinsalz

1. Die Kartoffeln am Vortag als Salz- oder Pellkartoffeln kochen.
2. Am nächsten Tag die Kartoffeln durch eine Kartoffelpresse in eine große Schüssel drücken, Mehl zugeben. Zuerst alles ganz locker vermischen, dann rasch zu einem geschmeidigen Teig kneten. Sollte der Teig noch an den Händen kleben, etwas Mehl zugeben.
3. Das Nudelbrett bemehlen und den Teig portionsweise zu Rollen von etwa 2 cm Durchmesser formen. Mit der flachen Seite des Messers die Rollen etwas flach drücken und schräg in etwa 4 cm lange Stücke schneiden.
4. In einem großen Topf Salzwasser leise zum Kochen bringen und die Nudeln in 2-3 Portionen in den Topf geben. Kommen sie an die Oberfläche, mit einem Schaumlöffel herausnehmen, noch bevor das Wasser zu sprudeln beginnt. Auf Teller verteilen.
5. Die Nudeln kann man mit zerlassener Butter, gebratenen Zwiebeln, verschiedenen Soßen oder als Beilage zum Fleisch servieren. Dazu reicht man gedünstetes Gemüse oder einen Salat.

PYZY – Kleine Klöße aus gekochten und rohen Kartoffeln

Pyzy („*pysy*") gehören zu den Klassikern der traditionellen polnischen Küche. Es ist eine Speise, die trotz seiner Einfachheit ihresgleichen sucht. *Pyzy* waren immer schon ein Leibgericht meines Mannes und ich kenne persönlich keinen, der sie nicht mag. Am besten schmecken sie für sich alleine, nur mit zerlassener Butter oder mit in Butter gebratenen Zwiebelwürfeln übergossen.

Zutaten für 4-5 Personen: *etwa 50 g Mehl,*
1,5 kg Kartoffeln, *zum Bemehlen*
vorwiegend festkochend *Steinsalz*

1. Die Kartoffeln schälen, die Hälfte davon kochen und danach durch eine Kartoffelpresse drücken. Die andere Hälfte fein reiben und durch ein Mulltuch über einer Schüssel gut auspressen. Abwarten, bis sich die Stärke absetzt und die Flüssigkeit abgießen.
2. Den Stärkesatz, die ausgepressten rohen Kartoffeln und die durchgepressten gekochten Kartoffeln in eine große Schüssel geben und zu einer homogenen Masse vermischen. Es sollte ein geschmeidiger Teig entstehen, der sich gut zu kleinen Klößen formen lässt.
3. Mit einem nassen Esslöffel den Teig portionsweise abstechen. Mit angefeuchteten Händen kleine Klöße von der Größe eines Tischtennisballes formen und auf ein bemehltes Nudelbrett legen.
4. In einem großen Topf reichlich Salzwasser kochen, auf mittlere Hitze umschalten und die Klöße portionsweise in das kochende Wasser legen. Kommen sie an die Oberfläche noch etwa eine Minute ziehen lassen. Das Wasser sollte dabei nicht sprudeln. Mit einem Schaumlöffel vorsichtig herausnehmen und auf vorbereitete Teller legen. Mit gerösteten Zwiebeln servieren.

PIEROGI – Grundrezept

Pierogi („pjerogi") gehören in der traditionellen polnischen Küche zu den beliebtesten Speisen. Von den kleinen Teigtaschen gibt es viele verschiedene Varianten – von süß bis herzhaft.

Zutaten für den Teig für 4 Personen:
350 g Mehl, 1 Ei, 125 ml Wasser

1. Das Mehl auf ein Nudelbrett oder in eine Schüssel geben. In der Mitte eine Vertiefung drücken. Das Ei mit Wasser verquirlen und hineingeben. Zuerst mit einer Gabel das Mehl einarbeiten, dann mit den Händen gut durchkneten, sodass ein glatter, elastischer Teig entsteht. Man kann den Teig auch mit dem Knethaken des Handrührgeräts kneten und dann zu einer Kugel mit den Händen formen.

2. Die Arbeitsfläche nur sehr sparsam mit dem Mehl bestäuben. Den Teig in 3 Portionen teilen. Jede Portion sehr dünn ausrollen und in etwa 8 x 8 cm große Quadrate schneiden. Den Rest mit einem Küchentuch bedecken.

3. Jedes Quadrat in der Mitte mit einem gehäuften Teelöffel der Füllung belegen und diagonal zusammenfalten. Die Ränder zuerst mit den Fingern, dann mit den Gabelzinken zusammendrücken. Dabei aufpassen, dass sie den Teig nicht „verletzen", sonst läuft während des Kochvorgangs die Füllung aus. Die fertig gestellten *pierogi* auf die mit Mehl bestäubten Küchentücher legen. Mit dem Rest des Teiges genauso vorgehen.

4. In einem großen Topf reichlich Salzwasser zum Kochen bringen und die *pierogi* portionsweise in sprudelnd kochendes Wasser geben. Steigen sie an die Oberfläche, sind sie gar. Vorsichtig mit dem Schaumlöffel herausnehmen und auf vorbereitete Teller legen. Sofort mit zerlassener Butter begießen, sonst kleben sie leicht zusammen.

PIEROGI Z GRZYBAMI – Pierogi mit Pilzfüllung

Pierogi mit Pilzfüllung gehören traditionell zu Weihnachten und werden am Heiligabend gegessen. Für unsere Kinder sind sie das Beste, was Weihnachten zu bieten hat. Folglich wird es immer so viel gemacht, dass es noch ein paar für das Frühstück am nächsten Tag übrig bleibt. In meiner Ursprungsfamilie war es meine Mutter, die sie jedes Jahr zubereitet hat. Wir Kinder waren immer dabei, um zu helfen und zu probieren, ob die Füllung pikant genug ist. Erst dann ging es weiter mit dem Ausrollen, Füllen und Zukleben. Unsere Aufgabe war das Zusammendrücken der Ränder mit den Gabelzinken. Wir saßen alle drei konzentriert am Tisch und verzierten den Saum jeder Teigtasche mit Gabelzinken-Schnörkel. Diese Vorgehensweise hat sich mit den Jahren zu einer Familiensitte entwickelt. Die weihnachtlichen *pierogi* bleiben für mich immer etwas Besonderes, weil sie nicht nur nach Weihnachten, sondern auch nach Liebe und Geborgenheit schmecken.

Zutaten für 4 Personen:
350 g Mehl
1 Ei
125 ml Wasser
Für die Füllung:
800 g Sauerkraut
1 Handvoll getrockneter Steinpilze,
1 Zwiebel von etwa 60 g
Steinsalz
frisch gemahlener schwarzer Pfeffer

1. Den Teig nach dem Grundrezept für *pierogi* vorbereiten.

2. Die getrockneten Pilze in 250 ml Wasser 30 Minuten einweichen. In demselben Wasser weitere 30 Minuten kochen, bis sie weich sind.

3. Das Sauerkraut (sollte es sehr sauer sein, die Lake ausdrücken) zu den Pilzen geben, Wasser zugießen, sodass Sauerkraut gerade bedeckt wird. Zugedeckt auf kleiner Hitze 30 Minuten leise kochen. Den Rest des Wassers vorsichtig ausdampfen und das Sauerkraut erkalten lassen.

4. Die Zwiebel schälen und grob würfeln. Zusammen mit Sauerkraut und Pilzen durch einen Fleischwolf drehen oder mit einem Pürierstab pürieren. Mit Salz und Pfeffer würzen. Weiter nach dem Grundrezept für *pierogi* vorgehen. Die gekochten *pierogi* serviert man warm mit zerlassener Butter. Sie schmecken auch sehr gut in heißem Öl gebraten.

PIEROGI Z BIAŁĄ KAPUSTĄ – Pierogi mit Weißkrautfüllung

Es ist ein Rezept von unseren Freunden, die die *pierogi* immer gemeinsam kochen. Er bereitet die Füllung vor, sie macht die Teigtaschen.

Zutaten für 4 Personen:
350 g Mehl
1 Ei
125 ml Wasser
Für die Füllung:
1 Weißkohl von etwa 1 kg

1 kleine Handvoll
getrockneter Pilze
1 kleine Zwiebel
Steinsalz und
frisch gemahlener
schwarzer Pfeffer

1. Die Pilze in einem Topf mit Wasser begießen und etwa 30 Minuten einweichen lassen. Dann 30 Minuten kochen, bis sie weich sind.

2. Den Weißkohl von äußeren Blättern befreien und halbieren. Den Strunk herausschneiden und den Weißkohl, gerade mit Wasser bedeckt, weich kochen. Danach abseihen, in einen Leinentuch legen und sehr gut ausdrücken.

3. Pilze und Weißkohl durch einen Fleischwolf drehen. Die sehr fein gewürfelte Zwiebel zugeben und mit Salz und Pfeffer abschmecken.

4. Die Arbeitsfläche mit Mehl bestäuben. Den Teig in 3 Portionen teilen. Jede Portion sehr dünn ausrollen und in etwa 8 x 8 cm große Quadrate schneiden. Den Rest immer mit einem Küchentuch bedecken.

5. Jedes Quadrat in der Mitte mit einem gehäuften Teelöffel der Füllung belegen und diagonal zusammenfalten. Die Ränder zuerst mit den Fingern, dann mit den Gabelzinken zusammendrücken

6. In einem großen Topf reichlich Salzwasser zum Kochen bringen und die *pierogi* portionsweise in sprudelnd kochendes Wasser geben. Steigen sie an die Oberfläche, sind sie gar. Vorsichtig mit dem Schaumlöffel herausnehmen und auf vorbereitete Teller legen. Sofort mit zerlassener Butter begießen, sonst kleben sie leicht zusammen. Sie schmecken auch sehr gut in heißem Öl gebraten.

PIEROGI Z SEREM – Pierogi mit Quarkfüllung

Die *pierogi* mit Quarkfüllung sind eine süße Variante der Teigtaschen, die besonders gerne von Kindern gegessen wird. Auch unsere Kinder mögen sie äußerst gern und nehmen auch heute noch gerne Extraportionen mit nach Hause.

Zutaten für 4 Personen:
350 g Mehl
1 Ei
125 ml Wasser
Füllung:
1. Familienrezept:
500 g Quark
(mager oder 20 % Fett)
100-150 g Zucker
1 Vanillepudding
2. Nach einem alten Rezept nahm man früher:
370 g Weißkäse
(ersatzweise sehr gut abgetropfter Quark 20-40 %)
60 g Zucker
30 g Orangeat
60 g Rosinen

1. Den Quark über Nacht in einem Sieb abtropfen lassen, sodass er eine feste Konsistenz hat. Am nächsten Tag Zucker und Vanillepudding untermischen.

2. Den Teig nach dem Grundrezept für Pierogi (S.194) vorbereiten, dünn ausrollen und in etwa 8 x 8 cm große Quadrate schneiden. Jedes Quadrat in der Mitte mit einem gehäuften Teelöffel Quarkfüllung belegen und diagonal zusammenfalten. Die Ränder zuerst mit den Fingern, dann mit den Gabelzinken zusammendrücken.

3. In einem großen Topf reichlich Salzwasser zum Kochen bringen und die *pierogi* portionsweise in sprudelnd kochendes Wasser geben. Steigen sie an die Oberfläche, sind sie gar. Vorsichtig mit dem Schaumlöffel herausnehmen und auf vorbereitete Teller legen. Sofort mit zerlassener Butter begießen, sonst kleben sie leicht zusammen. Sie schmecken auch sehr gut in heißem Öl gebraten.

PIEROGI RUSKIE – Russische Pierogi

Die traditionelle polnische Küche kennt die Russischen Pierogi erst seit dem 18. Jh. Die Bezeichnung „russische" verdanken die Pierogi den kulinarischen Einflüssen der russischen wie ukrainischen Küche (siehe S. 34). Russische Pierogi sind bis heute sehr beliebt und ich kenne viele, die sie ihr Leibgericht nennen. Als Kind mochte ich sie jedoch überhaupt nicht, genauso wie meine Brüder, weil wir drei an die süßen Pierogi mit Quarkfüllung gewöhnt waren. Und so kam es, als unsere Mutter die russischen Pierogi eines Tages machte, dass wir sie partout nicht essen wollten. Damit war unsere Mama jedoch nicht einverstanden und hatte uns aufgetragen, so lange in der Küche zu bleiben, bis wir alles aufgegessen haben. Es half, und wir durften nach draußen. Erst einige Zeit später merkte unsere Mama, dass sie schlaue Kinder hat, und kochte uns die Speise nie wieder: Alle Teigtaschen lagen in den Küchenschubladen versteckt.

Zutaten für 4 Personen:
350 g Mehl
1 Ei
125 ml warmes Wasser
Für die Füllung:
500 g Kartoffeln,
vorwiegend festkochend
oder mehlig
250 g Quark
1 kleine Zwiebel
2-3 El Öl
Steinsalz
frisch gemahlener
schwarzer Pfeffer

1. Den Quark über Nacht in einem Sieb abtropfen lassen.

2. Die Kartoffeln kochen und erkalten lassen. Durch eine Kartoffelpresse drücken und mit dem Quark vermischen.

3. Die Zwiebeln schälen und fein würfeln. In einer Pfanne das Öl erhitzen und die Zwiebelwürfel darin glasig braten. Unter die Quarkmasse mischen und mit Salz und Pfeffer abschmecken.

4. Den Teig nach dem Grundrezept (S. 194) kneten und weiter nach dem Grundrezept vorgehen. Die gekochten *pierogi* warm mit zerlassener Butter oder mit in Butter gebratenen Zwiebelwürfel servieren.

PIEROGI Z JAGODAM – Pierogi mit Heidelbeerfüllung

Pierogi mit Heidelbeeren gehörten schon immer zu meinen liebsten Sommerspeisen. Es gab nichts Schöneres, als vom Spielen nach Hause zu kommen und die *pierogi* auf dem Tisch vorzufinden. Sie schmecken für mich noch heute nach grenzenlosen, heißen Sommertagen.

Zutaten für 4 Personen:
(für große Esser)
350 g Mehl
1 Ei
125 ml

warmes Wasser
Für die Füllung:
400 g Heidelbeeren
50 g Zucker

1. Die Heidelbeeren verlesen, kurz kalt spülen und abtropfen lassen.
2. Den Nudelteig nach dem Grundrezept (S. 194) vorbereiten und die *pierogi* mit je einem gehäuften Teelöffel Heidelbeeren und etwas Zucker füllen, weiter nach dem Grundrezept für *pierogi* vorgehen.
3. Die gekochten *pierogi* warm mit zerlassener Butter oder gesüßter Sahne übergossen servieren.

PIEROGI Z WIŚNIAMI – Teigtaschen mit Sauerkirschen

Pierogi mit Sauerkirschen gehören zu den Köstlichkeiten des Sommers. Besonders gut schmecken sie mit süßer Sahne übergossen. In einem über 100 Jahre altem Rezept wurde zu den Kirschen noch Zimt gegeben.

Zutaten für 4 Personen:
350 g Mehl
1 Ei
125 ml warmes Wasser

200 ml süße Sahne
Für die Füllung:
600 g Sauerkirschen
60 g Zucker

1. Die Sauerkirschen verlesen, spülen, abtrocknen lassen und entsteinen.
2. Den Nudelteig nach dem Grundrezept (S. 194) vorbereiten, mit 4-5 Sauerkirschen und einer Prise Zucker belegen und weiter nach dem Grundrezept für *pierogi* vorgehen. Warm mit gesüßter Sahne übergossen servieren.

PIEROŻKI ZE SZPINAKIEM – Kleine Pierogi mit Spinat

Das Rezept habe ich aus einem über 100 Jahre altem Kochbuch übernommen. Damals wurden die Teigtaschen nur im Sommer gemacht, denn nur dann konnte man den Spinat bekommen. Die Teigtaschen sind kleiner als gewöhnlich, deswegen heißen sie auch *pierożki („pjeroschki")* Teigtäschchen.

Zutaten für 4 Personen:
350 g Mehl
1 Ei
125 ml warmes Wasser

Für die Füllung:
etwa 600 g frischer Spinat
50 g Parmesan, 1 El Butter
Steinsalz

1. Den Teig nach dem Grundrezept (S. 194) vorbereiten.
2. Den Spinat gründlich waschen, abtropfen lassen und klein schneiden. Butter in eine Pfanne geben, bei mittlerer Hitze den Spinat zusammenfallen lassen und nur so lange weiter köcheln lassen, bis die Flüssigkeit verdampft ist. Dann den Parmesan untermischen.
3. Die Arbeitsfläche mit Mehl bestäuben. Den Teig in 3 Portionen teilen. Jede Portion sehr dünn ausrollen und in etwa 6x 6 cm große Quadrate schneiden. Den Rest immer mit einem Küchentuch bedecken.
4. Jedes Quadrat in der Mitte mit einem gehäuften Teelöffel der Spinatfüllung belegen und diagonal zusammenfalten. Die Ränder zuerst mit den Fingern, dann mit den Gabelzinken zusammendrücken
5. In einem großen Topf reichlich Salzwasser zum Kochen bringen und die Teigtaschen portionsweise in sprudelnd kochendes Wasser geben. Steigen sie an die Oberfläche, sind sie gar. Vorsichtig mit dem Schaumlöffel herausnehmen und auf vorbereitete Teller legen. Sofort mit zerlassener Butter begießen, sonst kleben sie leicht zusammen.

Alternative:
Man kann unter den Spinat etwas Quark mischen. Dafür nimmt man 300 g Spinat und 200 g gut abgetropften Quark, vermischt beide miteinander und verfährt weiter wie in dem Rezept oben.

KOŁDUNY (*„kouduny"*)

Kołduny gehören zu den traditionellen Gerichten der litauischen Küche. Ihren Einzug in die polnische, besonders die ostpolnische Küche fanden sie während der fast 400 Jahre dauernden polnisch-litauischen Union. Es ist eine Leibspeise meines Mannes, vielleicht auch deswegen, weil sein Großvater ein Litauer war. Kołduny werden mit Fleisch gefüllt und in einer kräftigen Rinderbrühe serviert. Das Rezept habe ich aus einem alten Kochbuch übernommen.

Zutaten für 4 Personen:
350 g Mehl
1 Ei
125 ml Wasser
Füllung:
250 g Lamm-
oder Hammelfleisch
aus der Keule

150 g Rinderfilet
1 mittlere Zwiebel
1 Knoblauchzehe
½-1 Tl Majoran
Steinsalz
schwarzer Pfeffer,
frisch gemahlen

1. Die Zwiebel abziehen und kurz blanchieren. (In dem alten Rezept wird empfohlen die Zwiebel in einem Rindfleischbouillon zu blanchieren.)
2. Fleisch und Zwiebel grob schneiden und durch einen Fleischwolf drehen. Den Knoblauch schälen, klein hacken, mit etwas Salz vermengen und mit der breiten Seite eines Messers zu einer homogenen Masse zerreiben. Zusammen mit Majoran und Pfeffer zum Fleisch geben und gut vermischen. Eventuell noch etwas nachsalzen.
4. Den Teig nach dem Grundrezept für Teigtaschen (S. 194) vorbereiten und dünn ausrollen. Mit einem runden Ausstecher von 5-6 cm Durchmesser oder einem Weinglas kleine Teigkreise ausstechen. Die Kreise in der Mitte mit 1 Tl Füllung belegen und zusammenfalten. Die Ränder zuerst mit den Fingern, dann mit den Gabelzinken vorsichtig zusammendrücken.
5. Die fertigen *kołduny* in viel Salzwasser etwa 6 Minuten kochen und in einer heißen Rindbrühe servieren.

USZKA – Öhrchen

Uszka, wortwörtlich „Öhrchen", werden traditionell mit dem Barschtsch serviert. Je festlicher und erlesener das Menü, desto kleiner werden sie. Die besten Köche zaubern sie in der Größe 2,5 x 2,5 cm, die erheblich kleiner als die übliche Größe von 4 x 4 cm ist. Die Ungeübten sollten erst bei 5 x 5 cm anfangen. Das Grundrezept für die Pilzfüllung hat sich im Wesentlichen seit Jahrhunderten nicht geändert. Viele bereiten die Füllung nach alten Familienrezepten, die von Generation zu Generation weiter gereicht wurden. Ich koche die Öhrchen gerne ganz klein und die Füllung bereite ich genauso wie es meine Mutter und ihre Mutter es gemacht haben.

Grundrezept für 4-5 Personen:
150 g Mehl, 1 Ei
1 El warmes Wasser
Steinsalz
Für die Füllung:
50 g getrocknete Steinpilze
etwa 50 g Zwiebelwürfel
10 g Butter, zimmerwarm
5 g Semmelbrösel, 1 Eigelb
Steinsalz

frisch gemahlener
schwarzer Pfeffer
Familienrezept für
die Füllung: *eine kleine*
Handvoll getrockneter Steinpilze
1 El feine Zwiebelwürfel
2 El gekochtes Sauerkraut
schwarzer Pfeffer,
frisch gemahlen

1. Die Pilze in wenig Wasser 1 Stunde einweichen, danach 30 Minuten kochen, bis sie weich sind. Abtropfen lassen und zusammen mit den Zwiebelwürfel durch einen Fleischwolf drehen. Mit Butter, Semmelbröseln und Eigelb vermischen. Mit Salz und Pfeffer herzhaft abschmecken.

2. Für das Familienrezept die Pilze einweichen, weich kochen und abtropfen lassen. Zusammen mit Zwiebelwürfeln und Sauerkraut durch einen Fleischwolf drehen und mit Salz und Pfeffer pikant abschmecken. Anstatt den Fleischwolf zu benutzen, kann man die Zutaten auch mit einem Pürierstab pürieren.

3. Den Teig nach dem Grundrezept für Teigtaschen (*pierogi*) vorbereiten und hauchdünn ausrollen. In 5 x 5 cm oder 4 x 4 cm große Quadrate schneiden, in jedes Quadrat etwas Füllung geben und die Ränder übereck zusammendrücken, dann die zwei gegenüberliegenden Ecken zusammenkleben und auf ein bemehltes Küchentuch legen.

5. Die fertigen Öhrchen in sprudelnd kochendes Salzwasser geben, steigen sie an die Oberfläche, sind sie gar. Mit einem Schaumlöffel herausnehmen und noch warm mit Barschtsch servieren.

NALEŚNIKI Z SEREM – Große Pfannkuchen mit süßem Quark
Als Kind wurde ich der Pfannkuchen nie überdrüssig. Einfach in der Zubereitung, sind die knusprig gebackenen Pfannkuchen mit der cremigen, süßen Füllung für jedes Kind eine Köstlichkeit.

Zutaten für 4 Personen:
300 g Mehl
1 Ei
1 Prise Salz
500 ml warmer Milch
Für die Füllung:
500 g Quark

100 g Zucker
1 Vanillepudding
Außerdem:
250 ml Sahne
1 Tl Zucker
Öl zum Ausbacken

1. Den Quark mit Zucker und Vanillepudding vermischen.

2. In einer Rührschüssel zuerst das Ei mit Milch und Salz verschlagen, dann das Mehl unter Rühren nach und nach dazugeben und mit Schneebesen zu einem glatten Teig rühren.

3. In einer beschichteten Pfanne ein paar Tropfen Öl erhitzen. Den Pfannkuchenteig portionsweise in die Pfanne geben und durch Schwenken gleichmäßig verteilen. Von jeder Seite ausbacken.

4. Die ausgebackenen Pfannkuchen eins nach dem anderen mit der Quarkmasse bestreichen und aufrollen. In der Pfanne 2-3 El Öl heiß werden lassen und bei mittlerer Hitze die aufgerollten Pfannkuchen von beiden Seiten goldgelb backen. Sofort servieren. Wer möchte kann die Pfannkuchen mit gesüßter Sahne übergießen.

NALEŚNIKI Z GRZYBAMI – Große Pfannkuchen mit Pilzfüllung

Die Pfannkuchen mit Pilzfüllung sind ein wahrer Genuss, besonders für alle diejenigen, die kräftige Speisen lieben. Die Pilze geben der Farce einen unnachahmlichen Geschmack, dem noch ein Hauch von der wilden Natur anhaftet.

Zutaten für 4 Personen:
300 g Mehl
1 Ei
1 Prise Salz
500 ml warmes Wasser
Für die Füllung:
1 kleine Handvoll

getrocknete Steinpilze
400 g Sauerkraut
1 kleine Zwiebel
Steinsalz
frisch gemahlener
schwarzer Pfeffer

1. Die getrockneten Pilze in wenig Wasser für 1 Stunde einweichen, dann etwa 30 Minuten weich kochen. Sauerkraut zugeben und so lange mitkochen, bis es weich ist. Vom Herd nehmen und erkalten lassen.

2. Die Zwiebel abziehen, würfeln und mit Sauerkraut und Pilzen durch einen Fleischwolf drehen oder mit dem Pürierstab pürieren. Die Pilzfüllmasse mit Salz und Pfeffer pikant, aber nicht scharf abschmecken.

3. Für den Pfannkuchenteig das Ei mit Salz und Wasser verquirlen, Mehl zugeben und mit Schneebesen zu einem glatten Teig rühren.

4. In einer beschichteten Pfanne ein paar Tropfen Öl erhitzen. Den Pfannkuchenteig portionsweise in die Pfanne geben und durch Schwenken gleichmäßig verteilen. Von jeder Seite backen, ohne dass sie viel Farbe kriegen.

5. Die Pfannkuchen nacheinander mit der Pilzfüllung belegen und aufrollen.

6. In einer Pfanne 2-3 Esslöffel Öl erhitzen und die gefüllten Pfannkuchen von beiden Seiten goldgelb backen. Sofort servieren.

KROKIETY – Pfannkuchenpasteten für Barschtsch

Krokiety bereitet man genauso wie die Pfannkuchen mit Pilzfüllung, mit dem einzigen Unterschied, dass sie wie Kohlrouladen gefaltet und in Öl ausgebacken werden. Die Variante mit Fleischfüllung, kann auch heute der Restverwertung dienen. *Krokiety* werden mit klarem Barschtsch, serviert, der in Suppentassen gereicht wird.

Zutaten für 4 Personen:
300 g Mehl, 2 Eier
500 ml warmes Wasser
1 Prise Salz, 2 El Öl
Pilzfüllung:
1 Handvoll
getrocknete Steinpilze
400 g Sauerkraut, 1 kleine
Zwiebel, Steinsalz
frisch gemahlener
schwarzer Pfeffer
Fleischfüllung:
300-400 g gekochtes Rindfleisch
(aus der Rinderbouillon
oder Reste eines Bratens)
1 Zwiebel, Steinsalz
frisch gemahlener Pfeffer
Zum Panieren:
2 Eier, verquirlt
3-4 El Semmelbrösel

1. Die Pilzfüllung wie im vorherigen Rezept beschrieben vorbereiten

2. Für die Fleischfüllung die Zwiebel schälen, klein würfeln und in Öl goldgelb anbraten. Das Fleisch grob würfeln und durch einen Fleischwolf drehen, die angebratene Zwiebel zugeben, salzen und pfeffern.

3. Für den Pfannkuchenteig die Eier mit Salz, Wasser und Öl verquirlen, das Mehl nach und nach zugeben und mit Schneebesen zu einem glatten Teig rühren.

4. In einer beschichteten Pfanne ein paar Tropfen Öl erhitzen. Den Pfannkuchenteig portionsweise in die Pfanne geben und durch Schwenken gleichmäßig verteilen. Von jeder Seite backen, ohne dass sie viel Farbe kriegen.

5 Die Pfannkuchen nacheinander mit Pilz- oder Fleischfüllung belegen und wie Kohlrouladen aufrollen. Also zuerst zwei gegenüberliegende Seiten einschlagen, dann von vorn zusammenrollen. In verquirlten Eiern und Semmelbrösel panieren und in Öl goldgelb backen.

NALEŚNIKI BISZKOPTOWE – Biskuitpfannkuchen
Eine Abwandlung des klassischen Pfannkuchenrezepts, die außerordentlich zart schmeckt.

Zutaten für 4 Personen: *1 Msp. Steinsalz*
200 g Mehl, 3 Eier *Öl zum Ausbacken*
300 ml Milch

1. Die Eigelbe mit Salz und Milch verquirlen, das Mehl nach und nach zugeben und mit Schneebesen zu einem glatten Teig rühren. Die Eiweiße steif schlagen und vorsichtig unter den Teig mischen.

2. In einer beschichteten Pfanne ein paar Tropfen Öl heiß werden lassen. Den Pfannkuchenteig portionsweise hineingeben, jedes Mal durch Schwenken gleichmäßig verteilen und goldgelb ausbacken. Mit Pflaumenmus und Sahne oder mit Fruchtsirup servieren.

PLACKI ZE ZSIADŁYM MLEKIEM
Kleine Dickmilchpfannkuchen
Als Kind fand ich die kleinen Pfannkuchen einfach köstlich. Ich aß sie am liebsten pur, um den delikaten, leicht sauren Geschmack, nicht mit Zucker zu überdecken.

Zutaten für 5 Personen: *500 ml Dickmilch*
350 g Mehl *2 Msp. Steinsalz*
2 Eier, getrennt

1. Die Dickmilch mit Eigelben und Salz verquirlen, das Mehl nach und nach zugeben und alle Zutaten zu einem glatten Teig verrühren. Die Eiweiße steif schlagen und vorsichtig unter den Teig mischen.

2. In einer beschichteten Pfanne je ein paar Tropfen Öl erhitzen und portionsweise jeweils 4-5 kleine Pfannkuchen von beiden Seiten goldgelb ausbacken. Wer mag serviert sie leicht mit Puderzucker bestreut.

RACUCHY – Kleine Hefepfannkuchen

Racuchy hat oft meine Lieblingsoma für mich gebacken, wenn ich als Kind bei ihr zu Besuch war. Sie standen dann auf dem Tisch in der Küche, eine ganze Pyramide davon. Und ich durfte mir zwischendurch immer ein Stück davon nehmen. Sie waren lieblich und süß, wie eine glückliche Kindheit.

Zutaten für 4-5 Personen:
400 g Mehl
3 Eier
400 ml warme Milch

½ Packung frischer Hefe
1 El Zucker
Steinsalz

1. Die Hefe mit 125 ml Milch und dem Zucker mischen. Zugedeckt bei Zimmertemperatur gären lassen, bis sie aufschäumt.
2. Mit den Eiern, dem Rest der Milch und einer Prise Salz zu einem glatten Teig rühren. Zugedeckt bei Zimmertemperatur gehen lassen, bis sich die Menge verdoppelt.
3. In einer beschichteten Pfanne 2-3 El Öl erhitzen lassen und portionsweise jeweils 4-5 kleine Pfannkuchen von beiden Seiten goldgelb ausbacken. Die *racuchy* mit Puderzucker bestreut oder mit Konfitüre und Sahne servieren.

JABŁKA W CIEŚCIE – Äpfel im Teig ausgebacken

Im Herbst und Winter schmecken die ausgebackenen Äpfel besonders gut.

Zutaten:
500 g Äpfel, am besten Boskop
150 g Mehl
2 Eier
2-3 El Zucker

5-6 El saure Sahne
Prise Steinsalz
1-2 El Puderzucker
Öl zum Ausbacken

Die Äpfel schälen, das Kerngehäuse mit einem Apfelstecher entfernen, in Scheiben schneiden. Mehl, Eier, Sahne, Zucker und Salz zu einem glatten Teig verrühren. Die Äpfelscheiben nacheinander durch den Teig ziehen und im heißen Öl goldgelb ausbacken. Mit Puderzucker bestreuen.

PLACKI Z JABŁKAMI – Kleine Apfelpfannkuchen

Die kleinen Pfannkuchen sind genau das Richtige an kalten Tagen, besonders für Kinder. Der Zimt erwärmt den Magen, die fruchtige Süße schmeichelt dem Gaumen und macht gute Laune. Ich mochte sie als Kind sehr gerne. Sie bedeuteten zwar das Ende des Sommers, aber auch den Beginn der langen gemütlichen Winterabenden, an denen wir uns unterhalten, lesen oder mit unseren Eltern Gesellschaftsspiele spielen konnten. Das Fernsehen war, dank kluger Eltern, auf ein Minimum beschränkt.

Zutaten für 4 Personen:
350 g Mehl
500 ml Milch
2 Eier
2-3 El Zucker

etwa 400 g Äpfel,
am besten Boskop
1 Tl Zimt
Öl zum Ausbacken
2 El Puderzucker

1. In einer Rührschüssel die Milch mit Eiern und Salz verquirlen, Mehl, Zucker und Zimt dazugeben und alles zu einem glatten Teig verrühren.
2. Die Äpfel schälen, das Kerngehäuse entfernen und entweder klein würfeln oder in sehr dünne Scheiben schneiden. Unter den Teig mischen.
3. In einer beschichteten Pfanne je ein paar Tropfen Öl erhitzen lassen und die kleinen Pfannkuchen portionsweise, je 4-5 auf einmal, von beiden Seiten goldgelb ausbacken. Eventuell noch mit Puderzucker bestreuen und sofort servieren.

Alternative:

Man kann die Äpfel, anstatt sie zu würfeln oder in Scheiben zu schneiden, grob raspeln und unter den Teig mischen. Aus dem Teig kann man dann genauso gut kleine wie große Pfannkuchen backen.

PLACKI ZIEMNIACZANE – Reibekuchen

Es ist eine sehr einfache, dennoch sehr beliebte Speise, die gerne in einer ungezwungenen, geselligen Runde gegessen wird.

Zutaten für 4-5 Personen:
1 kg große Kartoffeln, *etwa 30 g Mehl*
vorwiegend festkochend *Steinsalz*
1 Ei *Öl zum Ausbacken*

1. Die Kartoffeln schälen und fein reiben. Ei und Mehl unterrühren. Sollte die Konsistenz noch zu dünn sein, noch etwas Mehl unter den Teig mischen. Mit Salz abschmecken.
2. In einer Pfanne 2-3 Esslöffel Öl erhitzen. Die Kartoffelpuffer portionsweise, jeweils 4-5 Stück, von beiden Seiten knusprig ausbacken. Sofort mit Zucker oder Pflaumenmus und dicker Sahne servieren.

PLACKI ZIEMNIACZANE Z CEBULKĄ
Reibekuchen mit Zwiebel

Eine pikante Variante der Kartoffelpuffer und eine der Lieblingsspeisen meines Mannes. Was nicht weiter verwunderlich ist, weil meine Schwiegermutter sie besonders schmackhaft backen konnte.

Zutaten für 4-5 Personen: *1 mittlere Zwiebel*
1 kg große Kartoffeln, *Steinsalz*
vorwiegend festkochend *frisch gemahlener*
1 Ei *schwarzer Pfeffer*
etwa 30 g Mehl

1. Die Kartoffeln schälen und fein reiben. Mit Mehl und Ei zu einem glatten Teig rühren. Die Zwiebel schälen, sehr fein würfeln und unter die Masse mischen. Mit Salz und Pfeffer abschmecken.
2. In einer großen Pfanne 2-3 Esslöffel Öl erhitzen lassen und die Kartoffelpuffer, möglichst flach gedrückt, von beiden Seiten knusprig ausbacken. Sofort servieren.

GERICHTE AUS VERSCHIEDENEN GRÜTZEN

Alle Grützen werden in der traditionellen polnischen Küche *kasza* (*„kascha"*) genannt: *kasza jaglana, kasza jęczmienna, kasza gryczana, kasza manna* usw. All die Grützen gehörten Jahrhunderte lang zu den Grundnahrungsmitteln der altpolnischen Küche und wurden in den verschiedensten Formen zubereitet: als Hauptgerichte mit Fett oder Soßen übergossen, als Beilagen zu Fleisch- oder Gemüsespeisen sowie als Suppeneinlagen. Sie waren auch der Grundbestandteil der meisten Milchspeisen. Im Mittelalter ist besonders die Hirse sehr populär gewesen. Sie wurde jeden Tag gereicht, sogar auf der königlichen Tafel. Viele zählten die Hirse zu ihren Leibspeisen, besonders wenn sie zusammen mit Erbsen gekocht wurde. Das tat auch der mittelalterliche Dichter und Feinschmecker Mikołaj Rej, bekannt vor allem dafür, dass er als Erster nicht wie gewöhnlich in Latein sondern in der polnischen Sprache geschrieben hatte. Sehr beliebt, aber nicht so oft serviert wurde damals auch der Weizengrieß, der sehr teuer war und lange als erlesen galt. Noch im 18. Jh. begleiteten die Grützen die Polen in allen Lebenslagen. Sie wurden sogar als Reiseproviant mitgenommen. Der französische Jesuit Vautrin, der vier Jahre lang als Hauslehrer im Hause der Herzogin Sapieha lebte, schreibt, dass die Grützen damals gekocht und mit Öl oder Butter übergossen, gegessen wurden. Heutzutage erleben die Grützen eine Renaissance und werden wieder öfter und gerne gegessen.

KASZA GRYCZANA ZE ZRAZAMI
Buchweizen mit *zrazy*

Ein Klassiker aus der traditionellen polnischen Küche, der für viele ein echter Genuss ist. Auch unser großer Sohn mag die Speise besonders gerne. Den Buchweizen kauft man am besten geröstet oder röstet ihn selbst zu Hause. Geröstet schmeckt er nicht nur intensiver, sondern behält beim Kochen seine kernige Struktur.

Zutaten für 4 Personen:
250 g Buchweizen
(ganze Körner),
geröstet
1 El Butter
Steinsalz

Zudem:
4 Rindsrouladen mit Soße
8 Salzgurken
Petersiliengrün,
zum Garnieren

1. Zuerst das Fleisch nach dem Rezept für *zrazy* zubereiten, erst dann den Buchweizen kochen.
2. Den Buchweizen in einen Topf geben und mit 500 ml kochend heißem Wasser aufgießen. Salz und Butter zufügen und umrühren. Zugedeckt bei niedrigster Hitze so lange ziehen lassen (etwa 10-15 Minuten), bis das Wasser völlig aufgesogen und der Buchweizen weich ist.
3. Die sauren Gurken längs in Streifen schneiden.
4. Den Buchweizen in eine vorgewärmte Servierschüssel geben und mit Petersilie garnieren. Die *zrazy*, die Soße und die Salzgurken getrennt servieren.

Buchweizen rösten: Eine dickwandige Pfanne nicht zu heiß erwärmen. Den Buchweizen ohne Fett einige Minuten in der Pfanne schwenken, bis die Grütze Farbe annimmt und angenehm duftet.

Anmerkung: Genauso gerne wird der Buchweizen mit Rindsrouladen serviert.

KASZA GRYCZANA Z GRZYBAMI – Buchweizen mit Pilzen

Es ist eine einfache, rustikale Speise, die herrlich nach Pilzen duftet und genau das Richtige an kalten, nassen Herbsttagen ist.

Zutaten für 4 Personen:
250 g Buchweizen, geröstet
1 El Butter
Steinsalz
1 Handvoll getrocknete Steinpilze
2 mittlere Zwiebeln

100 ml süße Sahne
1 El Mehl
Steinsalz
frisch gemahlener schwarzer Pfeffer
Zum Garnieren:
Petersiliengrün

1. Die getrockneten Pilze in einen Topf geben und mit Wasser gerade bedeckt etwa 1 Stunde einweichen.
2. Die Zwiebeln abziehen, klein würfeln und den Pilzen zufügen. Das Ganze salzen und zugedeckt etwa 30-40 Minuten bei kleiner Hitze kochen lassen, bis die Pilze weich sind.
3. Die Pilze herausnehmen und in Streifen schneiden. Sahne mit Mehl verquirlen, in den Topf gießen und unter Rühren aufkochen lassen. Die Pilze zurück in den Topf geben und mit Salz und Pfeffer pikant würzen.
4. Den Buchweizen in einem Topf mit 500 ml kochendem Wasser übergießen, Salz und Butter unterrühren und zugedeckt bei niedrigster Flamme etwa 15 Minuten ziehen lassen, bis das Wasser voll aufgesogen und der Buchweizen weich ist.
5. Den Buchweizen in eine vorgewärmte Servierschüssel geben, die Soße mit den Pilzen darüber gießen, mit Petersilie garnieren und sofort servieren. Dazu passen in dünne Scheiben geschnittene Salzgurken.

Buchweizen rösten: Eine dickwandige Pfanne nicht zu heiß erwärmen. Den Buchweizen ohne Fett einige Minuten in der Pfanne schwenken, bis die Grütze Farbe annimmt und angenehm duftet.

KOTLETY Z KASZY GRYCZANEJ – Buchweizenbratlinge

Der kernige, kräftige Geschmack des Buchweizens kommt in den Bratlingen, dank dem Bratvorgang, voll zur Geltung. Mit einer Pilzsoße und milchgesäuerten Gurken serviert, ergeben die Buchweizenbratlinge eine herzhafte Speise.

Zutaten für 4 Personen:

250 g Buchweizen, geröstet
500 ml heißes Wasser
1 El Butter
1 mittlere Zwiebel
3 El Buchweizenmehl

1 El getrockneter Majoran, nach Belieben
Steinsalz
frisch gemahlener schwarzer Pfeffer
Öl zum Braten

1. Den Buchweizen mit Wasser, Salz und Butter aufkochen. Herd ausschalten und den Buchweizen 10 Minuten zugedeckt stehen lassen, bis die Körner weich sind und das Wasser vollständig aufgesogen ist.

2. Die Zwiebel klein würfeln und in 1-2 Esslöffel Öl glasig braten, unter den Buchweizen zusammen mit Buchweizenmehl und Majoran mischen. Mit Salz und Pfeffer abschmecken.

3. Aus der Masse mit nassen Händen kleine, flache Frikadellen formen oder die Buchweizenmasse esslöffelweise in die Pfanne geben. Im Öl bei mittlerer Hitze knusprig braun braten. Mit Pilz- oder Fleischsoße und mit in dünne Streifen geschnittenen sauren Gurken servieren.

KASZKA KRAKOWSKA PO KRÓLEWSKU
Krakauergrützchen auf königliche Art

Krakauergrützchen ist eine feinkörnige, aus dem geschroteten Buchweizen gewonnene Grütze, die sich sowohl süß wie herzhaft zubereiten lässt. Es war die Lieblingsgrütze der im 16. Jh. lebenden Königin Anna Jagiellonka, die sich die Grütze auf den neuen Warschauer Königshof regelmäßig aus Krakau holen ließ, davon der Name.

Zutaten für 3-4 Personen:
250 g Krakauergrützchen
500 ml Milch
2 Eigelbe
60 g Butter

60 g Rosinen,
2-3 El Zucker
¼ Vanilleschotte
1 Msp. Steinsalz

1. Die Grütze in eine Schüssel geben, Eigelbe zufügen und sorgfältig vermischen. In einer Fettpfanne dünn verteilen und bei 100 °C im Ofen trocknen lassen, dabei von Zeit zu Zeit umrühren.
2. Die Milch mit der Vanilleschotte aufkochen und das getrocknete Krakauergrützchen unter Rühren hineinstreuen. Im Wasserbad etwa 30 Minuten mehr quellen als kochen lassen.
3. Die restlichen Zutaten unter die weiche Grütze mischen und für ein paar Minuten in den warmen Backofen stellen. Warm servieren.

KASZA GRYCZANA ZAPIEKANA – **Buchweizen überbacken**
Ein einfaches und schmackhaftes Rezept für den Alltag.

Zutaten für 4 Personen:
250 g Buchweizen, geröstet

500 ml Wasser, 2 El Butter
500 g Käse (z. B. Gouda)

Den gerösteten (S. 213) Buchweizen mit Wasser, Salz und 1 El Butter aufkochen. Herd ausschalten und den Buchweizen 10 Minuten zugedeckt stehen lassen, bis das Wasser vollständig aufgesogen ist. Den Käse grob reiben, 400 g unter den Buchweizen mischen. Eine ofenfeste Form ausbuttern, den Buchweizen hineingeben. Die restlichen 100 g Käse drüberstreuen und im Ofen bei 170 °C etwa 20 Minuten überbacken.

KASZA MANNA Z RODZYNKAMI – Weizengrieß mit Rosinen

Weizengrieß wurde im Mittelalter sehr geschätzt und sogar auf der königlichen Tafel gerne serviert. Heutzutage findet er sich meistens als Milchbrei in Kinderspeisen. Dieses Rezept erinnert an seine besten Zeiten, denn das süße, lieblich duftende Gericht wird gerne als Dessert serviert.

Zutaten für 4 Personen:
80 g Weizengrieß
500 ml Milch
1 El Butter
2-3 gute El Puderzucker
50-80 g Rosinen
¼ Vanilleschotte

Die Milch mit Vanilleschotte aufkochen und den Weizengrieß unter Rühren langsam einrieseln lassen. Butter zugeben und weiter rühren, bis die Masse dickflüssig wird. Zucker und Rosinen untermischen und in Serviergläser füllen. Warm servieren.

KASZA MANNA Z TRUSKAWKAMI – Weizengrieß mit Erdbeeren

Eine fruchtige Abwandlung des Weizengrießdesserts. Die Rosinen werden durch Erdbeeren ersetzt, was dem Dessert nicht nur einen köstlichen, frischen Geschmack, sondern auch eine wunderschöne rosa Farbe verleiht.

Zutaten für 4 Personen:
80 g Weizengrieß
500 ml Milch
1 El Butter
2-3 El Puderzucker
200 g Erdbeeren

1. Die Milch aufkochen und den Weizengrieß langsam unter ständigem Rühren hineinstreuen. Butter zugeben und weiter rühren, bis die Masse dicklich wird.
2. Die Erdbeeren verlesen und unter sanft laufendem Wasser kurz spülen. 4 Erdbeeren zur Seite legen und in dünne Scheiben schneiden. Den Rest zusammen mit Zucker pürieren und unter die abgekühlte Weizengrießmasse schlagen. In Serviergläsern mit Erdbeerscheiben garniert kalt servieren.

KOSTKA Z KASZY MANNY – Weizengrießwürfel

Eine gern gekochte Beilage für eine kräftige Hühnerbrühe. Die Grießwürfel schmecken sehr delikat und dank dem Dill angenehm aromatisch. Viele servieren die Grießwürfel gerne auch mit Tomatensuppe.

Zutaten für 4 Teller:
150 g Weizengrieß
750 ml Wasser

1 Tl Butter
1 Msp. Steinsalz
1 El Dill, nach Belieben

1. Wasser aufkochen und den Weizengrieß unter Rühren langsam hineinstreuen, bis die Masse dickflüssig wird.
2. Vom Herd nehmen und auf einem, mit kaltem Wasser gespülten Teller, gleichmäßig verteilen.
3. Erkalten lassen und in etwa 2 cm große Würfel schneiden. Mit Tomatensuppe oder einer kräftigen Hühnerbrühe servieren.

KASZA JAGLANA Z SOSEM GRZYBOWYM – Hirse mit Pilzsoße

Hirse gehört zu den ältesten Grützen überhaupt. Mit Pilzsoße herzhaft zubereitet, überzeugt sie jeden Feinschmecker.

Zutaten für 3-4 Personen:
300 g Hirse

750 ml Wasser
1 Msp. Steinsalz

1. Die Pilzsoße nach dem Rezept auf S. 251 zubereiten.
2. Die Hirse in einen Topf geben. Wasser dazu gießen, aufkochen lassen, salzen und zugedeckt bei milder Hitze etwa 15-20 Minuten leise köcheln lassen, bis die Hirse weich und das ganze Wasser aufgesogen ist.
3. Die fertig gekochte Hirse in eine Servierschüssel geben und warm servieren. Die Pilzsoße gesondert dazu reichen.

KASZA JAGLANA Z JABŁKAMI – Hirse mit Apfelmus
Ein fruchtiges Gericht, das an kalten Wintertagen gute Laune macht.

Zutaten für 3-4 Personen
200 g Hirse
250 ml Milch
250 ml Wasser
1 El Butter
1 Msp. Steinsalz
Für Apfelmus:

1 kg Äpfel (Boskop)
1 El Butter
½ El Zucker
½ Tl Zimt
Zum Garnieren:
200 ml steif geschlagene Sahne

1. Die Hirse in einen Topf geben, salzen und mit Milch und Wasser aufgießen. Zugedeckt aufkochen lassen. Die Butter zugeben, die Hitze zurückschalten und etwa 15-20 Minuten köcheln lassen, bis das ganze Wasser absorbiert und die Hirse weich ist

2. Die Äpfel schälen und würfeln. In einer Pfanne mit dickem Boden die Butter auf niedriger Hitze zerlassen und die Apfelwürfel zugedeckt dünsten. Zucker und Zimt unterrühren und noch kurz offen leise köcheln lassen, bis die Konsistenz stimmt. Die Hirse in eine Servierschüssel geben, das Apfelmus und die Schlagsahne gesondert servieren.

KASZA JĘCZMIENNA Z SOSEM – Graupen mit Soße
Die Graupen passen zu verschiedensten Soßen. Am besten schmecken sie mit Pilz-, Fleisch- und Pflaumensoße.

Zutaten für 4 Personen:
250 g Graupen, grob oder mittel

750 ml Wasser
1 Msp. Steinsalz

1. Die Graupen mit Wasser und Salz in einen Topf geben, aufkochen und nur halb zugedeckt (es kocht leicht über!), bei kleiner Hitze leise köcheln lassen, bis das Wasser absorbiert und die Graupen weich sind.

2. Die gekochten Graupen in eine Servierschüssel geben und mit Pilz-, Fleisch- oder Pflaumensoße servieren.

KASZA JĘCZMIENNA Z POWIDŁAMI
Graupen mit Pflaumenmus

Die in Milch gekochten kleinen Perlgraupen ergeben mit dem Pflaumenmus ein herrlich schmeckendes, süß nach Pflaumen und Zimt duftendes Gericht, das an kalten Tagen nicht nur den Magen erwärmt.

Zutaten für 4 Personen:
250 g kleine Perlgraupen
500 ml Milch
250 ml Wasser
1 Msp. Steinsalz
etwa 200 g Pflaumenmus
½ Tl Zimt
250 ml Schlagsahne

1. Die kleinen Perlgraupen kurz spülen, in einen Topf geben, salzen und mit Milch und Wasser aufgießen. Zum Kochen bringen und die Hitze möglichst niedrig reduzieren. Halb zugedeckt, leise köcheln lassen, bis das Wasser aufgesogen und die Perlgraupen weich sind. Dabei aufpassen, weil die Grütze leicht überkocht.
2. Zimt in das Pflaumenmus einrühren. Die kalte Schlagsahne steif schlagen.
3. Die fertig gekochten Perlgraupen in eine Servierschüssel geben, das Pflaumenmus untermischen und noch warm servieren. Die Schlagsahne gesondert reichen.

Übrigens:
Die kleinen Perlgraupen schmecken auch sehr gut mit frisch gemachtem Apfelmus und Schlagsahne.

GEMÜSEGERICHTE

Die altpolnische Küche kannte nicht besonders viele Gemüsesorten. Im frühen Mittelalter waren es die Steckrüben, Saubohnen, Erbsen, Linsen, Zwiebeln, Möhren, Rote Bete sowie der Weißkohl und Knoblauch. Die Palette erweiterte sich im 16. Jh., als die neue Königin, eine junge italienische Prinzessin Bona Sforza, aus ihrer Heimat bis dahin unbekanntes Gemüse mitbrachte. Das neue Gemüse: Blumenkohl, Brokkoli, Kohlrabi, Wirsing, Spinat, Sellerie, Spargel, Salat und die Artischocken, wurde zuerst nur in der Hofküche zubereitet. Verbreitete sich aber mit der Zeit nicht nur in der Adels- und Bürgerküche, sondern fand den Weg auch in die Bauernküche. Das neue Gemüse nennt man bis heute *włoszczyzna* (italienisches Gemüse).

Jahrhundertelang gehörte Gemüse, neben Brot und Grützen, zur Hauptnahrung der breiten Bevölkerung. Meist gegessen wurde der Weißkohl: Für Winter als Sauerkraut eingelegt, gehörte er früher, gedünstet und mit reichlich ausgelassenem Speck oder Öl übergossen, zu den beliebtesten Alltagsspeisen. Genauso gerne wurde der Weißkohl mit Erbsen und reichlich Räucherspeck gekocht gegessen. Äußerst beliebt war jahrhundertelang Erbsenpüree, besonders bei dem Adel. Es war lange Zeit Gang und Gäbe, das mit ausgelassenem Speck zusammengerührte Püree, am Ende jedes Festmahls zu kredenzen. Der in den Jahren 1630-47 in Polen lebende Guillome de Beauplan behauptete, dass es als ungastlich galt, den Leckerbissen den Gästen vorzuenthalten.

Im 19. Jh. eroberten die altpolnische Küche die Kartoffeln. Im 17. Jh. als eine Rarität von dem König Jan III Sobieski aus Wien nach Polen geschickt, kamen sie zuerst nur beim Hof auf den Tisch. In der ersten Hälfte des 18. Jh. verbreiteten sie sich noch sehr langsam, aber schon im Jahre 1767 schreibt Ernst Ahasverus von Lehndorf, der bei Herzogin Sanguszko zu Gast war, dass in der Krakauergegend alle Bauern die Kartoffeln anbauen und „dreimal täglich essen". Seitdem gehören die Knollen zu den Grundnahrungsmitteln der traditionellen polnischen Küche.

MŁODE ZIEMNIAKI – Neue Kartoffeln

Die ersten neuen Kartoffeln gehören in der traditionellen polnischen Küche zu den großen Köstlichkeiten des Sommers. Sie werden mit zerlassener Butter, in Butter gerösteten Semmelbrösel oder Dillsoße übergossen und mit Dickmilch, Kaltschale oder *botwinka* serviert.

Zutaten für 4 Personen:
1-1,5 kg neue Kartoffeln,
frisch vom Markt
oder von Bauern
Steinsalz
2 gute El Butter

Zum Garnieren:
1 El gehackte Petersilie
oder Dillspitzen
Für die Semmelbrösel:
3 El Semmelbrösel, 4 El Butter
Steinsalz

1. Die Kartoffeln sehr vorsichtig schaben, sodass nur die äußere dünne, durchsichtige Schale entfernt wird. Kurz spülen und in einem Topf gerade mit Wasser bedeckt, gesalzen und zugedeckt etwa 15 Minuten kochen.
2. Sind die Kartoffeln weich, abseihen und kurz ausdampfen lassen.
3. Die Butter in einer Pfanne zerlassen und über die Kartoffeln gießen. Mit Dill garnieren.
4. Für die gerösteten Semmelbrösel: Die Semmelbrösel in Butter bei kleiner Hitze goldbraun rösten, mit einer Prise Salz abschmecken und über die Kartoffeln gießen. Dazu passt hervorragend Gurkensalat.

MŁODE ZIEMNIAKI ZE ZSIADŁYM MLEKIEM
Neue Kartoffeln mit Dickmilch

Es ist eine der einfachsten Speisen überhaupt, die besonders gerne an heißen Sommertagen gegessen wird. Früher gab es dazu selbst gemachte Dickmilch, die kalt und sämig in irdenen Schüsseln gereicht wurde, und vor dem Essen nicht verrührt werden durfte. Die Dickmilch wurde nicht getrunken, sondern mit einem Esslöffel gegessen. Das Gericht gehört zu den Lieblingsspeisen meines Mannes, der das simple Mahl an den wärmsten Tagen des Jahres allen anderen Speisen vorzieht.

Die traditionelle polnische Küche

Zutaten für 4 Personen:
1-1,5 kg neue Kartoffeln,
frisch vom Markt
Steinsalz
1-2 Gläser Dickmilch pro Kopf,
je nach Appetit

Zum Garnieren: 1 El Dill
oder Petersilie, gehackt
Außerdem:
50 g Butter
3 El Semmelbrösel,
nach Belieben

1. Die Kartoffeln nach dem Rezept für neue Kartoffeln kochen und in zerlassener Butter schwenken. Mit Dill oder Petersilie garnieren. Oder die Semmelbrösel in zerlassener Butter bei mäßiger Hitze goldbraun rösten und über die Kartoffeln gießen.

2. Die Dickmilch schmeckt am besten selbst gemacht. Dazu gibt man eine beliebige Menge Rohmilch in eine irdene Schüssel oder Krug und bedeckt sie mit einem Mull- oder Leinentuch. Je nach Witterung ist die Milch schon nach 1-2 Tagen essfertig (siehe auch S. 182). Die Dickmilch vor dem Essen im Kühlschrank abkühlen.

ZIEMNIAKI *PURÉE* – Kartoffelpüree

Kartoffelpüree wurde schon in den 30er Jahren des letzten Jahrhunderts gerne gegessen.

Zutaten für 4 Personen:
1 kg mehlig- oder vorwiegend
festkochende Kartoffeln
125 ml heiße Milch

50 g Butter, Steinsalz
1 El Dill oder Petersilie,
fein gewogen

1. Die Kartoffeln schälen, kurz spülen, in einen Topf legen und mit Wasser aufgießen. Zugedeckt etwa 20 Minuten kochen, bis die Kartoffeln weich, aber nicht matschig sind.

2. Die Kartoffeln abseihen, kurz ausdampfen lassen und durch eine Kartoffelpresse in einen Topf drücken. Zuerst Milch, dann Butter so lange unterrühren, bis das Püree eine sämige Konsistenz annimmt. Mit Dill oder Petersilie bestreuen und sofort servieren

ZIEMNIAKI TŁUCZONE – Stampfkartoffeln

Für die Stampfkartoffeln werden mehlig kochende Sorten genommen. Dabei werden die Kartoffeln mit weißem Fleisch bevorzugt. Traditionell werden Stampfkartoffeln mit Stippe – *omasta* oder *okrasa* genannt – übergossen serviert. Ihre älteste Variante ist der ausgelassene Speck mit Grieben (Speckstippe). Heutzutage jedoch kommen die Kartoffeln meistens nur mit Dill oder Petersilie garniert auf den Tisch. Meine alleinstehende Tante Wanda hatte die Gewohnheit Kartoffeln so reichlich mit Dill, Petersilie und Schnittlauch zu garnieren, dass sie nicht mehr zu sehen waren. Sie wohnte in einem herrlich duftenden Phloxgarten, aus dem die frischen Kräuter kamen.

Zutaten für 4 Personen:
1- 1,5 kg Kartoffeln,
mehlig oder
vorwiegend festkochend

1 Tl Steinsalz
Zum Garnieren:
1 El Dill oder
Petersilie, fein gewogen

1. Die Kartoffeln schälen, kurz spülen und in einem Topf gerade mit Wasser bedecken. Salzen und zugedeckt etwa 20 Minuten kochen, bis sie weich sind. Dann abseihen und kurz ausdampfen lassen.
2. Die Kartoffeln stampfen und mit Dill oder Petersilie garnieren. Zu verschiedenen Fleisch- und Gemüsegerichten servieren.

Drei Varianten von omasta (okrasa):
1. Ausgelassener Speck oder geräucherter durchwachsener Bauch mit Grieben.
2. In Butter oder in ausgelassenem geräuchertem durchwachsenem Speck gebratene Zwiebelwürfel.
3. In Butter geröstete Semmelbrösel (*Beurre à la polonaise*): 2-3 El Semmelbrösel in etwa 70 g Butter goldbraun rösten, mit einer Prise Salz abschmecken und über die Kartoffeln gießen.

ZIEMNIAKI Z MARCHEWKĄ *PURÉE* – Kartoffel-Möhren-Püree

Die Speise ist eine köstliche, süßlich schmeckende Variante vom Kartoffelpüree. Sie wird gerne für Kinder zubereitet, weil sie besonders delikat schmeckt und sehr bekömmlich ist. Als wir noch Kinder waren, machte auch meine Mutter uns das Püree oft und gerne.

Zutaten für 2-3 Personen:
500 g Kartoffeln,
mehlig oder vorwiegend
festkochend
500 g Möhren

2 El Butter
1 Msp. Steinsalz
1 El Dill oder
Petersilie, fein gewogen

1. Die Möhren putzen, schälen und kurz waschen. In feine Ringe schneiden oder klein würfeln und in einen kleinen Topf legen. Mit etwa 125 ml Wasser knapp bedeckt aufgießen, Butter und Salz zugeben und bei milder Hitze etwa 20 Minuten zugedeckt dünsten, bis die Möhren weich sind und das Wasser fast verdunstet ist. Vom Herd nehmen.

2. Die Kartoffeln schälen, kurz spülen und in einen Topf geben. Gerade mit Wasser bedecken, salzen und zugedeckt etwa 20-25 Minuten kochen.

3. Die Kartoffeln abseihen und durch die Kartoffelpresse in einen anderen Topf drücken. Die Möhren, in dem Topf, in dem sie gekocht worden sind, mit Pürierstab pürieren und unter die Kartoffeln mischen. Butter unterrühren, wenn nötig noch mit Salz abschmecken und mit Dill oder Petersilie bestreuen. Das Püree wird als Beilage zu delikaten Fleischgerichten serviert. Mit Gemüse wie grüne Bohnen oder Blumenkohl und Tomatensalat wird daraus eine leichte und wohlschmeckende Mahlzeit

Übrigens:
Man kann das Möhrenpüree auch gesondert servieren. Das delikat schmeckende Püree passt genauso gut zu Kartoffeln, Nudeln, Grützen und Fleisch wie zu jedem Gemüse.

BURACZKI – Rote-Bete-Gemüse

Rote-Bete-Gemüse ist sehr charakteristisch für die traditionelle polnische Küche. Die althergebrachte Speise von süßsaurem Geschmack ist bis heute sehr populär und wird gerne zu verschiedenen Fleischgerichten serviert.

Zutaten für 4 Personen:
700 g Rote Bete
(mittlerer Größe)
1-2 El Öl

1-2 El Mehl
1-3 El Zucker
1-2 El Zitronensaft
Steinsalz

1. Die Roten Beten putzen, waschen und gerade mit Wasser bedeckt und zugedeckt etwa 30-40 Minuten kochen lassen, bis sie weich sind. Dann abseihen, abkühlen lassen, schälen und grob oder klein raspeln.
2. Das Öl in einer Pfanne erhitzen, die geraspelten Roten Beten zugeben, mit Mehl bestäuben und unter ständigem Rühren leicht anbraten. Mit Zucker, Salz und Zitronensaft sorgfältig abschmecken. Das Gemüse sollte angenehm süßsauer schmecken.

BURACZKI Z JABŁKAMI – Rote-Bete-Gemüse mit Äpfeln

Es ist eine fruchtige Variante von Rote-Bete-Gemüse. So kocht das Gemüse unsere liebe Freundin Zdzisia. Sie kam in 70er Jahren von Ostpolen nach Warschau, um Philosophie zu studieren und fand sich direkt in der Mitte der oppositionellen Protestbewegung ein.

Zutaten für 4 Personen:
700 g Rote Bete
(mittlerer Größe)
1-2 El Öl
1-2 El Mehl, Steinsalz

2-3 Äpfel
(mittlerer Größe),
am besten Boskop
1-2 El Butter

1. Die Roten Beten nach dem obigen Rezept zubereiten und salzen.
2. Die Äpfel schälen, würfeln und in Butter dünsten. Unter das Rote-Bete-Gemüse mischen. Sind die Äpfel süß genug, braucht man keinen Zucker und die natürliche Säure der Äpfel ersetzt den Zitronensaft.

ĆWIKŁA – Rote Bete mit Meerrettich

Ćwikła ist eine traditionelle Osterspeise, die gesondert zu den verschiedenen Fleischgerichten serviert wird. Das älteste Rezept stammt aus dem 16. Jh. und sein Verfasser war nicht Geringerer als der, als großer Feinschmecker bekannte, Dichter Mikołaj Rej. Weil die *ćwikła* normalerweise sehr scharf ist, wird immer eine abgemilderte Version für „Frauen und Kinder" zubereitet: Der Meerrettich wird dann entweder kurz blanchiert oder man nimmt weniger davon.

Zutaten:
1 kleine, frische
Stange Meerrettich
(sollte sich nicht biegen lassen)
500 g Rote Bete,
mittelgroß
Saft einer halben
Zitrone
Steinsalz,
1-2 El Zucker

1. Die geputzten und gewaschenen Roten Beten in einen Topf geben und gerade mit Wasser bedecken. Zugedeckt etwa 30-40 Minuten kochen, bis sie weich sind.
2. Die Meerrettichwurzel waschen, schälen und sehr fein reiben. Am besten draußen, da der Duft der Meerrettichwurzel so durchdringend scharf ist, dass er einem sofort die Tränen in die Augen treibt.
3. Die Roten Beten schälen und fein reiben, eventuell etwas abtropfen lassen und den Meerrettich untermischen. Mit Salz, Zitronensaft und etwas Zucker sorgfältig abschmecken. Die *ćwikła* sollte scharf, sauer und nur leicht süß schmecken.

KAPUSTA DUSZONA – Gedünsteter Sommerkohl

Meine Mutter hatte den ersten Sommerkohl immer mit viel Dill gekocht, sodass er sehr aromatisch geschmeckt hat.

Zutaten für 4-5 Personen:

1 Sommerkohl	*1-2 Tl Zitronensaft*
von etwa 800 g	*1-2 El Dill,*
1-2 Möhren	*fein gehackt*
2 reife Tomaten	*Steinsalz, 1 Msp.*
2 El Mehl	*frisch gemahlener*
4 El Wasser	*weißer Pfeffer*

1. Die Möhren putzen, schälen und grob zerkleinern. Den Kohlkopf halbieren und in Streifen schneiden oder hobeln. Zusammen in einen Topf geben und salzen. Zugedeckt und knapp mit Wasser bedeckt etwa 30 Minuten kochen, bis der Kohl weich ist.

2. Die Tomaten mit kochendem Wasser überbrühen, häuten, klein würfeln und in den Topf geben. Kurz mitkochen lassen. Das mit Wasser verquirlte Mehl untermischen. Mit Zitronensaft und Pfeffer abschmecken und den Dill unterrühren. Mit neuen Kartoffeln servieren.

KAPUSTA Z JABŁKAMI – Sommerkohl mit Äpfeln

Ein altes Rezept aus einem über 90 Jahre alten Kochbuch.

Zutaten für 4-5 Personen:

1 Sommerkohl	*2 El Mehl, 250 ml süße Sahne*
von etwa 800-1000 g	*1-2 El Dill, fein gehackt*
250 g geriebene Äpfel	*Steinsalz*

Den Kohlkopf halbieren und in Streifen schneiden oder hobeln. In einen Topf geben, salzen, knapp mit Wasser bedeckt und zugedeckt etwa 15 Minuten kochen. Die geriebenen Äpfel zugeben und weitere 15 Minuten mitkochen. Das mit Sahne gemischtes Mehl untermischen, einmal aufkochen und den Dill unterrühren.

GOŁĄBKI Z MIĘSEM – Kohlrouladen mit Fleischfüllung

In den sehr alten Rezepten werden die Kohlrouladen nicht mit Wasser, sondern mit Sauermehlsud (*żur*) aufgegossen und gekocht, anschließend in ausgelassenem Speck gebraten oder mit einer Pilzsoße übergossen serviert. Tante Mila, die einzige Tante meines Mannes, die trotz der geschichtlichen Turbulenzen aus der gerade gegründeten Sowjetunion nach Polen via Litauen fliehen konnte, hat die Kohlrouladen immer mit einer Tomatensoße verfeinert. Mit der sämigen, aromatischen Soße schmecken sie einfach köstlich. Der Topf wurde früher gerne mit einer Schwarte (Rest vom Braten) ausgelegt.

Zutaten für 5-6 Personen:
1 Weißkohlkopf
von etwa 1,5 kg
200 g Reis
250 g mageres
Schweinehackfleisch

1 Zwiebel
250 ml Tomatenpüree
125 ml süße Sahne, Steinsalz
frisch gemahlener
schwarzer Pfeffer

1. Den Kohl von beschädigten Blättern befreien. Den Strunk vorsichtig herausschneiden und den Kohlkopf kurz in einen großen Topf mit kochendem Wasser legen. Sind die äußeren Blätter blanchiert, den Kohl herausnehmen und die Blätter abnehmen. Den Vorgang so lange wiederholen, bis nur die kleinen Blätter geblieben sind. Die dicken Blattrippen vorsichtig flach schneiden. Mit den kleinen Blättern den Topf auslegen.

2. Den Reis in 500 ml Wasser kernig kochen und erkalten lassen.

3. Die Zwiebel schälen, fein würfeln und zusammen mit dem Reis unter das Fleisch mischen. Mit Salz und Pfeffer abschmecken.

4. In die Mitte jedes Blattes 1-2 El Fleischfüllung legen. Die Seitenränder nach innen falten und zusammenrollen. Dicht beieinander in einen Topf legen und mit heißem Wasser knapp bedeckt aufgießen. Zugedeckt auf kleiner Hitze etwa 1 Stunde köcheln lassen.

6. Die Sahne mit Tomatensoße vermischen, salzen, pfeffern, über die Kohlrouladen gießen und noch kurz köcheln lassen.

GOŁĄBKI ZIEMNIAKAMI – Kohlrouladen mit Kartoffeln

Schon meine Urgroßmutter Anna hat die Kohlrouladen für ihre vielen Kinder auf diese Weise zubereitet. Auch meine Mutter hat sie gerne für uns gekocht, jedes Mal einen großen Topf voll. Ich fand sie immer schon unwiderstehlich lecker. Besonders gut schmeckten sie am nächsten Tag. In einem über 90 Jahre alten Rezept wird es sogar geraten, die Kohlrouladen über Nacht stehen zu lassen und anschließend in ausgelassenem Speck zu braten.

Zutaten für 5-6 Personen:
1 Weißkohlkopf
von etwa 1,5 kg
1,3 kg Kartoffeln, mehlig
oder vorwiegend festkochend
davon 1 kg roh
und 300 g gekocht
1 große Zwiebel
100 g geräucherter
durchwachsener Speck
Steinsalz
frisch gemahlener Pfeffer

1. Den Kohl putzen, den Strunk herausschneiden und den Kohlkopf in einen großen Topf mit kochendem Wasser legen. Sind die äußeren Blätter blanchiert, den Kohl herausnehmen und die Blätter abnehmen. Den Vorgang wiederholen, bis nur die kleinen Blätter geblieben sind. Die dicken Blattrippen flach schneiden, ohne die Blätter zu beschädigen.

2. Die Zwiebel schälen und genauso wie den Speck, klein würfeln. Die Speckwürfel auslassen und die Zwiebelwürfel darin glasig braten.

3. Die rohen Kartoffeln schälen, fein reiben und durch ein Mulltuch in eine Schüssel auspressen. Abwarten, bis sich die Stärke absetzt.

4. Die gekochten Kartoffeln durch die Kartoffelpresse in eine Schüssel drücken. Die geriebenen rohen Kartoffeln sowie den Stärkesatz und die Zwiebelwürfel (eventuell mit den Grieben) zugeben und alle Zutaten gründlich vermischen. Mit Salz und Pfeffer abschmecken.

5. In die Mitte jedes Blattes 1-2 El Füllung legen, die Seitenränder nach innen falten und zusammenrollen. Die Rouladen schichtweise übereinander dicht an dicht hineinlegen. Mit heißem Wasser knapp aufgießen und etwa 50 Minuten zugedeckt schmoren lassen. Als eigenständiges Gericht servieren.

Variante der Kohlrouladen:
Am nächsten Tag etwa 150 g geräucherten Speck würfeln und ausbraten. 2 mittlere Zwiebeln schälen, klein würfeln, zu dem Speck geben und glasig dünsten. Die Kohlrouladen darin von beiden Seiten anbraten. Man kann die Kohlrouladen auch nur in Rapsöl anbraten. Dann eine Spur länger in der Pfanne behalten, sodass sie etwas Farbe bekommen

KAPUSTA DUSZONA Z GRZYBAMI
Sauerkraut geschmort mit Pilzen
Es ist eine beliebte Weihnachtsspeise, die nach alten Familienrezepten gekocht und traditionell am Heiligabend gegessen wird. Die sehr aromatische, herb nach Pilzen duftende Speise trägt jedes Jahr dazu bei, den Zauber von Weihnachten heraufzubeschwören.

Zutaten für 4 Personen:
1 große Handvoll getrocknete Steinpilze, am besten ganze Hüte (auch Braunhäuptchen können verwendet werden)

600 g Sauerkraut von guter Qualität, 2-3 El Öl
2 El Mehl, 4 El Wasser
Steinsalz, schwarzer Pfeffer aus der Mühle

1. Die Pilze in einem Topf mit 250 ml Wasser aufgießen und etwa 30 Minuten einweichen lassen. In demselben Wasser 30 Minuten kochen, bis sie weich sind.
2. Das Sauerkraut zugeben, eventuell noch etwas Wasser zugießen und salzen, 40-50 Minuten bei kleiner Hitze köcheln lassen, bis das Sauerkraut sehr weich ist.
3. Mehl mit Wasser verquirlen und unter das Sauerkraut mischen. Das Öl unterrühren und alles mit Pfeffer und eventuell noch etwas Salz abschmecken. Warm servieren. Das Gericht schmeckt am besten, wenn man die Pilzhüte ganz lässt.

Anmerkung: Sollte das Sauerkraut sehr sauer sein, den Saft ausdrücken.

KALAFIOR – Blumenkohl

Jedes Mal, wenn wir im Sommer mit unseren Kindern zu den Großeltern kamen, kochte uns meine Schwiegermutter den Blumenkohl. Genauso wie in dem Rezept beschrieben. Nirgendwo hat er mir so gut geschmeckt wie bei ihr.

Zutaten für 4-5 Personen:
1 Blumenkohl, 150 g Butter
3 gehäufte El
Semmelbrösel, Steinsalz

1. Den Blumenkohl waschen. In einen großen Topf mit dem Strunk nach unten legen, gerade mit Wasser bedecken, salzen und zugedeckt 25-30 Minuten kochen, bis er zwar weich ist, aber noch sehr gut zusammenhält.
2. Wasser abgießen. Den Topf mit einer kleinen Schüssel bedecken und den Blumenkohl vorsichtig hineingleiten lassen. Auf die selbe Weise mit einem Teller vorgehen, sodass der Blumenkohl mit dem Strunk nach unten darauf liegt.
3. Die Semmelbrösel und die Hälfte der Butter in eine Pfanne geben und bei mittlerer Temperatur unter ständigem Rühren goldbraun rösten. Den Rest der Butter zugeben, salzen und über den Blumenkohl gießen. Sofort servieren.

BRUKSELKA – Rosenkohl

Der Rosenkohl ist ein wahrer Genuss, wenn er traditionell mit gerösteten Semmelbröseln zubereitet wird, denn sie unterstreichen seinen delikaten Geschmack. Das Halbieren bewirkt, dass sich die bitteren Stoffe verflüchtigen. Der polnische Name *brukselka* kommt daher, dass die kleinste Kohlsorte zuerst in der Gegend von Brüssel angebaut wurde.

Zutaten für 3-4 Personen:
500 g Rosenkohl, 2 El Semmelbrösel, 100 g Butter, Steinsalz

1. Den Rosenkohl putzen, waschen, halbieren und zugedeckt in Salzwasser etwa 15 Minuten weich kochen.

2. Mit einem Schaumlöffel herausnehmen und auf eine Servierplatte legen. Die Butter in einer Pfanne zerlassen und die Semmelbrösel darin goldbraun rösten. Salz unterrühren und über den Rosenkohl gießen. Als Beilage zu Fleisch und Stampfkartoffeln oder Kartoffelnudeln reichen.

FASOLKA – Grüne Bohnen
Die grünen Bohnen mit gerösteten Semmelbröseln esse ich für mein Leben gern. Die Speise ist denkbar schlicht und doch vollkommen.

Zutaten für 3-4 Personen: *2 El Semmelbrösel, 100 g Butter*
1 Pfund Bohnen *Steinsalz*

1. Die Bohnen putzen, waschen, die Enden abschneiden, wenn nötig abfädeln. In Salzwasser zugedeckt 15 Minuten kochen, bis sie weich sind. Mit einem Schaumlöffel herausnehmen und auf einen Servierteller legen.
2. Die Semmelbrösel in zerlassener Butter goldbraun rösten, mit einer Prise Salz salzen und über die Bohnen gießen. Als Beilage zu neuen Kartoffeln und Fleischgerichten servieren.

BÓB W MAŚLE – Dicke Bohnen in Butter
Eine Kommilitonin von mir schwärmte jeden Frühling von den Dicken Bohnen. Sie tat es so überzeugend, dass ich sie selbst probiert habe und seitdem koche ich sie immer nach demselben Rezept.

Zutaten für 3-4 Personen:
100 g junge dicke Bohnen, 50 g Butter, Steinsalz

1. Die dicken Bohnen blanchieren, aus den Hülsen drücken und in einen Topf geben. Mit Wasser gerade aufgießen, salzen und weich kochen.
2. Die Butter bei kleiner Hitze in einer Pfanne zerlassen und die abgetropften Bohnen darin schwenken. Zu neuen Kartoffeln sowie gedünstetem Fleisch servieren.

SZPINAK Z JAJKIEM – Spinat mit Ei

Spinat gehört zu dem Gemüse, von dessen Geschmack sich Kinder nicht besonders angesprochen füllen. Nicht aber die Erwachsenen, die ihn zusammen mit Ei und Kartoffeln richtig genießen können. Es ist eine einfache, leichte Speise, die farbenfroh aussieht und delikat schmeckt. Im Sommer wird sie gerne mit einer süßen Obstsuppe als Vorspeise serviert.

Zutaten für 4 Personen:
Spinat:
1 kg frischer Spinat
100 ml süße Sahne
1-2 Tl Zitronensaft
1 El Mehl
Steinsalz
Eier:
4 Eier
1 El Butter
1 Msp. Steinsalz
Kartoffeln:
1 kg Kartoffeln,
vorwiegend festkochend
1 El Dillspitzen
oder Schnittlauchröllchen
Steinsalz

1. Die Kartoffeln kochen, abseihen, kurz ausdampfen und stampfen.

2. Den Spinat verlesen, dabei die dicken Stängel abschneiden. Gründlich waschen und in Streifen schneiden. In einen Topf 1 cm hoch Wasser gießen, den Spinat hineinlegen und zugedeckt etwa 7-10 Minuten dünsten lassen, bis er zusammenfällt. Das Mehl mit Sahne glatt rühren und unter den Spinat mischen, einmal aufkochen und vom Herd nehmen. Mit Salz und Zitronensaft abschmecken.

3. Die Butter in einer Pfanne auf mittlerer Hitze zerlassen und vier Spiegeleier braten. Mit Salz bestreuen. Die Kartoffeln und den Spinat auf die Teller verteilen. Den Spinat flach drücken und je ein Spiegelei darauf legen. Mit Dill oder Schnittlauch garnieren und sofort servieren.

Anmerkung:

In vielen ganz alten Rezepten wird der Spinat gerne mit Knoblauch gewürzt.

MARCHEWKA DUSZONA – Gedünstete Möhren

Die butterzart schmeckenden Möhren können das ganze Jahr über zubereitet werden.

Zutaten für 4 Personen:
500 g Möhren, 1-2 El Butter, 1 El Mehl, 2 El Wasser, Steinsalz

1. Die Möhren putzen, wenn nötig schälen und waschen. In dünne Ringe schneiden oder klein würfeln.
2. Die Butter in einem kleinen Topf zerlassen, die Möhren dazu geben und mit 125 ml Wasser aufgießen. Sparsam salzen und auf kleiner Hitze zugedeckt etwa 15 Minuten dünsten, bis sie weich sind.
3. Das Mehl mit Wasser glatt rühren und unter die Möhren mischen. Kurz aufkochen und vom Herd nehmen. Als Beilage zum Fleisch- oder zu Nudelgerichten servieren.

CEBULKA – Gedünstete Zwiebeln

Es ist ein Familiengericht, das mein Vater uns gerne im Winter zum Sonntagsfrühstück machte. Wir nannten es „Zwiebelchen". Während draußen klirrende Kälte herrschte, saßen wir in der warmen Küche und die aromatische, deftige Speise weckte langsam unsere Lebensgeister.

Zutaten für 4-5 Personen: *4-Pimentkörner, 1 Lorbeerblatt*
800 g Zwiebeln *2-3 El Öl*
200 g geräucherter *Steinsalz*
durchwachsener Speck *frisch gemahlener Pfeffer*

1. Die Zwiebeln schälen und in feine Ringe schneiden.
2. Den Speck klein würfeln und im Öl auslassen. Zwiebelringe dazugeben und glasig anbraten. Mit 200 ml Wasser aufgießen und zugedeckt etwa 30 Minuten schmoren lassen, bis die Zwiebelringe sehr weich sind. Das Gericht sollte eine angenehme sämige Konsistenz haben. Mit Salz und Pfeffer abschmecken und mit Roggenbrot und Butter sofort servieren.

GROSZEK DUSZONY – Gedünstete grüne Erbsen

Wir hatten im Garten, der zu dem Haus gehörte, in dem ich groß geworden bin, jedes Jahr viele Erbsen, die wir am liebsten direkt gegessen haben. Blieb etwas übrig, wurde es gedünstet und als Beilage zum Fleisch serviert.

Zutaten für 4 Personen:
500 g enthülste frische Erbsen, 40 g Butter, Steinsalz

Die Erbsen in wenig Salzwasser bei mäßiger Hitze etwa 10 Minuten zugedeckt kochen, bis sie weich sind. Die Butter in Flocken zugeben und untermischen. Vom Herd nehmen und noch ein paar Minuten ziehen lassen. Als Beilage zu allen Fleischgerichten servieren.

GROCH PRZECIERANY – Erbsenpüree

Eine abgemilderte Form von einem Leckerbissen der altpolnischen Küche, der besonders im 16./17. Jh. bei keinem Festmahl fehlen dürfte. Das Rezept ist über 90 Jahre alt und im Original übernommen.

Zutaten für 4 Personen:
½ l grüne Schälererbsen
1 l Wasser
60 g Schmalz
20 g Mehl
1 Zwiebel
10 g Zucker
Steinsalz
1 Tl Dill oder Petersilie, fein gehackt

1. Die Erbsen über Nacht einweichen und am nächsten Tag so lange kochen, bis sie weich sind. Abgießen, abtropfen und durch ein Sieb passieren.
2. Die Zwiebel fein würfeln und in Schmalz glasig dünsten. Das Mehl dazugeben und weiß anschwitzen. Unter das Erbsenpüree mischen. Mit Salz und Zucker abschmecken. Mit Dill oder Petersilie bestreuen und als Beilage zum Fleisch servieren.

SZPARAGI – Spargel

In der traditionellen polnischen Küche wird der Spargel mit gerösteten Semmelbröseln übergossen gegessen.

Zutaten für 4 Personen:
1 kg Spargel, weiß oder grün
Steinsalz

2 gehäufte El Semmelbrösel
50 g Butter
1 Msp. Salz

1. Den weißen Spargel vollständig, den grünen nur im unteren Drittel schälen, bei beiden die holzigen Enden abschneiden. In Salzwasser ohne Deckel kochen: den weißen etwa 12 Minuten, den grünen etwa 15-20 Minuten. Mit einem Schaumlöffel herausnehmen und auf einer Servierplatte anrichten.

2. Die Butter in einer Pfanne auf mittlerer Hitze zerlassen und die Semmelbrösel darin goldbraun rösten. Salz zugeben und über den Spargel gießen. Sofort servieren.

ROHKOST UND SALATE

Roh wurde Gemüse früher nur im Sommer und Herbst gegessen. Es waren vor allem Tomaten, Gurken und der Kopfsalat, die als Beilage serviert wurden. Im Winter mussten Weißkohl und Wurzelgemüse sowie Sauerkraut und die sauren Gurken den Bedarf an frischen Vitaminen decken. Mit der Zeit fand sich jedoch immer mehr an Rohkost (*surówki*) und Gemüsesalaten (*sałatki*), sodass man heutzutage auch im Winter und Vorfrühling genug Auswahl hat.

SAŁATA ZE ŚMIETANĄ – Kopfsalat mit Sahne

Der Kopfsalat wird traditionell mit saurer Sahne angemacht. Für Kinder gibt man manchmal noch ein bisschen Zucker dazu. Wenn mein Vater den Salat machte, gab er ihm immer ein bisschen Zeit, sodass er nicht mehr so „lebendig" wirkte. (Erst viele Jahre später habe ich erfahren, dass solche Vorgehensweise auch die hl. Hildegard für Rohkost bevorzugte. Die Beize sollte eben Zeit haben, den rohen Zustand des Gemüses zu verändern und es somit bekömmlicher zu machen.)

Zutaten für 4 Personen:
1 Kopfsalat
150 ml saure Sahne

½ Tl Steinsalz
1 El Zitronensaft, nach Belieben

1. Den Salatkopf putzen, äußere und welke Blätter entfernen, sorgfältig waschen und abtropfen lassen.
2. Sahne mit Salz und eventuell Zitronensaft zusammenrühren und den Salat damit anmachen. Sofort servieren.

SAŁATA Z RZODKIEWKĄ – Kopfsalat mit Radieschen

Ein herzhafter Salat, der vor allem im Frühling gerne gegessen wird.

Zutaten für 4-5 Personen:
1 Salatkopf
1 Bund Radieschen
1 El Schnittlauchröllchen

150 ml saure Sahne
1 Tl Zitronensaft,
nach Belieben
Steinsalz

1. Den Salatkopf und die Radieschen putzen, waschen und abtropfen lassen. Die Radieschen vierteln oder in Scheiben schneiden. Zusammen mit den Salatblättern in eine Schüssel legen.
2. Sahne mit Salz und Zitronensaft zusammenrühren und unter den Salat mischen. Mit Schnittlauchröllchen garnieren und sofort servieren.

SAŁATA PARZONA – Gedünsteter Kopfsalat

Es ist ein Rezept von meiner Tante Regina, der ältesten Schwester meiner Mutter, einer leidenschaftlichen Gärtnerin, die bis ins hohe Alter im Sommer am liebsten den ganzen Tag barfuß lief.

Zutaten für 2-3 Personen: *1 Tl Steinsalz*
1 Kopfsalat, 3-4 El Öl   *Saft einer kleinen Zitrone*

1. Den Salat putzen, waschen und in mundgerechte Stücke zerpflücken.
2. In einen Topf 1 Liter Wasser geben, Öl und Salz zufügen und aufkochen lassen. Den Salat in den Topf legen, ein paar Mal umrühren, bis er zusammenfällt. Herausnehmen, abtropfen lassen und mit Zitronensaft abschmecken.

MIZERIA – Gurkensalat

Ein Salat, der an heißen Hochsommertagen sehr erfrischend schmeckt.

Zutaten für 4 Personen: *150 ml saure Sahne, Steinsalz*
3-4 Gemüsegurken   *1 El Dillspitzen*
ersatzweise 1 Schlangengurke   *1 El Zitronensaft, nach Belieben*

Die Gurken schälen und auf einem Gurkenhobel in eine Schüssel hobeln. Sahne mit Zitronensaft und Salz zu einer glatten Soße verrühren, Dill untermischen und über die Gurkenscheiben gießen.

SAŁATKA Z RZODKIEWKI – Radieschensalat

Es ist der erste frische Salat, der früher nach einem langen Winter gegessen wurde.

Zutaten für 2-4 Personen: *150 g saure Sahne*
1 Bund Radieschen   *1 Msp. Steinsalz*

Die Radieschen putzen, waschen und in Scheiben schneiden. Sahne mit Salz verrühren und über die Radieschen gießen.

SAŁATKA Z BIAŁEJ KAPUSTY – Weißkohl-Rohkostsalat

Der Salat wird oft im Winter gemacht und schmeckt besonders gut zu Fleisch- und Kartoffelgerichten.

Zutaten für 4-5 Personen:

etwa 800 g Weißkohl
(1 halber Weißkohlkopf
von mittlerer Größe)
1 Möhre
1 Zwiebel
2-3 El Öl
2-3 El Zitronensaft

½ Tl Steinsalz
frisch gemahlener
schwarzer Pfeffer
1 Msp. gemahlener
Kümmel, nach Belieben
1 El Schnittlauchröllchen,
wenn zur Hand

1. Den Weißkohl putzen, zur Hälfte schneiden und auf einem Gemüsehobel (ohne Strunk) in eine Schüssel fein hobeln. Dann salzen und mit einem hölzernen Kartoffelstampfer kräftig stampfen, damit die Fasern mürbe werden.

2. Die Möhre putzen, waschen, wenn nötig schälen und grob reiben. Die Zwiebel abziehen, fein würfeln und zusammen mit der geriebenen Möhre unter den Weißkohl mischen. Das Öl zugeben und den Salat mit Zitronensaft, Pfeffer und eventuell auch Kümmel abschmecken. Etwa 15 Minuten ziehen lassen.

Alternative:
Den Rohkostsalat kann man auch aus Spitzkohl zubereiten. Den Spitzkohl aber nicht zu stampfen, da er viel weicher ist als Weißkohl.

SAŁATKA Z KISZONEJ KAPUSTY – Sauerkrautsalat

Ein Salat, der im Winter oft und gerne gegessen wird. Am besten schmeckt er aus selbst gemachtem Sauerkraut. Traditionell wird er mit Frikadellen oder gebratener Leber serviert.

Zutaten für 4-6 Personen:
500 g frisches Sauerkraut
von guter Qualität
1 kleine Zwiebel
1 Möhre
1 kleiner Apfel,
nach Belieben

2 El Öl, Steinsalz
frisch gemahlener
schwarzer Pfeffer
1 Msp. grob gemahlener
Kümmel, wenn gewünscht
1 El Schnittlauchröllchen,
zum Garnieren

1. Das Sauerkraut in eine Schüssel geben, sollte es zu sauer sein, nicht spülen, sondern nur den Saft ausdrücken.

2. Die Möhre und den Apfel schälen und grob reiben. Zwiebel abziehen und sehr fein würfeln. Zusammen mit Öl unter das Sauerkraut mischen. Mit Salz, Pfeffer und eventuell Kümmel abschmecken. 15 Minuten ziehen lassen.

SAŁATKA POMIDOROWA – Tomatensalat

Es ist ein Lieblingssalat meines älteren Sohnes, der ihn am liebsten mit dünn geschnittenen Frühlingszwiebeln mag. Einen traditionell mit kleinen Zwiebelwürfel zubereiteten Tomatensalat haben wir immer bei meinen Schwiegereltern gegessen.

Zutaten für 4 Personen:
1 Pfund sonnengereifte Tomaten
1 Zwiebel

Steinsalz
schwarzer Pfeffer
aus der Mühle

Die Tomaten waschen, die Stielansätze ausschneiden und in dünne Scheiben schneiden. Auf einem Teller dachziegelartig schichten. Die Zwiebel schälen, sehr fein würfeln und über die Tomaten verteilen. Salz und Pfeffer darüber streuen.

SAŁATKA Z CZERWONEJ KAPUSTY – Rotkohl-Rohkostsalat

Der Salat wird traditionell zu Wildfleischgerichten serviert.

Zutaten für 4-6 Personen:
1 kleiner Rotkohlkopf
von etwa 600 g
1 kleine Zwiebel
2 El Schnittlauchröllchen
oder Petersiliengrün

2 El Öl
1-2 El Zitronensaft
Steinsalz
frisch gemahlener
schwarzer Pfeffer

1. Den Rotkohl putzen, waschen und zur Hälfte schneiden. Auf einem Gemüse- oder Gurkenhobel fein hobeln. Den Strunk weg lassen. Die Kohlstreifen kurz blanchieren, abtropfen und in eine Schüssel geben.

2. Die Zwiebel abziehen, sehr fein würfeln und mit Schnittlauchröllchen (Petersiliengrün) und Öl unter den Rotkohl mischen. Mit Zitronensaft, Salz und Pfeffer abschmecken. Etwa 15 Minuten ziehen lassen.

SAŁATKA Z MARCHEWKI – Möhrensalat

Es ist ein einfacher und sehr delikater Salat, den man fast das ganze Jahr über zubereiten kann. Ich habe ihn oft bei einer lieben Freundin von mir gegessen. Es war der Lieblingssalat ihres großen Bruders, einen begnadeten Violoncellisten.

Zutaten für 4 Personen:
300 g Möhren

4-5 El süßer Sahne
1 Tl Zitronensaft, Steinsalz

Die Möhren putzen, waschen und schälen. Auf einer Rohkostreibe fein raspeln. Die Sahne untermischen und mit Salz und Zitronensaft abschmecken. Sofort servieren.

SAŁATKA Z CZARNEJ RZODKWI – Schwarze-Rüben-Salat

Der scharfe Salat passt sehr gut zu mildem Gemüse. Wir essen ihn bis heute von Zeit zu Zeit, aber nie in großen Mengen.

Zutaten für 3-5 Personen:
200 g schwarze Rüben
4 El saurer Sahne
½ Tl Zitronensaft
Steinsalz

Die Rüben putzen, schälen und waschen. Auf einer Rohkostreibe fein raspeln. Die Sahne untermischen und mit Zitronensaft und Salz abschmecken. Sofort servieren.

MAJONEZ – Mayonnaise

Selbst gemacht schmeckt die Mayonnaise immer am besten. Zwar braucht das Unterrühren von dem langsam tropfenden Öl etwas Zeit, erlaubt man jedoch den Kindern, dabei zu helfen, kann es allen Spaß machen. Auch Abschmecken, Untermischen und Probieren macht den meisten Kindern viel Freude.

Zutaten:
2 Eigelbe von frischen
(bio) Eiern
200 ml Speiseöl
3-4 El Zitronensaft,
nach Geschmack
Steinsalz
frisch gemahlener
schwarzer Pfeffer

Die Eigelbe in eine Schüssel geben und mit Schneebesen verquirlen. Das Öl tröpfchenweise unter ständigem Rühren in die Eigelbe einrühren. So lange rühren, bis eine dickcremige Konsistenz entsteht. Ist die Mayonnaise zu dick geraten, teelöffelweise Zitronensaft zugeben. Mit Zitronensaft, Salz und Pfeffer abschmecken und unter einen Salat mischen.

SAŁATKA KARTOFLANA – Kartoffelsalat

Der Kartoffelsalat ist mit der Zeit eine fast alltägliche Speise geworden. Früher wurde er als Festessen betrachtet und sogar auf Hochzeiten serviert.

Zutaten für 4-6 Personen:
600 g Kartoffeln,
vorwiegend festkochend
1 Zwiebel
100 g kleine
weiße Bohnen
Apfel
2 Möhren

2-3 milchsaure
Gurken
2 hartgekochte Eier
250 ml Mayonnaise
Steinsalz
frisch gemahlener
schwarzer Pfeffer

1. Die Bohnen verlesen und in kaltem Wasser über Nacht einweichen. Am nächsten Tag bei kleiner Hitzen etwa 1 Stunde kochen. Abtropfen und erkalten lassen.
2. Kartoffeln und Möhren waschen und in der Schale kochen. Abseihen, noch warm pellen, erkalten lassen und würfeln.
3. Den Apfel schälen, vierteln, vom Kerngehäuse befreien und klein würfeln. Die Zwiebel abziehen und sehr klein würfeln.
4. Auch die milchsauren Gurken und die hartgekochten und gepellten Eier klein würfeln. Alles zusammen mit den gekochten Bohnen in eine Salatschüssel geben und locker miteinander vermengen.
5. Die selbst gemachte Mayonnaise unter den Salat heben. Mit Salz und Pfeffer abschmecken und mit Schnittlauch garnieren. 1-2 Stunden im Kühlschrank durchziehen zu lassen.

Alternative:

Anstatt Bohnen kann man frische grüne Erbsen nehmen. In manchen Familien wird etwa 150 g Sellerie zugegeben – gekocht und klein gewürfelt.

SAŁATKA ŚLEDZIOWA – Heringsalat
Ein Salat, der bis heute oft zubereitet und gegessen wird.

Zutaten für 4-5 Personen:
800 g Kartoffeln
300 g Heringsfilet
1 Zwiebel

2 El Weinessig
4 El Öl
1 Msp. Pfeffer

1. Den Hering für Minimum 1 Stunde in kaltem Wasser einweichen, bis er nicht mehr zu salzig schmeckt. Anschließend abtropfen und in kleine Stücke schneiden. Die Zwiebel abziehen und sehr klein würfeln.
2. Die Kartoffeln kochen, pellen, erkalten lassen und würfeln. Den Hering und die Zwiebel untermischen. Mit Essig, Öl und Pfeffer abschmecken und für 1-2 Stunden in den Kühlschrank stellen.

SAŁATKA Z RAKÓW – Flusskrebse-Salat
Ein exzellenter Salat, der früher zu besonderen Anlässen serviert wurde.

Zutaten für 4 Personen:
30 Flusskrebse, Steinsalz
Dill, 1 Kopfsalat
2 hartgekochte Eier, geviertelt

Für die Salatsoße:
1 Eigelb, 125 ml Öl
1El Senf, 1 Msp. Steinsalz
1 El Weinessig

1. Die Flusskrebse unter fließendem Wasser abbürsten und in kochend heißes Wasser legen. Salz und Dill zugeben und 10-15 Minuten kochen, bis sie rot geworden sind. Mit einem Schaumlöffel herausnehmen, abkühlen lassen und das Fleisch herauslösen.
2. Den Salat putzen, waschen und abtropfen lassen. Die Blätter zerpflücken und in eine Salatschüssel legen.
3. Aus dem Eigelb und dem Rest der Zutaten eine Mayonnaise nach dem Grundrezept (S. 241) glatt rühren und die Salatblätter damit übergießen. Das Krebsfleisch untermischen, mit den hartgekochten Eiern garnieren. Bis zum Servieren in den Kühlschrank stellen.

PILZE UND PILZGERICHTE

Pilze, besonders die getrockneten, sind sehr charakteristisch für die traditionelle polnische Küche. Sie sind für viele Gerichte unverzichtbar, denn sie geben ihnen den unverwechselbaren, herben Geschmack und das unvergleichliche Aroma.

GRZYBY SMAŻONE – Gebratene Pilze

Zum Braten eignen sich nur wenige Waldpilze: Pfifferlinge, Reizker und Grünlinge. Pfifferlinge kommen schon im Sommer, Grünlinge erst spät im Herbst. Die ersten sind nicht zu verfehlen, die letzten kann man leicht verwechseln. Wir haben sie als Kinder lange Zeit zusammen mit unserem Vater gesammelt, um es zu lernen, sie von anderen Pilzen zu unterscheiden. Wir sammelten sie sehr gerne, denn in Butter gebraten schmeckten sie uns unwiderstehlich lecker. Der Reizker war bedauerlicherweise in dem Wald meiner Kindheit nicht zu finden, dagegen aber in dem meines Mannes. Sommer für Sommer verbrachte er einen Großteil der Schulferien bei seiner Tante, deren Mann, ein Rechtsanwalt, sein Herz an das Landleben so weit verloren hatte, dass er sogar einen kleinen Wald sein Eigen nennen konnte. Gerade in dem Wäldchen waren die vielen Reizker zu Hause, die mein Mann und seine Cousins sich oft schmecken ließen.

Zutaten für 4-5 Personen:
800 g frische Pfifferlinge,   *150 g Butter*
Reizker oder Grünlinge   *Steinsalz*

1. Die Pilze verlesen, besonders bei dem Reizker auf Wurmbefall achten, spülen und die Stiele abschneiden.
2. In einer großen Pfanne bei mittlerer Hitze, die Butter zerlassen und die Pilze darin portionsweise braten. Die beste Methode ist, die Hüte zuerst mit den Lamellen nach oben zu legen, nach einigen Minuten zu wenden, und sie dann fertig zu braten. Mit Salz abschmecken und mit Kartoffelpüree oder Stampfkartoffeln sofort servieren.

GRZYBY DUSZONE – Gedünstete frische Waldpilze

Im Herbst frönte mein Vater seinem Hobby, dem Pilzesammeln. Sonntags morgen war er der Erste im Wald und kam immer mit einem vollen Korb nach Hause. Die Pilze gab es dann zu Mittagessen. Wir wurden der herrlich nach Wald schmeckenden Speisen nie überdrüssig.

Zutaten für 4 Personen:

800 - 1000 g frische Pilze:
Butterpilz,
Braunhäuptchen,
Espenrotkappe,
Birken- und Steinpilz

2 Zwiebeln
125 ml Sahne
Steinsalz
frisch gemahlener
schwarzer Pfeffer

1. Die Pilze sorgfältig verlesen. Die von Würmern befallenen Teile sorgfältig herausschneiden und wegwerfen, den Rest putzen und kurz aber gründlich spülen. Die Stiele klein schneiden, die Hüte halbieren, ganz lassen oder in Streifen schneiden, je nachdem wie groß sie sind.

2. Die Zwiebeln abziehen, fein würfeln und zusammen mit den Pilzen in einen Topf geben. Nur soviel Wasser gießen, dass die Pilze gerade bedeckt sind, salzen und etwa 30 Minuten zugedeckt kochen.

3. Die Sahne dazu gießen und die Pilze so lange bei kleiner Hitze weiter dünsten, bis eine dicke Soße entstanden ist. Mit Pfeffer abschmecken und mit Stampfkartoffeln servieren.

SMAŻONE GRZYBY SUSZONE – Getrocknete Pilze gebraten

Hat man schöne getrocknete Pilzhüte zur Hand, kann man sie wie die frischen braten.

Zutaten für 2 Personen:
12 getrocknete, mittelgroße
Pilzhüte vom Steinpilz
1 Ei, 2 El Mehl, Öl zum Braten

Steinsalz
Pfeffer, frisch gemahlen
500 ml Milch,
nach Belieben

1. Die Pilze für 2 Stunden in kaltem Wasser oder Milch einweichen. Danach etwa 30 Minuten kochen, bis sie weich sind. Herausnehmen, abtropfen und erkalten lassen.

2. Das Ei mit Salz und Pfeffer verquirlen. Ein Pilzhut nach dem anderen erst im Ei, dann im Mehl wenden und in heißem Öl goldgelb braten. Als eine eigenständige Speise mit Kartoffeln und einem Salat servieren.

PIECZARKI NADZIEWANE – Champignons mit Fleischfüllung

Ein klassisches Rezept, das auch in vielen anderen traditionellen Küchen bekannt und allseits beliebt ist.

Zutaten für 4 Personen:
16 große Champignons
200 g mageres
Schweinegehacktes
1 Zwiebel, Steinsalz

frisch gemahlener
schwarzer Pfeffer
2 El Petersilie, fein gewogen
Öl zum Braten

1. Die Champignons putzen, die Stiele tief ausschneiden und fein hacken.

2. Die abgezogene Zwiebel fein würfeln, zusammen mit dem Fleisch und den Champignonstielen in einer Pfanne mit 2 El Öl 4-5 Minuten braten. Anschließend zugedeckt auf kleiner Flamme etwa 10 Minuten schmoren.

3. Mit einem Esslöffel die Fleischmasse in die Champignons verteilen. In einer großen Pfanne 3-4 Esslöffel Öl erhitzen und die gefüllten Champignons darin zugedeckt bei mittlerer Hitze etwa 10 Minuten weich dünsten.

SOSSEN

In der traditionellen polnischen Küche sind Soßen bis heute sehr beliebt. Die altpolnischen Soßen waren herzhaft bis sehr pikant. Denn sie wurden reichlich mit Pfeffer, Ingwer, Zimt, Nelken, Safran, Muskatnuss und Muskatblüte, sogar Senf gewürzt und mit Zucker, Rosinen, Wein und Zitronen, die schon ab 15. Jh. zu bekommen waren, abgeschmeckt. Manche Köche gaben noch Mandeln oder Kapern hinzu.

Alle Soßen wurden gerne sämig eingekocht und in großen Mengen zu jedem Fleischgericht gereicht. So beschreibt sie auch der Guillaume de Beauplan, der im 17. Jh. zur Herrschaftszeit von Zygmunt III. Vasa in Polen weilte. Dieselben Erfahrungen machte auch der Journalist Fritz Vernick, der fast zweihundert Jahre später Europa und Amerika bereiste. Im Jahre 1876 schrieb er in seinen Warschauer Reportagen, dass das Fleisch in der polnischen Küche nur so von Soßen „trieft".

In der Bauernküche, die sich die teuren Gewürze nicht leisten konnte, wurden die landesüblichen Kräuter Meerrettich, Senf, Honig und süße Sahne sowie die hausgemachten Säuren wie Essig, Gurken- und Sauerkrautsäure benutzt.

SZARY SOS – Graue Soße (auch Polnische Soße genannt)

Es ist eine der ältesten Soßen der traditionellen polnischen Küche, die schon im Mittelalter zubereitet wurde. Das aus den dreißiger Jahren des letzten Jahrhunderts stammende Rezept ist charakteristisch für die altpolnische Küche, mit ihrer Liebe für sehr würzigen, sämigen, süßsauer schmeckenden Soßen. In anderen alten Rezepten stehen doppelte Mengen von dem Honigkuchen, was die Soße noch intensiver im Geschmack macht.

Zutaten für 4 Personen:
4 El Butter
3 El Mehl
500 ml Hühner-
oder Gemüsebouillon
Gewürze:
2 Nelken
5 Pimentkörner
½ Lorbeerblatt

2 getrocknete Pflaumen
(eingeweicht)
30 g Honigkuchen
250 ml herber Rotwein
1-2 Tl Zitronensaft
50 g Rosinen
50 g Mandelblätter
Für den Karamell:
2 El Zucker

1. Für den Karamell den Zucker in eine kleine Pfanne geben und bei mittlerer Hitze so lange unter Rühren erhitzen, bis ein goldbrauner Sirup entsteht. Mit 3 El heißem Wasser vorsichtig löschen und die Pfanne vom Herd nehmen.

2. Für die Soße das Mehl in Butter anschwitzen und mit der Bouillon löschen. Den Honigkuchen, Gewürze und Pflaumen zugeben und bei niedrigster Hitze noch etwa 15-20 Minuten leise köcheln lassen.

3. Die Gewürze herausnehmen und die Soße durch ein Sieb streichen. Rosinen, Mandeln und Wein zugeben und die Soße mit Karamell und Zitronensaft abschmecken. Sie sollte würzig, leicht säuerlich und kaum wahrnehmbar süß schmecken. Gereicht wird sie vor allem zu Rinderzunge und Fisch.

SOS KORZENNY – Gewürzsoße

Es ist eine typisch altpolnische Soße, gut gewürzt und süßsauer. Sie wurde früher zu Schweinefleisch-, Rindfleisch- und zu Wildgerichten serviert.

Zutaten für 6-8 Personen:
500 g reife Zwetschgen
10 getrocknete Pflaumen
1 Apfel, 250 g Rosinen
je ½ Tl schwarzer Pfeffer,
Ingwer, Nelken
und Kardamom,
alles gemahlen
1 Msp. Cayennepfeffer
500 g Honig
125 ml Weinessig
1 Msp. Steinsalz

1. Die getrockneten Pflaumen in Streifen schneiden. Die Zwetschgen waschen und entsteinen. In einem Topf in wenig Wasser 20 Minuten kochen.
2. Den Apfel schälen, reiben und zusammen mit den getrockneten Pflaumen, Rosinen, Gewürzen sowie dem Essig in den Topf geben. Weitere 20 Minuten kochen. Den Honig untermischen und die Soße mit Salz abschmecken.

SOS CEBULOWY – Zwiebelsoße

Eine sehr einfache, deftige Soße, die das ganze Jahr über gut schmeckt.

Zutaten für 4 Personen:
500 g Zwiebeln
2-3 El Öl
150 g geräucherter Speck
2 El Mehl, 4 El Wasser
Steinsalz
frisch gemahlener
schwarzer Pfeffer

1. Den Speck klein würfeln und in Öl zerlassen. Die Zwiebeln schälen, klein würfeln und glasig anbraten.
2. Mit etwa 200 ml Wasser aufgießen und 20-25 Minuten schmoren lassen, bis die Zwiebelwürfel fast zerkocht sind.
3. Das Mehl mit Wasser glatt rühren und unter die Soße mischen, kurz aufkochen und vom Herd nehmen. Mit Salz und Pfeffer abschmecken.

SOS CHRZANOWY – Meerrettichsoße

Eine sehr pikante Soße, die man traditionell zu gekochtem Rindfleisch serviert. Für eine abgemilderte Version lässt man den Meerrettich kurz mitkochen.

Zutaten:

*3-6 El frisch geriebener Meerrettich
oder 2-4 gehäufte Tl Tafelmeerrettich naturscharf, ohne Konservierungsstoffe
125 ml saure Sahne*

*1-2 El frisch gepresster Zitronensaft
Steinsalz*
Für die Mehlschwitze:
*4 El Mehl
6 El Öl
400 ml Rinderbouillon*

1. Die Butter bei mittlerer Hitze in einer Pfanne zerlassen, das Mehl dazugeben und kurz weiß anschwitzen. Unter Rühren mit der Rinderbouillon ablöschen und noch 2-3 Minuten köcheln lassen.

2. Die Pfanne vom Herd nehmen, etwas abkühlen lassen. Den Meerrettich und die Sahne unterrühren. Mit Zitronensaft und Salz abschmecken.

Tipp: Den Meerrettich erst kurz vor dem Gebrauch und unbedingt draußen reiben, sonst treibt er sehr schnell die Tränen in die Augen.

SOS GRZYBOWY – Pilzsoße

Die Soße duftet köstlich nach einem herbstlichen Wald und veredelt jedes Gericht. Sie wird traditionell zu Fleisch- und Nudelgerichten serviert.

Zutaten für 4 Personen:

*1 Handvoll getrocknete
Steinpilze oder Braunhäuptchen
1 Zwiebel
2 El Mehl, 3 El Butter*

*125 ml süße Sahne
Steinsalz
frisch gemahlener
schwarzer Pfeffer*

1. Die Pilze in 500 ml Wasser etwa 1 Stunde einweichen, anschließend in demselben Wasser etwa 30-40 Minuten leise kochen, bis sie ganz weich sind. Herausnehmen und in Streifen schneiden.
2. Das Mehl in Butter weiß anschwitzen und mit dem Pilzsud löschen. Bis zur gewünschten Konsistenz einkochen, die geschnittenen Pilze und die Sahne zufügen, kurz aufkochen und mit Salz und Pfeffer abschmecken.

SOS PIECZARKOWY – Champignonsoße

Hat man keine getrockneten Steinpilze zur Hand, kann man eine Pilzsoße aus den Champignons zubereiten. Sie ist mild im Geschmack und wird gerne zu Nudeln, Frikadellen und Kartoffeln gereicht.

Zutaten:

*200 g Champignons
125 ml saure Sahne 20 %
oder Crème fraîche*

*1 Zwiebel
2-3 El Öl, Steinsalz,
weißer Pfeffer
aus der Mühle*

Die Zwiebel schälen und klein würfeln. Die Champignons putzen und blättern. Alles in eine Pfanne zusammen mit 2-3 El Öl geben und kurz anbraten. Sahne oder *Crème fraîche* zugeben und etwa 15-20 Minuten schmoren lassen, bis die Zwiebelwürfel ganz weich sind. Mit Salz und Pfeffer abschmecken.

SOS ŚLIWKOWY – Pflaumensoße

Die herrlich aromatische, süßsaure Soße wird vor allem zu Schweine- und Rindfleischgerichten serviert.

Zutaten für 4 Personen:
200 g getrocknete Pflaumen
250 ml Wasser
2 Nelken
1-2 Tl Zitronensaft
1 Msp. Zimt
½ Knoblauchzehe, nach Belieben
Steinsalz
frisch gemahlener schwarzer Pfeffer

1. Pflaumen und Nelken so lange kochen lassen, bis die Pflaumen ganz weich sind.
2. Die Nelken herausnehmen, die Pflaumen durch ein Sieb streichen. Mit Zitronensaft, Salz, Pfeffer und Zimt abschmecken. Wer mag, kann auch eine halbe zerriebene Knoblauchzehe untermischen. Ist die Konsistenz der Soße zu dick geraten, etwas abgekochtes Wasser zugießen.

SOS ŻURAWINOWY – Moosbeerensoße

Es ist heutzutage nicht mehr selbstverständlich die Moosbeeren auf dem Markt kaufen zu können. Ersatzweise kann man auch Preiselbeeren nehmen. In dem alten Rezept wird die Soße mit Sahne zubereitet, man kann sie aber auch weglassen. Die Moosbeerensoße wird vor allem zu Kalbfleisch, Rindfleisch und Geflügel serviert.

Zutaten für 4 Personen:
200 g Moosbeeren
250 ml Fleischbouillon
125 ml süße Sahne, 2 El Mehl
1 El Butter, Steinsalz
frisch gemahlener Pfeffer

1. Die Moosbeeren verlesen, putzen und spülen. Die Fleischbouillon aufkochen und die Moosbeeren darin kurz köcheln lassen.
2. Das Mehl mit der Sahne glatt rühren und unter die Soße mischen, kurz aufkochen und vom Herd nehmen. Butter unterrühren und die Soße mit Salz abschmecken.

SOS BORÓWKOWY – Preiselbeersoße
Die Soße wird aus 200 g Preiselbeeren nach demselben Rezept wie die Moosbeerensoße zubereitet.

SOS PORZECZKOWY – Johannisbeersoße
Die Johannisbeersoße wurde früher oft als Ersatz für die Moosbeerensoße gemacht. Mit der Zeit wurde daraus eine eigenständige süßsaure Soße, die vor allem zu Rindfleischgerichten serviert wird.

Zutaten für 4 Personen:
250 g rote Johannisbeeren   *125 g Sahne, 2 El Mehl*
250 ml Fleischbouillon   *1-2 El Zucker, 1 Msp. Steinsalz*

1. Die Johannisbeeren entstielen und kurz spülen. Zusammen mit der Fleischbouillon in einen Topf geben und ein paar Minuten kochen. Durch ein Sieb streichen und zurück in den Topf geben.
2. Das Mehl mit der Sahne glatt rühren und unter die Soße mischen, kurz aufkochen und mit Zucker und Salz abschmecken.

SOS WIŚNIOWY – Kirschsoße
Es ist eine Soße, die früher gerne zu Rindfleisch gereicht und einfach nur rote Soße genannt wurde. Ihre fruchtige Süße verleiht jedem Gericht das Flair der altpolnischen Küche.

Zutaten für 4 Personen:
250 g saure Kirschen   *2 El Mehl, 3 El Butter*
2 Nelken, 125 ml Rotwein   *1-2 El Zucker*

1. Die Kirschen entstielen, kurz unter kaltem Wasser spülen, entsteinen und zusammen mit Nelken in wenig Wasser weich kochen. Mehl in Butter weiß anschwitzen und mit dem Kirschensud löschen.
2. Die Kirschen durch ein Sieb streichen und zusammen mit dem Rotwein unter die Béchamel mischen. Mit Zucker abschmecken.

SOS GŁOGOWY – Habegutensoße
Eine traditionelle Wildfleischsoße, die bis heute gerne serviert wird.

Zutaten für 4 Personen:
250 g Hagebutten
2 Nelken
4 leicht zerstoßene
Wacholderbeeren
½ Lorbeerblatt

2 El Mehl, 3 El Butter
250 ml Wasser
oder Fleischbouillon
125 ml Wein
1-2 Tl Zitronensaft
1-2 Tl Zucker, 1 Msp. Salz

1. Die Hagebutten putzen, dabei sorgfältig von Samen und Härchen befreien. Zusammen mit Gewürzen in einen Topf geben und bei kleiner Hitze etwa 20 Minuten kochen, bis sie weich sind.
2. Mehl in Butter goldgelb anschwitzen und mit dem Hagebuttensud löschen. Noch ein paar Minuten köcheln lassen.
3. Die Hagebutten durch ein Sieb streichen und zusammen mit dem Wein zu dem Béchamel geben. Alle Zutaten gründlich vermischen und mit Zucker, Zitronensaft und Salz abschmecken. Die Soße schmeckt besonders gut, wenn man den eingedickten Bratensaft von dem Wildbraten untermischt.

SOS KOPERKOWY – Dillsoße
Die herrlich duftende Soße ist ein wahrer Genuss, weil ihr immer ein Hauch von Sommerfrische anhaftet. In dem alten Rezept dient als Grundlage eine Mehlschwitze, die die Soße angenehm sämig macht.

Zutaten für 4 Personen:
3 El Mehl, 4 El Butter
250 ml Fleischbouillon

125 ml Sahne
1 Bund Dill, fein gewogen
1 El Zitronensaft, Steinsalz

Mehl in Butter weiß anschwitzen, mit der Bouillon löschen und noch ein paar Minuten köcheln lassen. Die Sahne unterrühren und die Soße vom Herd nehmen. Den Dill unter die Soße mischen und mit Zitronensaft und Salz abschmecken.

SOS TATARSKI – Tatarensoße

Die Tatarensoße war bereits im 18. Jh. bekannt. Schon damals wurde sie vor allem zu kaltem Braten gereicht.

Zutaten für 4 Personen:
2 hartgekochte Eier
125 ml Fleischbouillon
1 El Senf, 125 ml Rapsöl
125 ml Sahne
1-2 El Zitronensaft

Steinsalz
frisch gemahlener Pfeffer
2 El Schnittlauch, fein gewogen
4-5 Cornichons, klein gewürfelt
ein paar kleine eingelegte Pilze

1. Die Eier pellen. Die Eiweiße klein würfeln, die Eigelbe zusammen mit der kalten Fleischbouillon und Senf in einer Rührschüssel zu einer glatten Masse pürieren.

2. Das Öl unter ständigem Rühren tropfenweise zugeben. Sahne zugießen und die Soße mit Salz, Pfeffer und Zitronensaft abschmecken. Die gewürfelten Eiweiße, die klein gewürfelten Cornichons, die eingelegten Pilze und den Schnittlauch untermischen.

SOS POMIDOROWY – Tomatensoße

Das Rezept stammt aus einem über 90 Jahre alten Kochbuch. Die Soße wurde damals gerne zu Schweinekoteletts gereicht.

Zutaten für 4 Personen:
500 g reife Suppentomaten
1 Zwiebel, 2 El Butter
125 ml süße Sahne

Steinsalz, Pfeffer aus der Mühle
Für die Béchamel:
2 El Mehl, 3 El Butter
250 ml Fleischbouillon

1. Die Zwiebel abziehen, klein würfeln und in Butter glasig dünsten. Die Tomaten mit kochendem Wasser überbrühen, enthäuten, klein würfeln und zugeben. Zugedeckt weich dünsten und durch ein Sieb passieren.

2. Mehl in Butter weiß anschwitzen und mit der Bouillon löschen. Noch ein paar Minuten köcheln lassen. Die gedünsteten Tomaten und die Sahne zugeben, mit Salz und Pfeffer abschmecken.

NACHTISCH

Im Mittelalter gab es nur ein mit Honig gesüßtes Gebäck, dem etwas später der Pfefferkuchen folgte. Die anderen Süßspeisen gab es erst mit dem Zucker, der im 16. Jh. kam, und lange Zeit sehr kostspielig war. „Auch der König isst den Zucker nicht löffelweise", pflegte man damals über ihn zu sagen. Noch die nächsten zwei Jahrhunderte wurde er in Zuckerdosen unter Verschluss gehalten.

Dessen ungeachtet entwickelte sich damals der Nachtisch in der Küche der Reichen fast zu einer Kunst: Aus dem teuren Zucker wurden von den besten Köchen filigrane Kunststücke, manch ganze Szenen gezaubert, die die Gäste zu bewundern hatten. So diente der Nachtisch oft mehr dem Status als dem Magen.

Was in der traditionellen polnischen Küche heutzutage als Nachtisch serviert wird, sind vor allem Kuchen, Gelees, Cremes, Obstmus, Eis und *kompot*, der vor allem als Getränk gereicht wird.

Anmerkung:

Bis 19. Jh. war der Zucker in ganz Europa ein Luxusgut, denn es gab damals nur den Rohrzucker, der aus Übersee kam. Erst als man in Europa angefangen hatte den Rübenzucker zu produzieren (erste Fabrik 1801), wurde er erschwinglich.

KUTIA

Kutia ist eine Süßspeise aus ganzen Weizenkörnern, Honig, Mohn und getrockneten Früchten. Sie wurde früher traditionell am Heiligabend zubereitet und als Nachtisch serviert. Nach einem ähnlichen Rezept hat meine Großmutter mütterlicherseits das traditionelle Gericht jedes Jahr am Heiligabend zubereitet.

Zutaten für 4-5 Personen:
250 g ganze Weizenkörner
200 g Mohn, gemahlen
150 ml Honig
50 g Sultaninen
50 g Nüsse
50 g Mandeln, abgezogen
2-3 Feigen
50-70 ml süße Sahne
1 El Orangeat, nach Belieben
½ Vanillestange, fein im Mörser zerstoßen oder gemahlen

1. Den Weizen in etwa 1 l Wasser über Nacht einweichen und am nächsten Tag 2 Stunden auf kleiner Hitze kernig kochen. Abkühlen lassen.
2. Den Mohn mit 500 ml heißem Wasser übergießen und etwa 30 Minuten einweichen lassen.
3. Die Mandeln und die Nüsse hacken, die Feigen in Streifen schneiden.
4. Den abgekühlten Mohn in eine Schüssel geben, den Honig und die Sahne unterrühren. Die Rosinen, Mandeln und Nüsse sowie die geschnittenen Feigen, Orangeat und die gemahlene Vanillestange zufügen und alles miteinander vermengen. Ein paar Minuten ziehen lassen und unter die Weizenkörner mischen. In einer Servierschüssel servieren.

Anmerkung: Bei meiner Großmutter mütterlicherseits gab es noch eine Speise mit Mohn, die am Heilig Abend auf der Festtafel stand. Es waren die **Nudeln mit Mohn** (*kluski z makiem*). Die selbst gemachten Nudeln (S. 186) wurden gekocht und mit dem Mohn in der Proportion: 250 g Nudeln – 200 g Mohn zusammengemischt. Der Mohn wird bis heute genauso wie für *kutia* zubereitet.

PASCHA

Pascha ist ein köstlich schmeckender roher Käsekuchen, der traditionell in vielen Familien bis heute zu Ostern gemacht wird. Das Rezept stammt, bis auf die kandierten Kirschen, von einer Jugendfreundin meiner Mutter. Die traditionelle Zubereitung der *pascha* braucht viel Zeit, denn das Rezept verlangt ununterbrochenes Rühren, und das 40 Minuten lang!

Zutaten:
1 kg Frischkäse
oder ersatzweise 1 kg
Quark (20 %), über Nacht
gut abgetropft
250 g Butter, zimmerwarm
6 Eigelbe, hart gekocht
250 g Puderzucker
1 El Weinbrand

je 50 g Rosinen,
abgezogene Mandeln,
Hasel- und Walnüsse
je 30 g Feigen und Datteln
2 El Orangeat
Zum Garnieren:
50 g Schokolade, geraspelt
16 Haselnüsse oder 8 Walnüsse
oder ein paar kandierte Kirschen

1. Die Rosinen mit heißem Wasser überbrühen, abtropfen und mit dem Weinbrand übergießen.

2. Mandeln und Nüsse klein hacken, die Datteln und Feigen klein schneiden.

3. Butter und Zucker in eine große Schüssel geben und schaumig rühren. Nach und nach durch ein Sieb passierte Eigelbe und Quark einrühren. Die Masse sollte glatt und cremig sein.

4. Die Rosinen, Nüsse, Datteln, Feigen und Orangeat unterrühren und die Quarkmasse in eine mit Butter ausgefettete Springform einfüllen.

5. Die Oberfläche glatt streichen und entweder mit Schokolade und Nüssen oder mit Kirschen garnieren. Am besten über Nacht im Kühlschrank fest werden lassen.

Anmerkung: Sind Kinder zu Hause, werden die Rosinen in Orangensaft eingeweicht.

GALARETKA RÓŻANA – Rosenblütengelee

Das Rezept ist über 90 Jahre alt und einmalig im Geschmack. Hat man die Rosenblätter schon zur Hand, ist das süß nach Rosen duftende Gelee ganz einfach in der Zubereitung. Die Rosenblätter pflügt man von Hundsrose (Rosa canina) oder Kartoffelrose (Rosa rugosa).

Zutaten für 4-5 Personen:
60 g frische Rosenblätter
300 g Zucker
Saft von 2 Zitronen
3 Gläser Wasser
4 Blatt Gelatine

1. Wasser mit Zucker aufkochen und über die Rosenblätter gießen. Gute 2 Stunden ziehen lassen.
2. Die Rosenblätter abseihen, die Flüssigkeit in einen Topf geben und aufkochen.
3. Die Gelatine in kaltem Wasser einweichen, ausdrücken und unter die Flüssigkeit mischen, bis sie sich aufgelöst hat. Etwas abkühlen lassen, Zitronensaft zugeben und in kleine Schälchen füllen. Im Kühlschrank erstarren lassen. Vor dem Servieren auf Dessertteller stürzen.

BUDYŃ WANILIOWY – Vanillepudding

Vanillepudding ist die Lieblingsspeise aller Kinder. Auch meine Mutter kochte uns den Pudding oft als Nachtisch.

Zutaten für 4-5 Personen:
750 ml Milch
60-80 g Zucker
½ Vanillestange
30 g Speisestärke

1. Etwa 50 ml von der Milch zur Seite stellen, den Rest mit der längs aufgeschnittenen Vanilleschotte aufkochen.
2. Die Speisestärke und den Zucker in die 50 ml Milch einrühren und unter die heiße Milch mischen. Noch heiß in Schälchen füllen, etwas abkühlen und mit Himbeersaft oder rohen Erdbeermus servieren.

GALARETKA WIŚNIOWA – Sauerkirschgelee

Gelees sind bis heute sehr populär und werden gerne aus frischem Obst zubereitet. Außer Sauerkirschen nimmt man gerne auch andere Obstsorten. Das Sauerkirschgelee schmeckt sehr fruchtig und ist deswegen mein Lieblingsgelee.

Zutaten für 4-5 Personen:
400 g Sauerkirschen
750 ml Wasser
150 g Zucker

4 Blätter Gelatine
Zum Garnieren:
250 ml Schlagsahne
ein paar gekochte Kirschen

1. Die Kirschen waschen und entkernen. Ein paar davon zur Seite legen.

2. Das Wasser mit dem Zucker aufkochen und die Sauerkirschen zugeben. Etwa 5-8 Minuten kochen lassen, bis die Kirschen weich sind, aber noch nicht zerfallen. Die gekochten Kirschen auf die Schälchen verteilen.

3. Die Gelatine in kaltem Wasser einweichen, ausdrücken und unter die noch heiße Flüssigkeit rühren, bis sie sich aufgelöst hat. Das Gelee in die kleine Schalen füllen und im Kühlschrank fest werden lassen.

4. Die Schlagsahne steif schlagen. Das Gelee auf Dessertteller stürzen, mit der Sahne garnieren und mit je einer Kirsche belegen.

KISIEL ŻURAWINOWY – Rote Grütze mit Moosbeeren

Kisiel wird gerne aus verschiedenem Obst zubereitet. Der aus Moosbeeren hat etwas Edles an sich, da man heutzutage die Beeren nicht so einfach wie früher bekommt.

Zutaten für 3-4 Personen:
150 g Moosbeeren, 150 g Zucker
30 g Speisestärke
750 ml Wasser,

davon 50 ml für die Speisestärke
Zum Garnieren:
250 ml Schlagsahne
1 El Puderzucker

1. Die Moosbeeren verlesen und kurz kalt spülen. In einem Mixer pürieren und durch ein Sieb streichen.

2. Den Rest von den Moosbeeren, der im Sieb geblieben ist, in einen Topf geben, mit Wasser aufgießen und 10-15 Minuten sprudelnd kochen lassen. Die Flüssigkeit durch ein Sieb in einen Topf gießen und den Zucker untermischen. Erneut aufkochen lassen.

3. Die Speisestärke mit 50 ml Wasser verquirlen und unter Rühren in den Topf gießen.

4. Den Topf vom Herd nehmen und den Moosbeersaft untermischen. Den *kisiel* in kleine Schalen füllen und abkühlen lassen. Mit steif geschlagener, leicht gesüßter Sahne servieren.

JABŁKA Z SOSEM WANILIOWYM – Äpfel mit Vanillesoße
Ein leichtes, fruchtiges und aromatisches Dessert für jede Naschkatze.

Zutaten für 4-5 Personen:
4-5 Äpfel
1,5 Glas Milch
80 g Zucker
10 g Speisestärke
2 Eigelbe
¼ Vanilleschotte

1. Die Äpfel schälen, vierteln, entkernen und längs in Spalten schneiden.

2. In einem Topf 1 Glas Wasser mit der Hälfte der Zucker aufkochen. Die Apfelspalten hineinlegen und etwa 5 Minuten kochen. Sie sollten weich werden, aber ihre Form behalten. Abkühlen und in Schälchen anrichten.

3. Die Speisestärke mit etwa 60 ml Milch glatt rühren. Den Rest der Milch mit der längs aufgeschnittenen Vanilleschotte aufkochen und die Speisestärke unter Rühren eingießen.

4. Die Eigelbe mit dem Rest der Zucker dickcremig schlagen, die heiße Vanillemilch und den Apfelsud unterschlagen und weiter rühren, bis die Masse eingedickt ist. Die Vanillesoße sofort über die Äpfel gießen.

Anmerkung: Die Äpfel kann man durch Birnen austauschen.

KREM ŚMIETANKOWY – Sahnecreme

Es ist ein altes Rezept, nach dem am Anfang des vorigen Jahrhunderts die köstliche Creme zubereitet wurde.

Zutaten 3-4 Personen:
250 ml Schlagsahne
1 Vanillestange
500 ml Milch

4 Blatt Gelatine
200 g Zucker
Zum Garnieren:
2-3 El geraspelter Schokolade

1. Die Vanilleschotte längs aufschneiden und mit Milch aufkochen.

2. Die Gelatine in kaltem Wasser einweichen, ausdrücken und in der Milch auflösen. Abkühlen lassen.

3. Die Schlagsahne steif schlagen, unter die dick werdende Masse rühren und sofort in Gläser füllen. Im Kühlschrank erstarren lassen. Mit Schokolade bestreuen.

LODY ŚMIETANKOWE – SAHNEEIS

Das Rezept kommt aus der Zeit der ersten Eismaschinen (20er Jahre des letzten Jahrhunderts) und war das populärste von allen.

Zutaten für 4 Personen:
500 ml Schlagsahne
½ Vanillestange
5 Eigelbe
200 g Zucker

1. Die Vanilleschotte längs halbieren und mit Sahne aufkochen. Die Eigelbe mit Zucker dickcremig schlagen. Die heiße Sahne unter ständigem Rühren langsam eingießen und so lange schlagen, bis die Masse dick wird. Vollständig abkühlen lassen.

2. Die Eismasse in eine (moderne) Eismaschine geben und so lange rühren lassen, bis das Eis fest geworden ist.

BROT UND BRÖTCHEN

Das Brotbacken hat in der traditionellen polnischen Küche eine sehr lange Tradition. Die ersten gesäuerten Brote wurden schon im 9. Jh. gebacken. Ein Jahrhundert später konnte man in Krakau zwischen 9 Brotsorten wählen. Auf dem Lande jedoch wurde das Brot jahrhundertelang zu Hause in hauseigenen Holzbrotöfen gebacken. Das Mehl für die Brote wurde in der Dorfmühle gemahlen, die Brotlaibe kamen auf Kohl- oder Meerrettichblättern in den Ofen. Jahrhundertelang war es Sitte, auf jedem Brot von dem Einschneiden ein Kreuz zu zeichnen. Viel älter als das gesäuerte Brot sind die altslavischen *podpłomyki*, die noch lange Zeit gerne aus den Resten vom Nudelteig auf dem noch heißen Kohleherd gebacken wurden.

Von den vielen Brotsorten gehören das Milch- und das Schwarzbrot zu den besonders gut schmeckenden Sorten. Das Milchbrot bekommt man mit dem Schwarzkümmel bestreut. Das Schwarzbrot (*razowiec*) wird in seiner edlen Form mit Honig gebacken und schmeckt sehr aromatisch. Als Kinder hatten wir unser Brot direkt bei einer Bäckerei kaufen können, wo es noch in einem großen Holzofen gebacken wurde. Wir haben gerne zugeschaut, wie die Bäcker die Brote mit dem Schieber aus dem Ofen herausholten und mit großen Wedeln mit Wasser bestrichen. Es kam schon vor, dass wir die noch warmen Brotlaiben unterwegs angeknabbert haben – so unwiderstehlich lecker waren sie.

Neben den vielen Brotsorten gibt es auch eine große Auswahl an Brötchen. Die bekanntesten sind die einfachen Kaiser- und die weichen Butterbrötchen (*kajzerki, bułki maślane*). Dazu kommen die sehr populären Hörnchen (*rogale*) und Roggenvollkornbrötchen (*grahamki*). Es gibt auch die *Baguettes*, in Polen „Pariserbrötchen" (*bułki paryskie*) genannt sowie die süßen Hefezöpfe *(chałki).*

In Südpolen, besonders in Krakau und Zakopane, kann man bis heute an fast jeder Hausecke *prezle* kaufen, die man direkt auf die Hand bekommt. In Warschau waren es früher die viel kleineren *obwarzanki*, die je etwa 15 Stück von einem Stück Baumwollfaden festgehalten verkauft wurden.

CHLEB DOMOWY – Hausbrot

Es ist ein altes Rezept, nach dem früher einmal die Woche das Hausbrot gebacken wurde. Die Backtemperaturen wurden damals nicht angegeben, da man im hauseigenen, mit Holz geheizten Brotofen, gebacken hatte. Wie warm der Ofen sein sollte wusste man aus Erfahrung. Das Backen dauerte zwei Tage. Der Vorteig wurde schon am Abend gemacht, sodass er über Nacht fermentieren konnte. Am nächsten Tag wurde er schon früh am Morgen geknetet und es dauerte noch Stunden, bis die Laibe gebacken worden waren. Zum Brotbacken benutzte man die dunklen Mehlsorten, aus denen in der Mühle nur einen Teil der Kleie ausgesiebt wurde. Nach einem ähnlichem Rezept, nur mit selbst gemachtem Sauerteig, backt heutzutage das Brot mein großer Bruder, zur Freude seiner Kinder.

Zutaten
für 10 Brote:
5 kg Roggenmehl, dunkle Sorte
2 kg Weizenmehl, dunkle Sorte
3 l Wasser

30 g Hefe
100 g Sauerteig
60 g Steinsalz
2-3 El Schwarzkümmel,
zum Bestreuen

1. 2 kg Mehl und 3 l Wasser in einen Backtrog geben, Hefe und Sauerteig zugeben und zu einem glänzenden Teig vermischen. Mit einem Leinentuch abdecken und 4-8 Stunden gehen lassen. Je länger der Vorteig fermentiert, desto saurer wird das Brot.
2. Den Rest des Mehls in den Trog zu dem Vorteig schütten, Salz zufügen und 1 Stunde lang zu einem glatten Teig kneten. Zugedeckt 2-3 Stunden gehen lassen, bis sich das Volumen verdoppelt hat.
3. Den Teig noch einmal kräftig durchkneten und dann je 1 kg schwere Laibe formen. In bemehlte Brotkörbe legen und zur doppelten Größe gehen lassen.
4. Sind die Brote aufgegangen, nacheinander aus den Körben auf einen Schieber stürzen, mit heißem Wasser bestreichen, mit Schwarzkümmel bestreuen und in den gut geheizten (200 °C) Ofen schieben.
5. Nach 1 Stunde die Brote herausholen und mit Wasser bestreichen. Am Boden klopfen, wenn es hohl klingt, sind sie fertig.

BUŁKI MAŚLANE – Weichbrötchen

Die *bułki maślane* („Butterbrötchen") sind weich und leicht süß. Meine im Phloxgarten lebende Tante kaufte sie mir immer, wenn ich bei ihr zu Besuch war. Man bekommt sie auch mit Streuseln. Die holten sich immer meine Grundschulkameraden in der Grundschule in den Pausen, ich bekam von meiner Mama „leider" gesunde Brote mit.

Zutaten
für 12 Stück:
500 g Mehl
40 g Hefe
250 ml Milch oder süße Sahne
60 g Zucker
100 g Butter, zerlassen
2 Eigelbe

1 Msp. Steinsalz
Zum Bestreichen:
1 Eigelb
1 El Wasser
Für die Streusel:
50 g Mehl
50 g Zucker
50 g Butter, zimmerwarm

1. Die Zutaten für die Streusel mit den Händen schnell zu einer krümeligen Masse verarbeiten und kalt stellen.

2. Die Hefe mit 1 El Zucker flüssig rühren. An einem warmen Ort etwa 15 Minuten gehen lassen.

3. Die Eigelbe mit dem Rest des Zuckers cremig schlagen, die Hefe zugeben und mit dem Rest der Zutaten zu einem glatten Teig verkneten. Zugedeckt an einem warmen Ort zur doppelten Größe gehen lassen.

4. Den Teig nochmals kneten, in 12 Teile schneiden und mit bemehlten Händen Brötchen formen. Auf ein mit Backpapier belegtes Backblech legen und mit dem mit Wasser verquirlten Eigelb bestreichen. Mit den Streuseln bestreuen und erneut auf das doppelte Volumen gehen lassen. Bei 200 °C etwa 20-25 Minuten zimtfarben backen.

GRAHAMKI – Roggenvollkornbrötchen

Es ist ein über 90 Jahre altes Rezept, nach dem man die herzhaft schmeckenden Brötchen auch heute backt. In Warschau gab es früher die besten *grahamki* in einem kleinen Laden nicht weit von *Stary Rynek* (Alter Markt) entfernt.

Zutaten
für 10 Brötchen:
500 g Weizenvollkornmehl
40 g Hefe

½ Tl Zucker
250 ml Wasser, lauwarm
½ Tl Steinsalz

1. Die Hefe mit Zucker flüssig rühren. Etwa 15 Minuten an einem warmen Ort gehen lassen.
2. Das Mehl in eine Rührschüssel geben, die Hefe, Wasser und Salz zugeben und zu einem glatten Teig kneten. Eine Kugel formen, mit einem Leinentuch bedecken und so lange an einem warmen Ort gehen lassen, bis sich das Volumen verdoppelt hat.
3. Den Teig nochmals kräftig durchkneten und 10 ovale Brötchen davon formen. Mit warmem Wasser bepinseln, auf ein mit Backpapier belegtes Backblech legen und erneut auf das doppelte Volumen aufgehen lassen. Bei 200 °C etwa 25 Minuten zimtfarben backen.

BUŁKI Z MAKIEM – Mohnbrötchen

Die Mohnbrötchen sind genauso populär wie die Kaiserbrötchen und werden genauso zubereitet.

Zutaten für
etwa 14 Brötchen:
600 g Mehl
40 g Hefe

1Tl Zucker
300 ml Wasser,
lauwarm
½ Tl Steinsalz

1. Die Hefe mit 1 Tl Zucker flüssig rühren. An einem warmen Ort etwa 15 Minuten gehen lassen.

2. In einer Rührschüssel mit dem Rest der Zutaten zu einem glatten Teig verkneten. Zudecken an einem warmen Ort zur doppelten Größe gehen lassen (etwa 30 Minuten).
3. Den Teig nochmals durchkneten, in 18 Teile teilen und mit bemehlten Händen Brötchen formen. Auf ein mit Bachpapier ausgelegtes Backblech legen, mit Wasser bepinseln und mit Mohn bestreuen. Nochmals 30 Minuten gehen lassen. Bei 200 °C etwa 25 Minuten goldgelb backen.

ROGALE – Hörnchen
Die kleinen *rogale* gab es immer bei meiner Lieblingsoma Franciszka zum Frühstück. Sie kamen aus einer alten Bäckerei, bei der schon die arg abgenutzte Türschwelle ahnen ließ, wie viele Menschen sich die wunderbar schmeckenden Brote und Brötchen im Laufe der Zeit von dort abgeholt haben. Zu den *rogalen* gab es am Tisch frische Butter, selbst gemachte Marmelade und Milchkaffee (für mich natürlich aus Getreidekaffee).

Zutaten
für 16 Hörnchen:
750 g Mehl
40 g Hefe
1 Tl Zucker
300 ml Milch, lauwarm
30 g Butter, zerlassen
½ Tl Steinsalz

1. Die Hefe mit Zucker flüssig rühren. An einem warmen Ort etwa 15 Minuten gehen lassen.
2. In einer Rührschüssel mit dem Rest der Zutaten zu einem glatten Teig verkneten. Zugedeckt an einem warmen ruhen lassen, bis sich das Volumen verdoppelt hat.
3. Den Teig nochmals kurz durchkneten und in zwei gleich große Stücke teilen. Jedes Stück auf einer bemehlten Arbeitsfläche zu einem Kreis von 40 cm Durchmesser ausrollen und wie eine Torte in 8 Stücke teilen. Jedes „Dreieck" von außen nach innen hin aufrollen und auf ein mit Backpapier belegtes Backblech legen. Mit Wasser bepinseln und erneut auf das doppelte Volumen aufgehen lassen. Bei 200 °C etwa 15-20 Minuten backen.

CHAŁKA – Hefezopf

Der leicht süßlich schmeckende Hefezopf hat eine sehr lange Tradition, denn er kommt aus der in Polen jahrhundertelang präsenten jüdischen Küche. In der Bäckerei, von der wir, ich und meine Brüder, nicht weit wohnten, wurden nicht nur sehr schmackhaftes Brot und Brötchen, sondern auch die wunderbar weichen und leicht süßlich schmeckenden Hefezöpfe gebacken. Die liebten wir alle drei.

Zutaten
für 1 Stück:
500 g Mehl
40 g Hefe
250 ml Milch oder süße Sahne
60 g Zucker
100 g Butter, zerlassen
2 Eigelbe
Zutaten:
1 Msp. Steinsalz
Zum Bestreichen:
1 Eigelb
1 El Wasser
Für die Streusel:
50 g Mehl
50 g Zucker
50 g Butter, zimmerwarm

1. Die Zutaten für Streusel mit den Händen schnell zu einer krümeligen Masse verarbeiten und kalt stellen.

2. Die Hefe mit 1 El Zucker flüssig rühren. An einem warmen Ort etwa 15 Minuten gehen lassen.

3. Die Eigelbe mit dem Rest des Zuckers cremig schlagen und mit der Hefe sowie dem Rest der Zutaten zu einem glatten Teig verkneten. Zugedeckt an einem warmen Ort zur doppelten Größe gehen lassen.

4. Den Teig nochmals kräftig durchkneten, in drei Portionen teilen und zu Rollen formen. Die Rollen zu einem Zopf flechten.

5. Das Eigelb mit dem Wasser verquirlen.

6. Den geflochtenen Laib auf ein mit Backpapier belegtes Backblech legen, mit dem verquirlten Eigelb bestreichen und die Streusel darüber streuen. Erneut 30 Minuten gehen lassen. Bei 200 °C etwa 30 Minuten zimtfarben backen.

PASZTECIKI – Pastetchen mit Fleischfüllung

Möchte man den Barschtsch mal anders als mit Öhrchen servieren, reicht man ihn in Suppentassen und backt dazu die kleinen Pasteten.

Zutaten
für 4 Personen:
300 g Mehl
20 g Hefe
½ Tl Zucker
125 ml Milch
1 Ei
50 g Butter, zerlassen
Steinsalz
Zum Bestreichen:

1 Eigelb
1 El Wasser
Zum Füllen:
300 g gekochtes Fleisch
1 kleine Zwiebel
1 El Butter
½ altbackenes Brötchen
Steinsalz
schwarzer Pfeffer,
frisch gemahlen

1. Die Hefe mit Zucker flüssig rühren. An einem warmen Ort etwa 15 Minuten gehen lassen.
2. Das Mehl mit Ei, Butter, dem Rest der Milch und einer Prise Salz in eine Rührschüssel geben und zusammen mit der schäumenden Hefe zu einem glatten Teig verkneten. Eine Kugel formen und zugedeckt zur doppelten Größe gehen lassen.
3. Für die Füllung das Brötchen im Wasser einweichen und gut ausdrücken. Die Zwiebel schälen und genauso wie das Fleisch grob würfeln. Alles durch einen Fleischwolf drehen oder im Mixer pürieren, mit Butter vermischen und mit Salz und Pfeffer abschmecken.
4. Den Teig auf eine bemehlte Arbeitsfläche legen, in zwei Teile schneiden und jedes Stück 1 cm dick ausrollen.
5. Den ausgerollten Teig in etwa 10 cm breite Streifen schneiden. Die Füllung längs jedes Streifens etwa 5 cm breit verteilen, aufrollen und leicht drücken. In etwa 7 cm lange Pasteten schräg schneiden und auf ein mit Backpapier belegtes Backblech legen. Noch etwa 30 Minuten gehen lassen.
6. Mit dem mit Wasser verquirlten Eigelb bestreichen und bei 180 °C etwa 20 Minuten goldgelb backen.

OBWARZANKI

Obwarzanki sind kleine Teigringe, die zuerst blanchiert und dann zimtfarben gebacken werden. Traditionell auf einen Stück Baumwollfaden aufgezogen, sind sie schnell zur Hand, wenn man sich unterwegs ein paar davon schmecken lassen will. *Obwarzanki* wurden schon im 15. Jh. gebacken.

Zutaten:
250 g Mehl
3-4 Eier
30 g Puderzucker
1 Msp. Steinsalz, fein gemahlen
½ P. Backpulver
Außerdem:
Baumwollfäden 20-22 cm lang

1. Aus den Zutaten einen glatten, dem Nudelteig ähnlichen, Teig kneten und zu bleistiftdicken Rollen formen. In 6 cm lange Röllchen schneiden und die Enden je zu einem Ring zusammendrücken.

2. In einem breiten Topf Salzwasser aufkochen und die kleinen Teigringe portionsweise ins Wasser legen. Schwimmen sie nach oben, sofort mit dem Schaumlöffel herausnehmen und gut abgetropft auf ein mit Backpapier belegtes Bachblech legen. Bei 180 °C etwa 10 Minuten zimtfarben backen.

3. Nach dem Backen sofort mit gesüßtem Wasser bestreichen und je etwa 15 Stück auf einen Baumwollfaden ziehen. Die Fadenenden miteinander verknoten.

PRECLE – (runde) Brezel

Precle sind in Südpolen in Krakau und Zakopane zu Hause. Es ist ein Gebäck mit einer sehr langen Tradition, denn schriftlich erwähnt wurden die *Precle* schon im Jahre 1394. Jedes Mal, wenn wir in Krakau sind, kaufen wir uns ein paar davon und während wir durch die alten Straßen und den *Rynek* (Krakauer Markt) bummeln, essen wir sie direkt aus der Hand.

Zutaten:
500 g Mehl
40 g Hefe
150 g Zucker
150 g Butter
2 Eigelbe
1 Ei
125 ml Milch
½ Tl Steinsalz
Zum Bepinseln:
1 Eigelb
1 El Wasser
Zum Bestreuen:
1 Tl Mohn

1. Die Hefe mit 1 Tl Zucker flüssig rühren. An einem warmen Ort etwa 15 Minuten gehen lassen.

2. Das Mehl und den Rest der Zutaten in eine Rührschüssel geben, die Hefe zufügen und alles zusammen zu einem glatten Teig verkneten. Mit einem Leinentuch abgedeckt so lange gehen lassen, bis sich das Volumen verdoppelt hat.

3. Den Teig erneut kräftig durchkneten und in 10 gleich große Stücke teilen. Aus jedem Teigstück eine 60 cm lange Rolle formen und in der Mitte durchschneiden. Je zwei kleine Rollen spiralförmig umeinander drehen und die Enden zu einem Ring zusammendrücken.

4. Die so entstandenen *prezle* auf mit Backpapier belegtes Backblech legen, mit dem mit Wasser verquirlten Eigelb bepinseln und mit Mohn bestreuen. Ruhen lassen, bis sich das Volumen verdoppelt hat. Bei 200 °C etwa 15-20 Minuten goldgelb backen.

KUKIEŁKI – Wecken

Kukiełki wortwörtlich „Kasperlepuppen", waren früher sehr beliebt, besonders auf dem Lande. Man konnte sie überall auf den Märkten kaufen. Waren die Kinder brav, kam der Bauer oder der Gutbesitzer schon mal mit den süßen Wecken nach Hause zurück.

Zutaten
für 10 Wecken:
500 g Mehl
125 ml Milch
50 g Hefe
80 g Zucker
80 g zerlassene Butter
2 Eigelbe
½ Tl Steinsalz
Zum Bepinseln:
1 Eigelb
1 El Wasser
Für die Augen:
20 Rosinen

1. Die Hefe mit 1 Tl Zucker flüssig rühren. An einem warmen Ort etwa 15 Minuten gehen lassen.

2. Die Eigelbe mit dem Rest des Zuckers in eine Rührschüssel geben und cremig schlagen.

3. Das Mehl, die Hefe und den Rest der Zutaten zugeben und zu einem glatten Teig verkneten. Mit einem Leinentuch zugedeckt ruhen lassen, bis sich das Volumen verdoppelt hat.

4. Den Teig erneut kurz durchkneten und 10 längliche Wecken formen, mit dem Eigelb, das mit Wasser verquirlt wurde, bepinseln und wieder auf das doppelte Volumen aufgehen lassen.

5. Mit einem scharfen Messer den Teig dreimal einschneiden: links und rechts in der Mitte um den Kopf und die Arme zu formen und einmal senkrecht für die Beine. Je zwei Rosinen als Augen einsetzen und durch einen kleinen Schnitt den Mund markieren. Bei 200 °C etwa 20-25 Minuten goldgelb backen.

KUCHEN

Die ersten Kuchen wurden etwa im 9. Jh. gebacken. Es waren sehr einfache, mit Honig gesüßte *kołacze*. Hundert Jahre später gab es die einfachen Kuchen auch mit Mohn und Weißkäse zubereitet. In den alten Annalen stehen auch „tortae" aufgelistet: Süße mit Weißkäse aufgerollte Kuchen, welche im 15. Jh. zu Festtagen auf der königlichen Tafel in Krakau kredenzt wurden. Kuchen wurden jahrhundertelang nur zu besonderen Anlässen gebacken. Weihnachten waren es die Pfefferkuchen (*pierniki*) und die Mohnkuchen (*makowce*), Ostern die Napfkuchen (*baby*) und *mazurki*.

BABA STAROPOLSKA – Altpolnischer Napfkuchen
Es ist eine einfachere Version des altpolnischen Rezepts, in dem 60 Eigelbe verwendet wurden.

Zutaten:
500 g Mehl, 250 ml Milch
50 g Hefe, 150 g Zucker
5 Eigelbe
100 g Butter

eine Prise Salz
je 50 g Rosinen,
abgezogene Mandeln,
Orangeat und Zitronat
2-3 El Rum

1. Die Hefe mit 1 Tl Zucker flüssig rühren. Zugedeckt an einem warmen Ort gehen lassen.

2. 250 g Mehl in einer Rührschüssel mit kochend heißer Milch übergießen und gründlich verrühren. Zudecken und abkühlen lassen.

3. Die Eigelbe in einer Rührschüssel mit Zucker schaumig rühren. Zusammen mit der Hefe und dem Rest des Mehls zu dem abgekühlten Teig geben und zu einem glatten, glänzenden Teig verkneten. Rosinen, Mandeln, Orangeat, Zitronat sowie 2-3 El Rum zugeben und unterkneten. Eine mit Butter ausgefettete und mit Semmelbrösel ausgestreute Napfkuchenform mit dem Teig zu einem Drittel füllen und zugedeckt an einem warmen Ort gehen lassen, bis sich die Menge verdoppelt hat.

4. Auf der mittleren Schiene bei 200 °C etwa 1 Stunde backen.

BABA SZAFRANOWA – Safrannapfkuchen

Der Safrannapfkuchen ist mit seiner schönen gelben Farbe und dem würzigen Aroma von alters her eine Zierde der polnischen Ostertafel. Es ist ein altes Rezept nach dem schon vor 90 Jahren der Safrannapfkuchen gebacken wurde.

Zutaten:
½ l Eigelbe
250 g Zucker
¼ l Milch, lauwarm
50 g Hefe

¾ l Mehl
¼ l zerlassene Butter
1 Msp. Safran
1 El Weinbrand
1 Msp. Salz

1. Das Safranpulver in dem Weinbrand auflösen.

2. Die Hefe mit 1 Tl Zucker flüssig rühren. An einem warmen Ort etwa 15 Minuten gehen lassen.

3. In einer Rührschüssel die Eigelbe mit Zucker schaumig rühren.

4. Hefe, Mehl, Butter, Salz und Safran zugeben und zu einem glatten, glänzenden Teig kneten. Zugedeckt an einem warmen Ort 1 Stunde gehen lassen, bis sich der Teig verdoppelt hat.

5. Den Hefeteig in eine mit Butter bestrichene Napfkuchenform zu einem Drittel füllen und zugedeckt so lange gehen lassen, bis die Form bis zum Rand ausgefüllt ist.

6. Auf der mittleren Schiene bei 200 °C etwa 1 Stunde backen.

Anmerkung:
Das alte Rezept wurde im Original übernommen, deswegen werden die Zutaten in Litern angegeben. Dabei ergeben: ½ l Eigelbe – 24-28 Eigelbe (abhängig von der Größe der Eier), ¾ l Mehl – 420 g Mehl und ¼ l zerlassene Butter – 225 g Butter.

BABA MUŚLINOWA – Musselinnapfkuchen

Musselinnapfkuchen ist der empfindlichste von den alten Napfkuchen und man muss schon sehr aufpassen, dass er beim Auskühlen nicht zerbricht. Ein gelungener Musselinnapfkuchen war früher der ganze Stolz einer Köchin und wurde von allen bewundert.

Zutaten:
250 g Mehl, zimmerwarm
125 ml Milch
24 Eigelbe
60 g Hefe
200 g Zucker
100 g Butter, zerlassen
Vanillemark von 1 Vanillestange

1. Die Hefe mit 1 Tl Zucker flüssig rühren. An einem warmen Ort etwa 15 Minuten gehen lassen.

2. Die Eigelbe mit dem Zucker in eine Rührschüssel geben und in einem heißen Wasserbad so lange schaumig schlagen, bis eine dicke, weiße Masse entstanden ist.

3. Unter Rühren das Mehl, die Hefe und die Vanille zugeben und zu einer glatten Masse rühren. Die Butter dazugießen und sorgfältig unterrühren. Den Teig bedecken und erst wenn er sich verdoppelt hat, in eine mit Butter bestrichene Form zu einem Drittel ihrer Höhe umfüllen.

4. Zugedeckt so lange gehen lassen, bis der Teig bis zum Rand der Napfkuchenform aufgegangen ist. Dann bei 180 °C auf der mittleren Schiene etwa 1 Stunde 10 Minuten backen.

5. Nach dem Backen zuerst langsam auskühlen lassen, dann vorsichtig aus der Form herausnehmen.

MAZUREK („*masurek*")

„Mazurek ist ein typischer polnischer Leckerbissen" schrieb von 90 Jahren die Autorin eines berühmten Kochbuchs. Nur in dem besagten Kochbuch gibt es 30 Rezepte für den traditionellen Mürbekuchen. In vielen Familien wird bis heute nach alten, seit Generationen überlieferten Familienrezepten, gebacken. Mazurek wird traditionell zu Ostern gebacken und galt früher als die Krönung des Osterweihtisches. Der meistens aus Mürbeteig gebackener Kuchen ist nur fingerdick und nicht besonders groß, aber dafür reichlich verziert. Zum Verzieren nimmt man geschälte Mandeln, Rosinen, verschiedene kandierte Früchte, Konfitüre und Gelee. Oft verziert man den Mazurek mit einem Schriftzug „Alleluja" aus einem Zuckerguss oder Kuvertüre. Jeder *mazurek* sieht anders aus und die kunstvoll verzierten werden oft von den Gästen bewundert.

MAZUREK POMARAŃCZOWY – Mazurek mit Orangen

Der nach Orangen duftende Mazurek ist eine wahre Köstlichkeit. Das Rezept ist über 90 Jahre alt.

Zutaten:
120 g Mehl
120 g Mandeln, fein gehackt
120 g Zucker
120 g Orangenschale,
in feine Streifen
geschnitten (unbehandelt)
5 Eigelbe, gekocht
2 Eigelbe, roh
7 Eiweiße

¼ Vanillestange, gemahlen
1 Packung große Oblaten
Zum Glasieren:
250 g Puderzucker
3-4 El Orangensaft
Zum Verzieren:
Mandelhälften
in Zucker gekochte
Orangenschale oder Orangeat

1. Die gekochten Eigelbe durch ein Sieb in eine Rührschüssel passieren. Die rohen Eigelbe mit Zucker und Vanille zugeben und alles schaumig rühren.
2. Das Mehl, die feingehackten Mandeln und die Orangenstreifen zufügen und unterrühren.

3. Die Eiweiße steif schlagen und vorsichtig unter die Teigmasse mischen.

4. Die Oblaten mit der Masse bestreichen und zu einem etwa 20 x 30 cm großen Kuchen zusammensetzen. In einem auf 170 °C vorgezeigtem Backofen etwa 20 bis 25 Minuten backen.

5. Aus Puderzucker und Orangensaft einen Guss rühren und den Mazurek damit begießen. Mit Mandeln und Orangenschale verzieren.

MAZUREK RÓŻANY – Rosenmazurek

Der lieblich nach Rosen duftende Mazurek ist der Ungewöhnlichste unter den kleinen Kuchen.

Zutaten:
250 g Butter, 500 g Mehl
120 g Zucker
120 g fein gehackte Mandeln
5 Eigelbe, gekocht
1 El Zitronensaft
½ Tl abgeriebene Zitronenschale
(unbehandelt)
Zum Bestreichen:
1 Glas Rosenkonfitüre
(ersatzweise Hagebuttenkonfitüre)
Zum Glasieren:
500 g Puderzucker
4 El Wasser
2 El Zitronensaft
2 Tropfen Rosenöl
Zum Bestreuen:
50 g gehackte Pistazien

1. Die gekochten Eigelbe durch ein Sieb in eine Rührschüssel passieren. Die anderen Zutaten zugeben und zu einem glatten Teig verkneten. 1 Stunde zugedeckt ruhen lassen.

2. Den Teig in zwei Stücke teilen und beide etwa 1,5 cm dick ausrollen. Auf einen mit Backpapier ausgelegten Backblech legen. Die beiden Teile sollten genauso groß sein. Bei 200 °C etwa 15-20 Minuten backen.

3. Die beiden Kuchen abkühlen lassen. Den ersten mit Konfitüre bestreichen, den zweiten obenauf setzen.

4. Aus Puderzucker, Wasser und Zitronensaft einen Guss rühren. Rosenöl oder Rosenwasser zugeben und den Kuchen damit begießen. Mit Pistazien bestreuen und etwas ruhen lassen.

MAZUREK CZEKOLADOWY – Schokoladenmazurek

Der Schokoladenmazurek ist besonders bei Kindern beliebt, weil er köstlich schokoladig schmeckt. Es ist ein altes Rezept, nach dem bis heute gerne gebacken wird.

Zutaten:
250 g Mehl
180 g Butter, zimmerwarm
100 g Zucker
2 Eigelbe
Für die Füllung:
120 g Mehl
250 g Zucker
250 g Schokolade, zerlassen
4 Eier
120 g Mandeln, gemahlen
120 g Rosinen
Für die Glasur:
150 g Puderzucker
1 El Wasser
2 El Zitronensaft

1. Die Zutaten schnell zu einem Teig kneten. Fingerdick zu einem Rechteck ausrollen und auf ein mit Backpapier ausgelegtes Blech legen. Auf der mittleren Schiene 10 Minuten bei 180 °C vorbacken.

2. Für die Füllung zuerst Eier mit Zucker in einer Rührschüssel schaumig rühren, Schokolade, Mehl und die gemahlenen Mandeln untermischen, die Rosinen zugeben und mit dem Teig vermengen.

3. Den Kuchen mit der Schokoladenmasse belegen und bei 180 °C etwa 20 Minuten backen.

4. Für den Zuckerguss Zucker mit Wasser und Zitronensaft glatt rühren.

5. Den Kuchen abkühlen lassen und mit dem Zuckerguss bestreichen. Mit Schokoladenstückchen verzieren.

MAZUREK KRÓLEWSKI – Königlicher Mazurek

Der nach einem alten Rezept gebackene Mazurek ist ein wahrer Leckerbissen, auch für die Augen.

Zutaten:
370 g Mehl (unbehandelt)
370 g Butter, zimmerwarm
1 Msp. Steinsalz
120 g Zucker
Zum Bestreichen:
120 g Mandeln, fein gehackt
1 Eigelb
4 Eigelbe, gekocht
1 El Wasser
1 Eigelb, roh
Zum Garnieren:
½ Tl abgeriebene Zitronenschale
Konfitüre

1. In einer Rührschüssel die Butter mit Zucker schaumig rühren.
2. Die gekochten Eigelbe durch ein Sieb dazupassieren. Das rohe Eigelb zufügen und weiter rühren, bis eine homogene Masse entsteht.
3. Mehl, Mandeln und Zitronenschale zugeben und zu einem glatten Teig verkneten. Mit einem Leinentuch bedecken und für 1 Stunde kalt stellen.
4. ⅔ von dem Teig zu einem etwa 20 x 20 cm großen Quadrat ausrollen und auf ein mit Backpapier ausgelegtes Backblech legen.
5. Den restlichen Teig zu bleistiftdünnen Rollen formen und den Kuchen damit gitterartig belegen.
6. Das Eigelb mit Wasser verquirlen und das Gitter damit bepinseln.
7. Das Backblech auf die mittlere Schiene in den auf 180 °C vorgeheizten Backofen schieben und etwa 30 Minuten backen.
8. Den Mazurek abkühlen lassen. Die freien Flächen zwischen dem Teiggitter mit der Konfitüre belegen.

MAKOWIEC – Mohnkuchen

Den Mohnkuchen gibt es als *strucla* (Wickelkuchen) und als Blechkuchen, der gitterartig mit dünnen Teigstreifen belegt wird. S*trucla* wird traditionell für Weihnachten gebacken. Für die Mohnfüllung, die in ein möglichst dünn ausgerollten Hefeteig eingewickelt wird, gibt es verschiedene Rezepte, die meisten mit Butter und Rosinen. Meine Mutter hat die Füllung immer nach einem alten Familienrezept mit Eiweiß und Mandelaroma zubereitet. Wir Kinder waren für den Mohn, der zweimal durch den Fleischwolf musste, zuständig.

Zutaten
für den Teig:
500 g Mehl, 50 g Hefe
250 ml Milch, lauwarm
3 Eigelbe, 1 Ei
100 g Zucker, 100 g Butter
1 Msp. Steinsalz, fein gemahlen
Für die Mohnfüllung:
500 g Mohn, frisch gemahlen
200 g Zucker, 50 g Butter

100 g Rosinen
ein paar Tropfen Rumaroma
Für die Mohnfüllung nach dem Familienrezept:
500 g Mohn, frisch gemahlen
150 g Zucker, 2 Eiweiße
100 g Rosinen
50 g Mandeln, abgezogen
20 g Orangeat
ein paar Tropfen Mandelaroma

1. Den Mohn in einen Topf geben und mit kochend heißem Wasser gerade aufgießen, zugedeckt für etwa 3 Stunden zur Seite stellen.

2. Die Hefe mit 1 Tl Zucker flüssig rühren. An einem warmen Ort etwa 15 Minuten gehen lassen.

3. Die Butter bei kleiner Hitze zerlassen und abkühlen.

4. Das Mehl und die Hefe in eine Rührschüssel geben, die zerlassene Butter wie den Rest der Zutaten zufügen und alles zu einem glatten Teig verkneten. Mit einem Leinentuch abdecken und 30 Minuten gehen lassen.

5. **Füllung 1:** In einem Topf die Butter zerlassen, Zucker zugeben und schmelzen lassen. Den Mohn zufügen und unter Rühren bei schwacher Hitze 10-15 Minuten braten. Rosinen und Rumaroma untermischen.

6. Füllung 2: Um die Mohnfüllung nach dem Familienrezept zuzubereiten, gibt man den eingeweichten Mohn in eine Schüssel, fügt den Zucker und die Eiweiße zu und mischt alles gründlich zusammen. Anschließend rührt man Rosinen, Mandeln und Orangeat sowie Mandelaroma unter.

7. Den Hefeteig noch einmal kräftig kneten und zu einem Rechteck dünn ausrollen. Die Mohnmasse, bis auf etwa 2 cm an den Rändern, gleichmäßig darauf verteilen und den Teig vorsichtig aufrollen.

8. Den Kuchen auf das mit Backpapier ausgelegte Backblech legen, dabei die Teigränder an beiden Seiten nach unten einschlagen und zugedeckt etwa 30-40 Minuten gehen lassen. Bei 200 °C auf der mittleren Schiene etwa 45 Minuten backen.

SZARLOTKA – Apfelkuchen

Der Kuchen ist sehr populär und wird gerne und oft gebacken. Er gehört auch zu den Kuchen, die in Kaffees und Restaurants meist bestellt werden.

Zutaten:
500 g Mehl
250 g Butter, zimmerwarm
150 g Zucker
2 Eigelbe
100 g dicke saure Sahne
(oder Crème fraîche)

Für die Füllung:
1 kg Äpfel,
am besten Boskoop
100 g Zucker
1 El Zimt
Zum Bestreuen:
20 g Puderzucker

1. Die Zutaten für den Teig in eine Rührschüssel geben und zu einem glatten Teig verkneten. ¾ des Teiges ausrollen und auf ein gefettetes und mit Semmelbrösel ausgestreutes Backblech legen.

2. Die Äpfel schälen, grob raspeln und mit Zucker und Zimt vermischen. Den ausgerollten Teig mit der Apfelmischung gleichmäßig belegen. Den restlichen Teig dünn ausrollen und über die Apfelmasse legen.

3. Den Kuchen auf der mittleren Schiene bei 180 °C etwa 40-50 Minuten backen. Abkühlen lassen und mit Puderzucker bestäuben.

PIERNIK – Pfefferkuchen, Honigkuchen

Der Piernik (*„pjernik"*) gehört zu den ältesten Kuchen der traditionellen polnischen Küche. Seine Zubereitung galt früher als große Kunst, denn der Teig brauchte Wochen, manchmal sogar Monate, um zu reifen. Die reifenden Pfefferkuchen waren direkt nach dem Backen zwar eisenhart, aber nach ein paar Wochen zergingen sie auf der Zunge. Die Pfefferkuchen waren lange Zeit so begehrt, dass es üblich war, einer Braut einen irdenen Backtrog mit dem Pfefferkuchenvorteig als Mitgift zu geben. Heutzutage wird meistens nach schnelleren Rezepten gebacken.

PIERNIK STAROPOLSKI – Altpolnischer Pfefferkuchen

Es ist ein altes traditionelles Rezept für einen reifenden Pfefferkuchen. Am Anfang dünnflüssig, verändert der Teig seine Konsistenz, sodass er ausgerollt werden kann. Unbedingt früh genug backen.

Zutaten:
500 ml Honig, 200 g Zucker
125 ml Milch, 250 g Butter
1000 g Mehl

3 Eier
2 Tüten Pfefferkuchengewürz
3 Tl Natron, ½ Tl Salz
1 Glas Pflaumenmus

1. Butter, Milch und Zucker in einen Topf geben und aufkochen. Honig und Gewürze zugeben und noch so lange erwärmen, bis alles eine schöne gelbe Farbe kriegt. In eine Rührschüssel umfüllen und abkühlen.

2. Mehl, Natron, Pfefferkuchengewürz und Salz zugeben und alles zu einer glatten Masse verrühren. Die Eier unterrühren. Den dünnen Teig in einen Behälter aus Glas oder Porzellan umfüllen, kühl stellen und 4-6 Wochen reifen lassen.

4. 5-7 Tage vor Weihnachten den Teig in drei Teile teilen und dünn ausrollen. 3 Backbleche mit Backpapier auslegen und den Kuchen nacheinander bei 170 °C 15-20 Minuten backen.

5. Zwei Kuchen mit Pflaumenmus bestreichen und aufeinander legen, den dritten obenauf setzen und leicht andrücken. Einen Tag ruhen lassen. Dann der Länge nach schneiden, sodass man zwei Kuchen bekommt.

PIERNIK KORZENNY – Würziger Pfefferkuchen

Der Pfefferkuchen ist ein Leckerbissen, weil er besonders aromatisch und würzig schmeckt.

Zutaten:

60 g Butter
250 ml Zucker
250 ml Honig, zerlassen
4 Eier
1 l Mehl (570 g)
1 Tl Zimt

1 Tl Kardamom
5 Nelken, gemahlen
1 Tl Zitronenschale, gerieben
10 g Pottasche
2 El Rum
60 g Walnüsse, gehackt

1. Butter mit Zucker so lange schaumig rühren, bis sich der Zucker aufgelöst hat.

2. Nach und nach die Eigelbe, den Honig und den Rest der Zutaten unterrühren. Anschließend das Mehl zugeben und weiter rühren, bis ein geschmeidiger Teig entsteht.

3. Die Eiweiße steif schlagen und unter den Teig mischen.

4. Den Teig in eine gefettete Kastenform einfüllen und 1 Stunde ruhen lassen.

5. Im vorgewärmten Backofen bei 180 °C etwa 1 Stunde backen.

PIERNIK ZE ŚLIWKAMI – Pfefferkuchen mit Pflaumen

Nach einem sehr ähnlichen Rezept hat mein jüngerer Bruder, damals 16 Jahre alt, zusammen mit seiner Freundin (seiner zukünftigen Frau), den Pfefferkuchen für Weihnachten gebacken und zwar zuerst bei der einen, dann bei der anderen Familie.

Zutaten:

500 g Mehl	*1 Päckchen Backpulver*
250 g Honig, zerlassen	***Für den Karamell:***
100 g Zucker	*2 El Zucker*
100 g Butter, zerlassen	*4 El Wasser*
4 Eier	*Außerdem:*
1 Päckchen Lebkuchengewürz	*100 g getrocknete Pflaumen*

1. Für den Karamell Zucker in einer kleinen Pfanne bei mittlerer Hitze unter ständigem Rühren zu einem goldbraunen Sirup schmelzen. Wasser zugeben und weiter rühren, bis sich der Sirup ganz auflöst. Erkalten lassen.

2. Die Eier mit Zucker schaumig rühren, Honig und Butter zugeben. Mehl, Backpulver und Gewürze zufügen und zu einem geschmeidigen Teig einrühren.

3. Die Pflaumen in Streifen schneiden und unter den Pfefferkuchenteig mischen.

4. Eine Kastenform mit Butter einfetten und mit 1 El Semmelbrösel bestreuen. Den Pfefferkuchenteig einfüllen und im vorgewärmten Backofen bei 180 °C etwa 1 Stunde backen.

Übrigens:

Man kann den Pfefferkuchen auch ohne Pflaumen backen und ihn erst nach dem Backen mit Pflaumenmus belegen. Dazu den Kuchen einmal durchschneiden, mit Pflaumenmus bestreichen, zusammenlegen und leicht andrücken. Eventuell mit Vollmilchkuvertüre überziehen.

SERNIK – Käsekuchen

Der altpolnische Käsekuchen noch *serownik* genannt, war sehr opulent. Noch am Anfang des 19. Jahrhunderts nahm man für ihn 54 Eier (auf 3 kg Weißkäse). Mit der Zeit ist er jedoch einfacher und leichter, dennoch nicht weniger schmackhaft geworden.

Zutaten:
Für den Teig:
500 g Mehl
100 g Butter, zerlassen
150 g Zucker, 2 Eier
6 El saure Sahne oder Joghurt
1 P. Vanillezucker
1 P. Backpulver
Für den Belag:
1 kg Weißkäse (Originalrezept)
oder 500 g Magerquark
mit 500 g Quark 40 %
zusammengemischt und
über Nacht in einem Sieb oder
einem Leinensäckchen (S.183)
abgetropft
6 Eier, getrennt
80 g Butter,
in Flöckchen und zimmerwarm
200 g Zucker
1 Päckchen Vanillezucker
2 El Weizengrieß
20 g Orangeat
50-100 g Rosinen
Zum Bestreichen:
1 Eigelb
1 El Milch oder Wasser

1. Für den Teig die Zutaten in eine Rührschüssel geben und zu einem glatten Teig verkneten. ¾ des Teigs ausrollen und auf ein gefettetes, mit Semmelbrösel ausgestreutes Backblech legen.

2. Für die Füllung die Butter mit Zucker schaumig schlagen, nach und nach die Eigelbe, dann den Quark unterrühren. Den Weizengrieß langsam einrieseln, die Trockenfrüchte untermischen. (Hat man den Weißkäse zur Hand, zuerst mit einem Pürierstab pürieren oder durch ein Sieb streichen.)

3. Die Eiweiße steif schlagen und unter die Quarkmasse vorsichtig heben.

4. Den ausgerollten Teig damit gleichmäßig belegen.

5. Aus dem restlichen Teig bleistiftdünne Rollen formen und gitterartig diagonal über den Kuchen legen, mit dem verquirlten Eigelb bestreichen.

6. Den Kuchen auf der mittleren Schiene bei 175 °C etwa 50-60 Minuten backen.

PIEGUSEK – Sommersprossenkuchen

Ein Rezept von meiner Jugendfreundin Krystyna, die genauso gut singen, wie backen kann.

Zutaten:
1 Glas Eiweiß
1 Glas Zucker
1 Glas Mohn

1 Glas Mehl
125 g Butter, zerlassen
1 El Backpulver
4 Tropfen Mandelaroma

1. Die Eiweiße mit dem Zucker steif schlagen.
2. Das Mehl mit dem Backpulver zusammenmischen und unter die Eiweißmasse nach und nach rühren. Auch Mohn, Butter und Mandelaroma langsam untermischen.
3. Den Teig in eine ausgefettete Kastenform einfüllen und glatt streichen. Bei 180 °C etwa 40 bis 50 Minuten backen. Den Kuchen abkühlen lassen und erst dann stürzen.

MURZYNEK – Schokoladenkuchen

Als wir einmal mit den Kindern in einer Pension in Zakopane Urlaub machten, hat der Kuchen ihnen so geschmeckt, dass wir die Pensionsmutter nach dem Rezept gefragt haben.

Zutaten:
200 g Zucker, 4 El Kakao
250 ml Wasser
250 g Butter, zerlassen
150 g Mehl

4 Eigelbe, 4 Eiweiße
1 El Backpulver
Zum Belegen:
Sauerkirschkonfitüre oder
Pflaumenmus

1. Das Wasser mit Zucker und Kakao aufkochen und so lange rühren, bis der Zucker sich aufgelöst hat.
2. Die Butter zugeben und auslassen. Etwas erkalten lassen. Dann zuerst die Eigelbe, dann Mehl, Backpulver und Vanillezucker zugeben und zu einem glatten Teig rühren.

3. Die Eiweiße steif schlagen und unter die Teigmasse vorsichtig mischen.
4. Eine mit Butter ausgefettete Kastenform mit dem Teig füllen, glatt streichen und bei 180 °C etwa 40-50 Minuten backen. Den Kuchen zuerst abkühlen lassen, dann aus der Kastenform stürzen.
5. Den Kuchen zweimal waagrecht durchschneiden. Mit der Konfitüre bestreichen und wieder zusammensetzen.

PLACEK ŚLIWKOWY – Pflaumenkuchen
Ein einfacher Hefekuchen, der oft im Spätsommer gebacken wird und als Nachtisch zu der sommerlichen Atmosphäre beiträgt.

Zutaten:
500 g Mehl, 50 g Hefe
250 ml Milch, lauwarm
150 g Zucker
3 Eigelbe, 1 Ei
100 g Butter, zerlassen
1 Päckchen Vanillezucker
oder 1 El Zimt
Zum Belegen:
750 g reife
Pflaumen (Zwetschgen)
50 g Puderzucker

1. Die Hefe mit 1 El Zucker flüssig rühren. An einem warmen Ort etwa 15 Minuten gehen lassen.
2. Mehl und Hefe in eine Rührschüssel geben, den Rest der Zutaten zufügen und alles zu einem glatten Teig verkneten. Mit einem Leinentuch abdecken und 30 Minuten gehen lassen.
3. Die Pflaumen waschen, abtropfen lassen, zur Hälfte schneiden und entsteinen.
4. Den Teig noch einmal kräftig durchkneten, ausrollen und auf ein mit Butter gefettetes Backblech legen. Mit den Pflaumen belegen, 20-30 Minuten gehen lassen, bis sich der Volumen verdoppelt hat, anschließend bei 180 °C etwa 40-45 Minuten backen. Erkalten lassen und mit Puderzucker bestäuben.

TORT BISZKOPTOWY – Biskuittorte

Es ist eine typische Torte, die man in Polen bis heute backt. Ich bin keine begnadete Tortenbäckerin wie meine Tochter. Bei meiner ersten Torte, die ich zusammen mit meiner Freundin mit großem Beistand ihrer Mutter noch als Teenager gebacken habe, habe ich mehr zugeschaut als geholfen. Darauf folgten Geburtstagstorten für unsere Kinder, solange sie noch ganz klein waren und die ganze Familie zu den Geburtstagen kommen konnte. Später wurden ihre Lieblingskuchen gebacken. Die erste Torte aber habe ich immer noch vor den Augen und die wurde nach einem ähnlichen Rezept gebacken.

Zutaten:
Für den Mürbeteig:
150 g Mehl
100 g Butter
60 g Zucker
3 gekochte Eigelbe
Für den Biskuitteig:
8 Eigelbe
8 Eiweiße
240 g Zucker
180 g Mehl
1 El Essig
Für die Buttercreme:

200 g Butter, zimmerwarm
150 g Zucker
350 ml Milch oder süße Sahne
15 g Vanillepudding
50 g Puderzucker
Fürs Tränken:
125 ml Wasser
2- El Rum
1 El Zucker
Zum Belegen:
Sauerkirschkonfitüre
Zum Garnieren:
kandierte Früchte

1. Für den Mürbeteig alle Zutaten mit einem Messer kreuz und quer hacken und schnell zu einem glatten Teig verkneten, zugedeckt für 30 Minuten kalt stellen.

2. Für den Biskuitteig Eigelbe und Zucker schaumig rühren, das Mehl langsam einstreuen und den Essig unterrühren. Die Eiweiße sehr steif schlagen und vorsichtig untermischen. In eine ausgefettete Springform füllen und bei 180 °C etwa 35-40 Minuten backen. Auf einem Küchengitter erkalten lassen.

3. Den Mürbeteig dünn ausrollen und in einer eingefetteten Springform bei 200 °C 10-15 Minuten backen.

4. Für die Buttercreme den Pudding mit etwa 50 ml Milch verrühren. Die restliche Milch mit Zucker aufkochen und den Pudding unterrühren. Auf Zimmertemperatur erkalten lassen. Die Butter mit dem Puderzucker schaumig rühren und den Pudding löffelweise unter die Butter einrühren. Die Creme in vier Teile teilen.

5. Für das Tränken Wasser mit Zucker aufkochen, erkalten lassen und den Rum dazugeben.

6. Den Biskuitboden dreimal waagerecht durchschneiden. Den Mürbeteigboden mit der Konfitüre bestreichen und den ersten Biskuitboden darauf legen und andrücken. Mit der süßen Wasser-Rum-Mischung gleichmäßig tränken. Ein Teil der Creme darauf streichen. Mit dem zweiten Biskuitboden abdecken, wieder tränken und mit dem zweiten Teil der Creme bestreichen. Mit dem vorletzten Boden abdecken, tränken und die ganze Torte mit dem dritten Teil der Creme einstreichen. Den letzten Boden zerkrümeln und mit den Krümeln die Torte bestreuen. Den Rest der Creme in einen Spritzbeutel füllen und den Tortenrand mit Sahnetupfen verzieren. Mit kandierten Früchten garnieren und kalt stellen.

TORT KAIMAKOWY – Mürbetorte mit *kaimak*

Die Torten kommen ursprünglich aus der für ihre Süßspeisen bekannten Wiener Küche. Sie wurden im Laufe der fast 150 Jahre übernommen, in denen Südpolen – damals Galizien, heute Kleinpolen – der k. u. k. Monarchie angehörte. Es ist ein altes Rezept, nach dem bis heute gebacken wird. Die Mürbetorte schmeckt am besten nach ein paar Tagen.

Zutaten:
Für den Mürbeteig:
300 g Mehl
200 g Butter, zimmerwarm
100 g Zucker
3 Eigelbe, gekocht
Für den kaimak:
250 ml Milch oder süße Sahne

250 g Zucker
100 g Butter, zimmerwarm
½ Vanillestange
Für den Karamell:
1 El Zucker
½ El Wasser
Zum Belegen:
säuerliche Konfitüre

1. Für den Mürbeteig Mehl, Butter und Zucker in eine Rührschüssel geben und die gekochten Eigelbe durch ein Sieb dazu passieren. Schnell zu einem Teig verkneten und für 10 Minuten kalt stellen.

2. Aus dem Mürbeteig 5 Tortenböden ausrollen und auf einem gefetteten Springformboden nach und nach bei 160 °C je 20 Minuten backen.

3. Für den *kaimak* alle Zutaten in einen Topf geben, die Vanillestange zufügen und unter ständigem Rühren bei mittlerer Hitze auf die Hälfte einkochen. Die Masse sollte so dick sein, dass ein Tropfen auf einen Teller getropft, sofort stockt und nicht kleben bleibt. Die Masse erkalten lassen, die Vanillestange herausnehmen und die Butter in Flöckchen nach und nach unterrühren.

4. Die Tortenböden abwechselnd mit Konfitüre und *kaimak* belegen. Am Ende die ganze Torte mit der Kaimakmasse bestreichen, bis auf 3 El, die man zum Verzieren braucht.

5. Aus Zucker und Wasser einen Karamell kochen (siehe S. 284), abkühlen und den restlichen *kaimak* damit färben. In einen Spritzbeutel füllen und die Torte damit verzieren.

PĄCZKI – Berliner

Pączki wurden früher traditionell am sogenannten *tłusty czwartek* („fetten Donnerstag"), dem letzten Donnerstag im Karneval, gebacken und gegessen. Bis heute werden sie in vielen Familien für diesen Tag zubereitet. Die klassische Füllung ist die Rosenkonfitüre.

Zutaten:
500 g Mehl, 40 g Hefe
250 ml Glas Milch, lauwarm
80 g Zucker, 6 Eigelbe
100 g Butter, 2 El Rum
1 Msp. Steinsalz, fein gemahlen

Zum Füllen:
Rosen- oder
Hagebuttenkonfitüre
Zum Bestäuben:
50 Puderzucker

1. Die Hefe mit 1 El Zucker flüssig rühren. An einem warmen Ort etwa 15 Minuten gehen lassen.
2. Die Eigelbe mit Zucker schaumig rühren. Das Mehl in eine Rührschüssel geben, die Hefe, die Eigelbmasse und den Rest der Zutaten zufügen und zu einem glatten Teig verkneten. Zugedeckt an einem warmen Ort so lange gehen lassen, bis sich das Teigvolumen verdoppelt hat.
3. Die althergebrachte Methode die *pączki* herzustellen ist etwas für Geübte, aber es gibt auch eine einfachere Methode: Den aufgegangenen Teig 1,5-2 cm dick ausrollen und mit einem Glas etwa 4 cm große Kreise ausstechen. In die Mitte jedes zweiten Kreises 1 Tl Konfitüre legen und mit dem anderen Kreis zudecken. Die Ränder andrücken und zugedeckt etwa 40-60 Minuten gehen lassen.
4. In einem breiten, flachen Topf das Öl bei mittlerer Hitze erhitzen. Ein Stückchen Teig in das Öl geben, schwimmt es sofort oben auf, kann man mit dem Backen anfangen.
6. *Pączki* portionsweise in das Öl legen und zudecken, sind sie braun geworden, wenden und ohne Deckel ausbacken. Mit einem Schaumlöffel herausnehmen und auf Küchenpapier abtropfen lassen. Sind alle ausgebacken, mit Puderzucker bestäuben.

FAWORKI – Späne

Faworki werden bis heute traditionell im Karneval gebacken. Die Kunst besteht darum, sie so dünn und knusprig zu bekommen, dass sie fast auf der Zunge zergehen. Die besten machte natürlich meine Mama.

Zutaten:
250 g Mehl
3 Eigelbe
120 g dicke Sahne
(oder Crème fraîche)

1 El Weinbrand oder Rum
1 Msp. Steinsalz, fein gemahlen
1 l Öl, zum Ausbacken:
50 g Puderzucker, zum
Bestäuben

1. Alle Zutaten in eine Rührschüssel geben und schnell zu einem glatten Teig verkneten. Den Teig portionsweise hauchdünn ausrollen und in etwa 3 cm x 12 cm große Streifen schneiden. In der Mitte 3 cm lang durchschneiden und die Streifenspitze dadurch ziehen.

2. In einer großen Schmorpfanne das Öl erhitzen und die *faworki* portionsweise von beiden Seiten goldbraun ausbacken. Auf Küchenpapier legen. Auf einer Servierplatte pyramidenartig anrichten und mit Puderzucker bestäuben.

RÓŻE CHRUŚCIANE – Rosenspäne

Auf einer Tortenplatte sehen die Rosenspäne sehr dekorativ aus.

Zutaten: wie für die Späne, dazu 3-4 El Sauerkirschkonfitüre

1. Den Teig wie in dem Rezept oben vorbereiten, hauchdünn ausrollen und je 4 Kreise von verschiedener Größe ausstechen. In jedem der Kreise 5 Einschnitte machen und aufeinander, der Größe nach (die kleinsten ganz oben) legen. In der Mitte zusammendrücken.

2. Das Öl in einer großen Schmorpfanne erhitzen und die Teigrosen portionsweise von beiden Seiten goldbraun ausbacken. Auf dem Küchenpapier abtropfen lassen und mit Puderzucker bestäuben. In die Mitte je ½ Tl Sauerkirschkonfitüre legen.

PTYSIE – Windbeutel

Windbeutel habe ich schon als Teenager mit meiner Freundin gebacken. Ich mache sie bis heute nach demselben Rezept.

Zutaten:
180 g Mehl
80 g Butter
250 ml Wasser
4-5 Eier
1 Msp. Steinsalz

Zum Füllen:
500 ml Schlagsahne
1 P. Vanillezucker
Zum Bestäuben:
50 g Puderzucker

1. In einem Topf Wasser mit Zucker und Salz aufkochen. Das Mehl zugeben und zu einer glatten Masse verrühren. Die Eier nach und nach einrühren, bis ein geschmeidiger, glänzender Teig entsteht.
2. Mit einem Esslöffel walnussgroße Kugeln aus dem Teig stechen und mit genügend Abstand auf das mit Backpapier ausgelegte Backblech setzen.
3. Die Windbeutel in einem vorgewärmten Backofen bei 200 °C Minimum 30 Minuten backen, bis sie ganz trocken sind. Den Backofen, besonders in den ersten 10 Minuten, nicht öffnen, weil das Gebäck sofort zusammenfällt.
4. Die Schlagsahne mit dem Vanillezucker steif schlagen.
5. Die Windbeutel erkalten lassen, in der Mitte durchschneiden und mit der Schlagsahne füllen. Auf einer großen Servierplatte anrichten und mit Puderzucker bestäuben.

EKLERKI – Eclairs

Setzt man aus dem Brandteig mit einem Spritzbeutel etwa 8-10 cm lange Streifen auf das mit Backpapier ausgelegte Backblech, bekommt man die *Eclairs* (*eklerki*), die genauso luftig und cremig wie die Windbeutel schmecken. Die fertig gebackenen Eclairs erkalten lassen, in der Mitte durchschneiden und die oberen Teile mit Schokoladenglasur überziehen. Die Eclairs mit Schlagsahne füllen und zusammensetzen.

KRUCHE CIASTECZKA – Mürbeplätzchen
Ein sehr einfaches Rezept für Plätzchen, das fast 90 Jahre alt ist.

Zutaten:
300 g Mehl
200 g Butter, zimmerwarm
100 g Zucker

3 Eigelb, gekocht
Zum Bestreichen.
1 Eigelb
1 El Wasser

1. Die gekochten Eigelbe durch ein Sieb in eine Rührschüssel passieren. Den Rest der Zutaten zugeben und schnell einen glatten Teig kneten, kalt stellen. Knapp 5 mm dick ausrollen und runde Plätzchen ausstechen. Das Eigelb mit Wasser verquirlen und die Plätzchen damit bestreichen.
2. Ein Backblech mit Backpapier auslegen, die Plätzchen darauf legen und bei 180 °C etwa 15-20 Minuten backen.

KOCIE OCZKA – Kätzchenaugen
Ein altes Rezept für Plätzchen zum nachmittäglichen Tee oder Kaffee.

Zutaten:
300 g Mehl, 100 g Butter
100 g Zucker, 1 Ei
1 El dicke Sahne
(oder Crème fraîche)

1 El Vanillezucker
Zum Belegen:
Hagebuttenmarmelade
Zum Bestäuben:
50 g Puderzucker

1. Die Teigzutaten schnell zu einem glatten Teig verkneten und für 20 Minuten kalt stellen. Danach knapp 3 mm dick ausrollen und runde Plätzchen ausstechen. Bei der Hälfte von ihnen 3 kleine „Augen" ausstechen.
2. Alle Plätzchen auf ein mit Backpapier ausgelegtes Backblech legen und bei 180 °C etwa 10-15 Minuten backen.
3. Die ausgestochenen Plätzchen mit Puderzucker bestäuben. Die anderen mit Marmelade bestreichen, mit den bestäubten Plätzchen bedecken und leicht andrücken.

CYNAMONKI – Zimtplätzchen

Die Zimtplätzchen wurden schon am Anfang des letzen Jahrhunderts gerne gegessen, und nicht nur von den Kindern. Ich backe die wärmenden Zimtplätzchen besonders gerne im Winter, weil sie an kalten Tagen besonders gut schmecken.

Zutaten
240 g Mehl, 240 g Zucker
3 Eier
30 g Butter, zimmerwarm
1-2 Tl Zimt, gemahlen
½ Tl Nelken, gemahlen
Zum Belegen:
50 g abgezogene Mandeln

1. Butter mit Zucker schaumig rühren, Eier nach und nach unterrühren. Mehl und Gewürze zugeben und alles zu einem Teig verkneten.

2. Mit den Händen kleine, walnussgroße Kugeln formen und auf ein mit Backpapier ausgelegtes Backblech legen. Auf jede Kugel eine Mandel setzen und leicht andrücken. Bei 160 °C etwa 25-30 Minuten backen.

MAKAGIGI

Es ist ein altes Rezept, das ich im Original aus einem über 90 Jahre alten Kochbuch übernommen habe.

Zutaten:
1 Glas Honig, 120 g Puderzucker, 250 g Walnüsse, klein gehackt

1. Den Honig zusammen mit Zucker aufkochen, bis er eine etwas dunklere Farbe bekommt.

2. Walnüsse zugeben und noch ein paar Minuten unter Rühren köcheln.

3. Die Masse auf ein feuchtes Nudelbrett legen und mit einem Nudelholz ausrollen. In kleine Quadrate schneiden und abkühlen lassen.

JAGODZIANKI – Hefeteilchen mit Blaubeeren

Die Hefeteilchen habe ich oft als Kind bei meiner in einem Phloxgarten wohnenden Tante Wanda gegessen. Sie war eine Sonderschullehrerin und hatte somit im Sommer viel Zeit zum Backen. Die Hefeteilchen mit Blaubeeren schmecken für mich bis heute nach einem sommerlichen Garten voller Blumen.

Zutaten:
500 g Mehl
40 g Hefe
240 ml lauwarme Milch
60 g Zucker
50 g Butter, zerlassen
2 Eigelbe
1 Msp. Steinsalz

Für die Füllung:
300 g Heidelbeeren
60-80 g Zucker
Zum Bepinseln:
1 Eiweiß
Zum Bestreichen:
1 Eigelb
1 El Wasser

1. Den Hefeteig vorbereiten. Die Hefe mit 1 Tl Zucker flüssig rühren. Zugedeckt 15-20 Minuten gehen lassen.
2. Die restlichen Zutaten in eine Rührschüssel geben, die Hefe zufügen und zu einem glatten Teig verkneten. Zugedeckt an einem warmen Ort 30 Minuten gehen lassen.
3. Den Teig noch mal kräftig kneten und in 12 Teile schneiden. Alle Teile zu Kugeln formen und mit der Hand drücken, sodass ein Kreis von etwa 10 cm Durchmesser entsteht.
4. Die Heidelbeeren spülen, abtrocknen lassen und mit dem Zucker vermengen. Je einen guten Esslöffel davon in die Mitte des Teigkreises legen, die Ränder mit Eiweiß bepinseln und übereinander klappen. Leicht andrücken, auf ein mit Backpapier ausgelegtes Backblech legen, mit verquirltem Eigelb bestreichen und noch etwas gehen lassen. Bei 200 °C etwa 25 Minuten goldgelb backen.

DROŻDŻÓWKI – Hefeteilchen

Die Hefeteilchen werden aus demselben Teig wie die Hefeteilchen mit Blaubeeren zubereitet und mit Weißkäse (ersatzweise Quark) oder Mohnfüllung gebacken.

Zutaten:
500 g Mehl
40 g Hefe
240 ml lauwarme Milch
60 g Zucker
50 g Butter, zerlassen
2 Eigelbe
1 Msp. Steinsalz
Quarkfüllung:
500 g Weißkäse
oder 500 g Quark 20 %,
gut abgetropft

80 g Zucker, 1 Eigelb
1 Päckchen Vanillezucker
Mohnfüllung:
200 g Mohn, frisch gemahlen
250 ml Milch, kochend heiß
100 g Zucker
1 Eiweiß
30 g Butter
3 Tropfen Mandelaroma
Zum Bestreichen:
1 Eigelb
1 El Wasser

1. Für die Quarkfüllung, den abgetropften Quark (siehe S. 285) mit Zucker, Vanillezucker und Eigelb zu einer glatten Masse verrühren. (Den Weißkäse zuerst pürieren oder durch ein Sieb streichen.)

2. Für die Mohnfüllung den Mohn in einen Topf geben und mit kochen heißer Milch übergießen. Zucker und Butter untermischen und unter ständigem Rühren bei kleiner Hitze ein paar Minuten köcheln lassen. Vom Herd nehmen und erkalten lassen. Das Eiweiß und das Aroma untermischen.

3. Den Teig nach dem Rezept von S. 296 vorbereiten.

4. Aus dem fertigen Teig etwa 12 Kugeln formen und mit der Hand flach drücken. Mit einem Esslöffel die Füllungen verteilen, dabei etwa 1 cm Rand frei lassen. Die Ränder mit Eiweiß oder Wasser bepinseln und zusammenkleben. Mit verquirltem Eigelb bestreichen und noch etwas gehen lassen.

5. Bei 200 °C etwa 25 Minuten goldgelb backen.

GETRÄNKE

Zu den traditionellen Getränken gehören in Polen Tee, Kaffee und *kompot*. Früher waren es Brottrunk und Bier, die im Alltag getrunken wurden. Im Mittelalter wurde Bier in ganz Europa als ein tägliches Getränk betrachtet, weil das Wasser damals als ungesund galt. Das Bier kostete nicht viel, war leicht, schäumend und enthielt nur wenig Alkohol. Es war üblich ein Hausbier für den Eigenbedarf zu brauen, obwohl es vor allem in den Städten auch große Brauereien gab. In Krakau zum Beispiel hatten die Bierbrauer schon im 15. Jh. ihre eigene Zunft, die zu den reichsten gehörte. Von den vielen verschiedenen Biersorten, die damals gebraut wurden, galten die meisten als sehr schmackhaft.

Der Tee kam erst im 17. Jh. und wurde zuerst nur als Medizin für Magenverstimmung betrachtet. Hundert Jahre später hatte er sich als Getränk jedoch so weit verbreitet, dass der damals durch Polen reisende Johann Bernoulli erstaunt war, ihn in jedem Gasthof zum Trinken bekommen zu können. Der Kaffee kam im 18. Jh. und hatte schnell die bis dahin übliche Biersuppen (*polewka*, *gramatka*) als Morgengetränk verdrängt. Der altpolnische Kaffee war sehr stark und aromatisch. Dem großen polnischen Dichter Adam Mickiewicz nach, soll es in jedem gutbetuchtem Haushalt „eigens eine Mamsell" für die Zubereitung des Kaffees gegeben haben. Schon damals wurde er gerne auch in Cafés getrunken. Die ersten zwei waren in Warschau schon im Jahre 1776 geöffnet worden, hundert Jahre später waren es bereits neunzig.

Als Durstlöscher wurden lange Zeit *kompot* und Brottrunk getrunken. *Kompot* nennt man in Polen nicht nur gekochtes Obst, das man als Nachtisch serviert, sondern auch ein Getränk, das aus verschiedenen Früchten gekocht wird. Er wird gewöhnlich zum Essen gereicht und im Sommer gerne als ein erfrischendes Getränk getrunken. Auch Brottrunk war sehr populär, vor allem auf dem Lande.

Der Wein wurde in Polen lange Zeit nur sporadisch getrunken. Es gab nur den eingeführten Wein und der war sehr teuer: Im 15. Jh. war es der ungarische Wein, mit dem der damalige König Jagiełło die Gäste bewirten ließ. Später kam der Wein auch aus Frankreich, Deutschland und Spanien.

Der letzte polnische König Stanisław August Poniatowski hatte seine Gäste, die zu den berühmten donnerstäglichen Gelehrten-Tafelrunden eingeladen wurden, mit einem ausgezeichneten spanischen Wein verwöhnt. Nach der Überlieferung blieb der König jedoch stets bei Quellwasser.

Nicht so kostspielig wie der Wein, war der Honigwein. Schon im Mittelalter gerne getrunken, erfreute er sich großer Beliebtheit und wurde in vielen Familien zubereitet, vor allem bei dem Landadel. Das Rezept war auch denkbar einfach: Honig und Wasser mit ausgesuchten Kräutern aufkochen und vergoren lassen. Je mehr Honig genommen wurde, desto länger konnte der Honigwein aufbewahrt werden. (Die besten Honigweine reifen bis 15 Jahre lang.) Im Krakau gab es noch bis zum Jahre 1938 ein „Honigweinlokal", das bereits im 14. Jh. eröffnet worden war.

Es gab auch den altpolnischen Wodka, der jedoch bis 17. Jh. nicht an den Festtafeln serviert wurde. Den einfachen 15-25 % stark, tranken vor allem die Jäger, Soldaten und Bauern. Der stärkere (30-35 %) wurde gerne in Medizinschränkchen aufbewahrt und „fingerhutweise" für bessere Gesundheit eingenommen. Es wurden auch gerne verschiedene Liköre hergestellt, von denen viele nach sehr alten Rezepten zubereitet wurden. Die bekanntesten sind *krupnik*, *jarzębiak* und *wiśniowka*. Dazu kamen auch verschiedene Kräuterliköre, die vor allem der besseren Gesundheit dienen sollten.

HERBATA – Tee

Der Tee wurde lange Zeit zuerst in kleinen Teekännchen aufgegossen und später als *esencja* dem gekochten Wasser zugefügt. Er wurde gerne mit Zucker (meistens 2 Teelöffel) und geschälten Zitronenscheiben getrunken. Die Kinder bekamen den Tee schwach und mit viel Milch, was man *bawarka* nannte. An kalten, nassen Tagen wird der Tee bis heute gerne mit einem Teelöffel Rum getrunken

KAWA – Kaffee

Der Kaffee wurde früher jedes Mal frisch gemahlen und in einem Kaffeetopf mit kochendem Wasser aufgegossen. Danach ließ man ihn noch eine Weile auf dem warmen Herd ziehen. Getrunken wurde der frisch gebrühte Kaffee mit süßer Sahne – meistens 2-3 Teelöffeln, aber gerne auch zur Hälfte mit Sahne vermischt. So einen „Sahnekaffee" nannte man *kapucynka* („Kapuzinchenkaffee"). Der Zucker wurde immer gesondert gereicht.

CZEKOLADA PITNA – Trinkschokolade

Der prominenteste Schokoladentrinker war der letzte polnische König Stanisław Poniatowski, von vielen liebevoll König Staś genannt. Das süße Getränk bekam er jeden Tag nach dem Aufwachen serviert. Ob es genau nach dem Rezept zubereitet wurde, weißt man nicht. Jedenfalls ist das Rezept alt und das Getränk sehr nahrhaft.

Zutaten: *100 g Schokolade, 1 l Milch, 125 ml süßer Sahne, 2 Eigelbe*

Die Milch mit der zerkleinerten Schokolade aufkochen und so lange rühren, bis sie sich aufgelöst hat. Die Eigelbe mit der Sahne verquirlen und unter die Schokomilch einrühren. Sofort in die Tassen füllen.

KOMPOT Z RABARBARU – Rhabarberkompott

Es ist der erste *kompot*, der im Frühling gekocht wird.

Zutaten: *1 kg Rhabarber, 2 l Wasser, Zucker zum Abschmecken*

Den Rhabarber putzen, die Blätter und die Stängelenden abschneiden, die obere, zähe Hautschicht abziehen und in Stücke schneiden. So lange kochen, bis er zerfällt. Durch ein Sieb gießen und mit Zucker abschmecken. In großen Glaskannen kalt servieren.

KOMPOT JABŁKOWY – Apfelkompott

Ein beliebtes Getränk, das man das ganze Jahr über zubereiten kann. Im Herbst wird er gerne mit einer kleinen Handvoll Ebereschefrüchten (zuerst kurz einfrieren) gekocht, was ihm eine angenehm herbe Note gibt.

Zutaten:
500-600 g säuerliche Äpfel
5 Nelken
1 Stückchen Zimt
1,5-2 l Wasser
Zucker zum Abschmecken

Die Äpfel waschen, entkernen und in Spalten schneiden. Zusammen mit den Gewürzen in einem großen Topf etwa 10-15 Minuten kochen. Durch ein Sieb abseihen und mit Zucker abschmecken. Im Winter warm, im Sommer kalt trinken.

KOMPOT AGRESTOWY – Stachelbeerenkompott

Wenn wir in Südpolen in Krakau oder Zakopane essen gehen, bekommen wir meistens den Stachelbeerenkompott zum Mittagessen serviert.

Zutaten: *500 g Stachelbeeren, 1-1,5 l Wasser, Zucker zum Abschmecken*

Die Stachelbeeren spülen und so lange kochen, bis sie zerfallen. Durch ein Sieb abseihen, mit Zucker abschmecken und erkalten lassen.

KOMPOT WIGILIJNY – Heiligabendkompott

Der *kompot* wird traditionell am Heiligabend gekocht und zum Festmahl am Abend serviert. Er besteht vor allem aus getrockneten Pflaumen, zu denen auch getrocknete Birnen, mal sogar Feigen gegeben werden.

Zutaten:
500 g getrocknete Pflaumen
2-2,5 l Wasser
Zucker zum Abschmecken
oder

400 g getrocknete Pflaumen
100 g getrocknete Birnen
2-2,5 l Wasser
Zucker zum Abschmecken

Das Wasser in einen großen Topf geben und die getrockneten Früchte zufügen. Bei mäßiger Hitze mindestens 30 Minuten kochen lassen, bis die Früchte zerfallen. Den *kompot* durch ein Sieb gießen, ein Teil der Früchte in das Getränk passieren. Mit Zucker abschmecken und noch warm in großen Weißglaskrügen servieren.

ROZTRZEPANIEC – Verquirlte Dickmilch

Verquirlte Dickmilch als Getränk, kommt aus der Bauernküche. Es wurde früher gerne im Sommer getrunken, immer schön abgekühlt. Wer es nahrhafter haben wollte, gab noch 2-3 El Sahne dazu.

Zutaten für 2 Personen:
500-600 ml Dickmilch
1 Msp. Steinsalz

1 El sehr fein
gewogener Dill, nach Belieben

Die Dickmilch gut abkühlen. Salz und Dill zufügen und verrühren. In einem irdenen Krug servieren.

MAŚLANKA – Buttermilchgetränk

Buttermilch wurde früher gerne mit dem Saft von sauren Gurken oder mit der Rübensäure vermischt getrunken. Als Kinder tranken wir die Buttermilch (pur) in den Sommerferien in der Tatra. Unsere Gastgeberin hatte die Buttermilch immer sehr frisch, da sie die Butter selbst machte.

Zutaten für 2 Personen: *200 ml Saft von sauren Gurken*
400 ml Buttermilch   *1 El Dill, sehr fein geschnitten*

Die Buttermilch mit dem Saft und dem Dill verrühren und gut abgekühlt in einem Steingutkrug servieren.

KWAS CHLEBOWY – Brottrunk

Es ist ein Getränk mit einer sehr alten Tradition. Meine Großmutter väterlicherseits hat im Sommer gerne den Brottrunk gemacht. Dieses Rezept ist aber einem sehr alten Kochbuch entnommen worden und reicht bestimmt für viele Personen und längere Zeit.

Zutaten:
6 l Wasser   *500 g Zucker*
350 g Schwarzbrot,   *60 g kernlose Rosinen*
getrocknet   *Saft einer halben Zitrone*
und gerieben   *20 g Hefe*

1. Das geriebene Brot in ein irdenes Gefäß geben. Das Wasser aufkochen, etwas abkühlen und das Brot begießen. Stehen lassen, bis es abgekühlt ist.

2. Die Hefe mit etwas Wasser verrührt zufügen. Mit einem Leinentuch zugedeckt 12 Stunden an einem warmen Ort stehen lassen. Anschließend die Flüssigkeit durch ein Leinentuch gießen. Rosinen, Zucker und Zitronensaft zugeben und über Nacht stehen lassen

4. Am nächsten Tag das Getränk in pasteurisierte Flaschen füllen und sehr gut verschließen. Nach etwa 3 Tagen ist der Brottrunk trinkfertig.

WINO GRZANE – Glühwein

Der Glühwein wurde früher eigens für diejenige gemacht, die eine Erkältung aufkommen spürten. Sie bekamen den Glühwein zu trinken, um die Erkältung im Bett auszuschwitzen.

Zutaten für eine Person: *1 Stück Zimt, 3 Nelken*
1 Glas kräftiger Rotwein   *10 g Zucker*

Den Wein mit den Gewürzen aufkochen, durch ein Sieb abseihen und in einen Becher füllen. Sehr warm trinken.

GRZANIEC – „Glühbier"

Das „Glühbier" basiert auf einem sehr alten Rezept für eine morgendliche Biersuppe (siehe S. 53), die noch bis ins 18. Jh. von dem Adel jeden Morgen gegessen und erst von dem Kaffee verdrängt wurde. Das warme, süße Bier wird bis heute gerne an kalten, nassen Tagen getrunken. Besonders wenn jemand eine Erkältung kommen spürt, lässt er sich gerne mit dem warmen Bier verwöhnen.

Zutaten für 1-2 Personen:
500 ml Bier   *1 Stück Zimt, sollte*
2 Eigelbe   *das Bier*
2 El Zucker   *gegen eine Erkältung wirken*

1. Die Eigelbe mit Zucker cremig schlagen.
2. Das Bier in einem Topf aufkochen (eventuell Zimt zugeben), vom Herd nehmen und die Eigelbmasse unter das Bier rühren. Sehr warm trinken.

LIKIER WIŚNIOWY – Kirschlikör
Es ist ein altes, sehr einfaches Rezept, nach dem früher der Likör gerne zubereitet wurde.

Zutaten:
2 kg Sauerkirschen, 1 kg Zucker, 0,7 l Wodka

1. Die Sauerkirschen verlesen und mit Zucker schichtweise in einen großen Glasbehälter geben. Vier Wochen in der Sonne stehen lassen.
2. Den entstandenen Sirup abseihen und in Flaschen füllen. Die übrig gebliebenen Kirschen mit Wodka aufgießen und verschlossen 3-6 Monate stehen lassen. Dann in sterilisierte Flaschen füllen.

KRUPNIK – Honiglikör
Krupnik ist ein starker Honiglikör, der schon im 17. Jh. in vielen Familien für den Winter angesetzt wurde. Wir benutzen ihn gerne tropfenweise gegen Halsschmerzen. Bei den ersten Anzeichen genommen, hilft er meistens sofort. Das Rezept für den Honiglikör stammt aus einem sehr alten Kochbuch.

Zutaten:
1 l Weingeist
½ l Honig
½ l Wasser
1 Stück Zimt
5 Nelken
5 Pimentkörner
½ Vanilleschotte
1 Msp. Muskatblütenpulver
1-2 Orangenschalen

1. Den Honig in einem Topf bei kleiner Hitze zerlassen, Gewürze zugeben und unter Rühren etwas Farbe annehmen lassen.
2. Wasser zugeben und aufkochen. Vom Herd nehmen und vorsichtig mit Weingeist aufgießen. In eine große Karaffe umfüllen und sorgfältig verschließen.
3. Am nächsten Tag den *krupnik* abseihen und in gut verschließbare Flaschen füllen. Mindestens ein halbes Jahr reifen lassen.

VORRATSHALTUNG

Die Vorratshaltung war früher überlebenswichtig, denn durch das Haltbarmachen von Lebensmitteln konnten die Menschen die Mangelzeiten überbrücken. Viele der Verfahren sind tausende von Jahren alt und auch bei anderen Völkern bekannt. Das Typische für die traditionelle polnische Küche ist das Einsäuern. Geschätzt werden aber auch Räuchern, Salzen, Marinieren und Trocknen sowie das Marmeladekochen und Einkochen, welche neueren Datums sind.

Das Einsäuern ist bis heute sehr populär. Eingesäuert werden vor allem Weißkohl und Gurken. Früher hatte man auch Pilze, Knoblauch, grüne Bohnen, Äpfel, Pflaumen und sogar ganze Kohlköpfe milchsauer eingelegt. Als Zutaten werden auch heute kleine Zwiebeln, Knoblauch, Paprika, Meerrettich, Dilldolden sowie viele Gewürze wie Senf, Pfeffer, Piment, Kümmel und Wacholderbeeren benutzt. Auch Eichen-, Kirsch-, Wein- und schwarze Johannisbeerblätter gibt man gerne dazu. Zum Einsäuern benutzte man früher große Eichenfässer, heute werden Sauerkraut und (milch)saure Gurken in Steintöpfen und Weckgläsern eingelegt.

Das Räuchern wird heutzutage fast ausschließlich industriell betrieben, das Salzen den Fischern überlassen (Heringe). Es wird aber immer noch viel mariniert und getrocknet. In den Essig kommen Pilze, Pflaumen, Kirschen und Kürbis. Getrocknet werden in erster Linie Pilze, die bei den weihnachtlichen Rezepten unentbehrlich sind, aber auch Obst wie Pflaumen, Äpfeln und Birnen werden gerne gedörrt. Das Kochen von Marmeladen und Konfitüren und das Einkochen von Obst und Gemüse sind auch sehr verbreitet.

KAPUSTA KISZONA – Sauerkraut

Früher wurde in jeder Familie für den Winter ein Eichenfass Sauerkraut vorbereitet. Auch meine Eltern haben es, als wir noch Kinder waren, jeden Herbst gemacht: Am Nachmittag saß dann die ganze Familie in der Küche. Meine Mutter bereitete die Kohlköpfe vor und mein Vater hobelte sie mit einem „Raspelgerät", das nach einer Idee von meinem einfallsreichen Großvater gebaut wurde. Unsere Aufgabe war, den geraspelten Kohl mit den nackten Füßen im Fass zu stampfen, was uns immer viel Spaß machte. Dabei wurde immer viel erzählt und gelacht, und wir gingen dann müde und zufrieden schlafen.

Zutaten:
2 kg Kohl, geputzt
(am besten eine spätere Sorte)
3 El Steinsalz
ein paar Wacholderbeeren
1 Lorbeerblatt
1 Tl Kümmel oder Dillsamen,
nach Belieben

1. Den Kohl putzen und der Länge nach halbieren. Auf einem Kohl- oder Gurkenhobel in feine Streifen hobeln.

2. Abwechselnd mit Salz und Gewürzen in einen irdenen Topf schichten. Jede Schicht so lange stampfen, bis sich Saft gebildet hat. Am Ende soll der Saft etwa 1 cm über dem Kohl stehen. Ist es nicht der Fall, mit abgekochtem Wasser (1 l Wasser – 20 g Salz) auffüllen.

3. Den gestampften Kohl mit einem passenden, mit kochendem Wasser abgespülten Teller, abdecken und mit einem gewaschenen und ausgekochten Stein beschweren. Den Topf mit einem Leinentuch bedecken und bei Zimmertemperatur etwa 2 Tage stehen lassen. Nach 10 Tagen kann man das Sauerkraut essen.

Variante:

Den gehobelten Kohl kann man auch mit geraspelten Möhren und Äpfeln in den Topf schichten.

KAPUSTA KISZONA W SŁOJACH – Sauerkraut in Gläsern

Dieses Rezept habe ich von meiner Schwiegermutter bekommen. Jedes Jahr hat sie das vorzüglich schmeckende Sauerkraut auf diese Art vorbereitet.

Zutaten:

2 kg Kohl, geputzt
(am besten eine spätere Sorte)
3 El Steinsalz
ein paar Wacholderbeeren

1 Lorbeerblatt
1 Tl Kümmel
oder Dillsamen, nach Belieben
sterilisierte Weckgläser

1. Das Sauerkraut nach dem vorherigen Rezept einsäuern.

2. Nach etwa 10 Tagen, wenn das Sauerkraut schon essfertig ist, in sterilisierte Weckgläser füllen und vorsichtig zusammendrücken. Der Saft soll das Sauerkraut ganz bedecken und nur bis 3 cm unter den Rand reichen. Bei zu wenig Saft mit Salzwasser (1 l Wasser – 20 g Salz aufkochen und abkühlen) nachgießen. Die Glasränder sorgfältig abwischen und die Gummiringe darauf legen. Die Deckel aufsetzen und mit den Bügeln verschließen.

3. In einen breiten Topf ein Leinentuch hineinlegen und die Gläser so hineinstellen, dass sie sich nicht berühren. Mit Wasser auffüllen, sodass die Gläser zu ¾ ihrer Höhe im Wasser stehen. Langsam aufwärmen und bei 80 °C etwa 20 Minuten einkochen lassen.

4. Die Gläser herausnehmen und zum Erkalten auf ein Küchentuch stellen. Dunkel und kühl aufbewahren.

OGÓRKI KISZONE – Milchsauer eingelegte Gurken

Die milchsauren Gurken werden auch heutzutage oft und gerne eingelegt. Früher nahm man dafür Eichenfässer oder große Steinguttöpfe, heute sind es meistens Gurken- oder Weckgläser. Als mein Vater noch als junger Brückenbauingenieur viel unterwegs war, hat er von einem Bauernmarkt ein großes Gurkenfass aus Holz nach Hause gebracht. Seitdem wurden die Gurken bei uns darin gesäuert. Im Sommer stand das Fass im Garten unter einem Walnussbaum und die sauren Gurken schmeckten unwiderstehlich lecker. Wir aßen sie am liebsten nur mit Butterbrot. Auch unsere Kinder essen die milchsauren Gurken gerne. Besonders unser Nesthäkchen konnte als Kind von ihnen nie genug kriegen.

Zutaten:
5 kg etwa 10 cm langen Freilandgurken, erntefrisch
6 l Wasser
240 g Steinsalz
Zutaten für jedes 1 l Glas:
2-4 Knoblauchzehen
1 Dillblütendolde oder
1 Tl Dillsamen
(keine Saatsamen!)
1 Stück Meerrettichwurzel
1-2 Kirsch- oder Weinblätter
5 Pfefferkörner
1 Lorbeerblatt, nach Belieben
Außerdem:
10 Weckgläser von 1 l Inhalt

1. Wasser und Salz zusammen aufkochen und abkühlen lassen. Die Gläser pasteurisieren.

2. Die Gurken kurz abspülen und abtropfen lassen. Meerrettichwurzel schälen und teilen. Knoblauchzehen abziehen und eventuell grob schneiden.

3. Die Gurken hochkant, abwechselnd mit den Zutaten, bis 3-4 cm unter den Rand dicht in die Gläser füllen. Mit dem Salzwasser bis 2 cm unter den Rand aufgießen, sodass die Gurken von der Flüssigkeit ganz bedeckt sind. Bei jedem Glas den Glasrand sorgfältig abwischen und den Gummiring darauf legen. Den Deckel aufsetzen und mit dem Bügel verschließen. Zuerst 24 Stunden bei Zimmertemperatur, später im Keller aufbewahren. Die Gläser schließen sich nach einiger Zeit von alleine.

OGÓRKI MAŁOSOLNE – Die ersten sauren Gurken

Die sehr beliebten ersten sauren Gurken sind milder im Geschmack und sehr aromatisch, da sie mit viel Dill, Knoblauch und Meerrettich eingelegt werden. Direkt übersetzt heißen sie eigentlich „wenig salzige" Gurken. Im Grunde genommen sind die Gurken jedoch weniger sauer, weil die Säuerung viel kürzer dauert. Da sie nur im Sommer gegessen werden, schmecken sie immer nach heißen Sommertagen und Muße.

Zutaten:
2 kg erntefrische Freilandgurken
3 l Wasser
90 g Steinsalz
Zutaten für den Steinguttopf:
2-4 Knoblauchzehe

2-4 Dillblüten
1 Stückchen Meerrettichwurzel
oder 1 Meerrettichblatt,
nach Belieben ein paar Kirsch-
oder Weinblätter
Steinguttopf

1. Das Gefäß waschen und mit kochend heißem Wasser vorsichtig ausspülen. Abkühlen lassen.
2. Wasser und Salz zusammen aufkochen und abkühlen lassen. Die Gurken kurz abspülen und abtropfen lassen. Den Knoblauch schälen und in dünne Scheiben schneiden oder ganz lassen.
3. Die Gurken mit den Zutaten abwechselnd in das Gefäß möglichst dicht hineinsetzen. Mit dem lauwarmen Salzwasser übergießen, sodass die Gurken ganz bedeckt sind. Mit einem passenden Teller abdecken. Ein Leinentuch über das Gefäß legen und die Gurken am besten in der Küche stehen lassen. Wenn sie die grüne Farbe verlieren und angenehm säuerlich duften, sind sie essfertig

Anmerkung:
Möchte man die nächste Portion Gurken einsäuern, kann man sie direkt in den „alten" Gurkensaft legen. Der Vorteil: Die Gärung setzt sofort ein und die Gurken werden schneller als die vorherigen essfertig.

GRZYBY MARYNOWANE – Marinierte Pilze

Die ersten Pilze wurden schon im frühen Mittelalter mariniert. Daran hat sich jahrhundertelang auch nichts geändert. Bis heute sind sie als Beilage zu verschiedenen Fleischgerichten äußerst beliebt und werden gerne auf festlichen Tafeln serviert. Bei meinen Eltern zu Hause standen immer viele Gläser mit marinierten Pilzen. Die kleinen Steinpilze und Grünlinge galten als besonderer Leckerbissen.

Zutaten:

500 g kleine Steinpilze,
Braunhäuptchen, Butterpilze
125 ml Wasser
125 ml Weinessig (6 %)
½ Tl Salz
1 Lorbeerblatt

3 Pimentkörner
5 Pfefferkörner
2 Gewürznelken
kleine pasteurisierte
Marmeladengläser mit Deckel

1. Die Pilze zuerst verlesen, nur die ohne Wurmbefall weiter verarbeiten, also putzen und sorgfältig abspülen. In einen Topf geben und mit 500 ml Wasser aufgießen. Zugedeckt 30 Minuten kochen.

2. 125 ml Wasser mit Essig und Gewürzen zum Kochen bringen und zugedeckt noch 10 Minuten köcheln lassen. Vom Herd nehmen, salzen und abkühlen lassen.

3. Die Pilze mit einem Schaumlöffel herausnehmen und in die vorbereiteten, sterilisierten Gläser füllen. Mit der Essiglösung aufgießen. Die Gewürze verteilen und die Gläser fest verschließen. Kühl und trocken aufbewahren.

Anmerkung:
Nach dem Rezept kann man auch kleine Champignons marinieren.

ŚLIWKI W OCCIE – Marinierte Pflaumen

Die süßsauer schmeckenden Pflaumen werden gerne zu kaltem Fleisch serviert. Als Kind habe ich sie sehr gemocht und es wurde mir am Tisch gestattet, eins oder zwei davon zu essen.

Zutaten:
1 kg reife Zwetschgen
250 ml Weinessig (6 %)
750 ml Wasser
250 g Zucker
1 Zimtstange
6-8 Nelken
pasteurisierte Gläser

1. Die Zwetschgen waschen, entsteinen und in einen Steintopf legen.
2. Das Wasser mit Essig, Zucker und Gewürzen aufkochen und über die Zwetschgen gießen. Am nächsten Tag den Sud abgießen, noch einmal zum Kochen bringen und wieder die Zwetschgen damit übergießen. Die ganze Prozedur noch zweimal wiederholen.
3. Die Zwetschgen in die vorbereitete Gläser füllen, mit dem Sud aufgießen und fest verschließen. Kühl und dunkel lagern.

WIŚNIE MARYNOWANE – Marinierte Kirschen

Ein Leckerbissen aus der altpolnischen Vorratskammer.

Zutaten:
1 kg reife Sauerkirschen
1 Glas Weinessig
200 g Zucker, 1 El Honig
1 Stückchen Zimt
5 Nelken, 2 Pfefferkörner

1. Die Kirschen putzen, abspülen und in einen Steintopf legen.
2. Den Essig zusammen mit Zucker aufkochen und über die Kirschen gießen. Über Nacht stehen lassen.
3. Am nächsten Tag den Essig abseihen, aufkochen und die Kirschen wieder damit übergießen. Am dritten Tag dem Essig Honig und Gewürze zugeben und aufkochen. Die Kirschen in kleine, pasteurisierte Gläser legen, mit dem Essig auffüllen und fest verschließen.

DYNIA MARYNOWANA – Marinierter Kürbis

Ich habe als Kind den marinierten, würzig schmeckenden Kürbis sehr gemocht. Er wurde bei allen Familienfeiern auf den Tisch gestellt und schmeckte köstlich zu all den Schinken, Würsten und Kaltfleischgerichten.

Zutaten:
1 kg Kürbis
500 ml Weinessig (6 %)
250 ml Wasser
250 g Zucker
1 Zimtstange
6-8 Nelken
ein paar kleine
pasteurisierte Gläser

1. Den Kürbis schälen und entkernen, das feste Kürbisfleisch klein würfeln und blanchieren.
2. Aus dem Essig, Zucker, Wasser und Gewürzen einen Sud kochen. Die Kürbiswürfel hineingeben, einmal aufkochen und 24 Stunden ziehen lassen.
3. Am nächsten Tag den Sud abgießen, aufkochen und über die Kürbiswürfel gießen. Erneut 24 Stunden ziehen lassen.
4. Am dritten Tag den Sud mit dem Kürbis aufkochen. Sollte der Kürbis noch hart sein, ein paar Minuten kochen lassen. Vom Herd nehmen und abkühlen.
5. Die Kürbiswürfel in die Gläser füllen, mit dem Sud aufgießen und fest verschließen. Kühl und dunkel lagern.

KONFITURY WIŚNIOWE – Sauerkirschkonfitüre

Die Zubereitung der Sauerkirschkonfitüre ist mit einiger Mühe verbunden, weil die Kirschen Stück für Stück entkernt werden müssen. So eine Konfitüre gibt es jedoch nirgendwo zu kaufen. Möchte man die Konfitüre öfter machen, empfiehlt es sich einen Kirschentkerner zu kaufen. Wir haben mal eine Sauerkirschkonfitüre von meiner Mutter bekommen, die ein paar Jahre gehalten und wunderbar geschmeckt hat. Die Kirschen für die Konfitüre hatte unsere Tochter gepflückt, als sie im Sommer mit ihrem jüngerem Bruder bei Oma zu Besuch war.

Zutaten:
1 kg Sauerkirschen,
vorbereitet gewogen

1 kg Zucker
1 Glas Wasser
Marmeladengläser, pasteurisiert

1. Die Sauerkirschen waschen, entstielen und entkernen.
2. Wasser und Zucker aufkochen. Hat sich der Zucker aufgelöst, die Kirschen zugeben und bei mäßiger Hitze etwa 30 Minuten köcheln lassen. Gelegentlich umrühren.
3. Vom Herd nehmen und über Nacht stehen lassen.
4. Am nächsten Tag bei milder Hitze aufkochen lassen und so lange unter gelegentlichem Rühren kochen, bis die Kirschen glasig geworden sind.
5. Die noch heiße Konfitüre in die Gläser randvoll füllen, sofort fest verschließen und für etwa 5 Minuten auf den Kopf stellen. Kühl, trocken und dunkel aufbewahren.

KONFITURA Z RÓŻY – Rosenblütenkonfitüre

Die Rosenkonfitüre ist sehr beliebt und wird vor allem für Berliner (*pączki*) und *mazurki*, die kleinen Osterkuchen, verwendet. Obwohl viele Rosen wunderbar duften, werden für die Konfitüre nur die Blütenblätter von der Hundsrose (Rosa canina) und der Kartoffelrose (Rosa rugosa) geerntet, denn gerade die Rosen haben den unnachahmlichen süßen Rosaduft.

Zutaten:
250 g Rosenblätter
(Wildrose, Hunderose)
1 kg Zucker

1-2 Tl Zitronensaft
500 ml Wasser
Marmeladengläser, pasteurisiert

1. Den Zucker mit Wasser in einem Topf aufkochen. Die Rosenblätter zugeben und so lange köcheln lassen, bis die Blätter durchsichtig sind und der Sirup eine dickliche Konsistenz bekommt.
2. Die Konfitüre mit Zitronensaft abschmecken und noch heiß in die Gläser füllen. Sofort fest verschließen und etwa 5 Minuten auf dem Kopf stehen lassen.

KONFITURY JARZĘBINOWE – Ebereschenkonfitüre
Die Vogelbeeren sollen erst nach dem ersten Frost gesammelt werden, sonst sind sie viel zu sauer. Um das umzugehen, kann man sie auch für ein paar Stunden einfrieren lassen.

Zutaten:
1,5 kg
Ebereschenfrüchte
2-3 Äpfel, am besten Boskoop
1-2 Birnen

2 kg Zucker
Saft einer Zitrone
½ Glas Gin
ein paar Marmeladengläser

1. Die Beeren verlesen, waschen, entstielen und mit einer Gabel zerdrücken. In einen Topf mit dickem Boden geben, Zucker zugeben und 1-2 Stunden stehen lassen. Danach aufkochen und abkühlen lassen.
2. Die Äpfel und Birnen schälen, würfeln und dazugeben. Alles noch mal aufkochen und unter Rühren so lange köcheln lassen, bis die Äpfel- und Birnenwürfel zerkocht sind.
3. Den Zitronensaft und die Hälfte von dem Gin unterrühren und die Konfitüre in pasteurisierte Gläser füllen. Den Restalkohol auf die Gläser verteilen und sofort fest verschließen.

POWIDŁA – Pflaumenmus (Powidl)

Powidla schmecken am besten, wenn man sie erst im September kocht. Die Zwetschgen sind dann reif und sehr süß, sodass man keinen Zucker mehr braucht. Meine Mutter kochte das Pflaumenmus jedes Jahr auf diese Weise und wir Kinder konnten uns daran bis zur nächsten Ernte laben.

Zutaten:
4 kg reife süße Spätzwetschgen
1 Holzlöffel zum Umrühren, pasteurisierte Marmeladengläser

1. Die Zwetschgen waschen, entsteinen und halbieren. In einen großen Topf mit dickem Boden geben und bei milder Hitze unter Rühren so lange köcheln lassen, bis der Holzlöffel darin fast stecken bleibt.
2. Noch heiß in die warmen Gläser bis zum obersten Rand langsam füllen, sofort fest verschließen und etwa 5 Minuten auf dem Kopf stehen lassen.

MARMOLADA JABŁKOWA – Apfelmarmelade

Als Kinder haben wir immer gerne zugeschaut, wenn unsere Mutter die Marmelade gekocht hatte. Wir konnten es kaum abwarten, bis sie fertig war. Noch warm aufs Butterbrot geschmiert, hatte sie herrlich süß und fruchtig geschmeckt. Meine Schwiegermutter hat die Apfelmarmelade zusätzlich pasteurisiert, sodass man sie das ganze Jahr über essen konnte.

Zutaten:
2 kg reife, süße Äpfel
kleiner Steintopf mit kochend heißem Wasser ausgespült

1. Die Äpfel waschen, schälen, entkernen und klein schneiden. In einen Topf mit dickem Boden geben und bei milder Hitze unter Rühren so lange köcheln, bis eine glatte, dickliche Marmelade entsteht
2. Erkalten lassen und einen Steintopf umfüllen. Im Kühlschrank aufbewahren. Hält sich zwei Wochen lang.

MARMOLADA GŁOGOWA – Hagebuttenkonfitüre

Es ist eine sehr mühselige Arbeit, die Hagebutten zu putzen, das Ergebnis ist aber einmalig. Die Hagebuttenmarmelade wird genauso gerne für Brot und Kuchen wie für Fleischsoßen benutzt.

Zutaten:
500 g Hagebutten,
geputzt gewogen
250 g Zucker

250 ml Wasser
Marmeladengläser mit Deckeln,
pasteurisiert

1. Die Hagebutten waschen, von den Stielen befreien und durchschneiden. Die Kerne und Härchen sorgsam entfernen, aufwiegen und in einen Topf mit dickem Boden legen. Zugedeckt in einen warmen Backofen geben und über Nacht stehen lassen.

2. Am nächsten Tag den Topf mit Wasser aufgießen und bei kleiner Hitze unter gelegentlichem Rühren so lange kochen, bis die Hagebutten weich sind.

3. Durch ein Sieb in einen Topf passieren, den Zucker zugeben und bei milder Hitze unter ständigem Rühren weiter köcheln, bis die Masse dicklich genug ist.

4. Die heiße Marmelade randvoll in die Gläser füllen, sofort fest verschließen und 5 Minuten auf dem Kopf stehen lassen.

MARMOLADA ŻURAWINOWA – Moosbeerkonfitüre

Am besten schmecken die Moosbeeren erst nach dem ersten Bodenfrost, sonst sind sie einfach viel zu sauer. Die Konfitüre wird genauso gerne für Kuchen wie für Fleischsoßen benutzt.

Zutaten:
1 kg Moosbeeren, 1 kg Zucker
Marmeladengläser mit Deckel, pasteurisiert

1. Die Moosbeeren verlesen, kalt abspülen und in einem Topf mit dickem Boden zusammen mit Zucker, bei milder Hitze so lange kochen, bis die Masse angedickt ist. Gelegentlich umrühren.

2. Die heiße Marmelade randvoll in die Gläser füllen, sofort fest verschließen und etwa 5 Minuten auf dem Deckel stehen lassen

BORÓWKI DO MIĘSA – Preiselbeerkonfitüre

Die selbst gemachten Preiselbeeren schmecken ausgezeichnet zu fast jeder Fleischsorte.

Zutaten:
1 kg Preiselbeeren, 500 g Birnen, 500 g Zucker, 5 Nelken

1. Die Preiselbeeren verlesen, kurz abspülen und blanchieren. Die Birnen schälen, klein würfeln und zusammen mit den Preiselbeeren, dem Zucker und den Nelken in einem Topf mit dickem Boden, bei kleiner Hitze so lange kochen, bis die Preiselbeeren und die Birnenwürfel glasig sind. Von Zeit zu Zeit umrühren.

2. Die noch heiße Masse in die Gläser füllen und sofort fest verschließen. Für 5 Minuten auf den Kopf stellen.

GALARETKA PORZECZKOWA – Johannisbeergelee

In dem großen Garten meiner Kindheit wuchsen viele Johannisbeersträucher, die wunderbar getragen haben. An dem Johannisbeergelee hat es bei meinen Eltern deswegen nie gemangelt. In der altpolnischen Küche wird das Gelee gerne für Fleischsoßen verwendet.

Zutaten:
1 kg rote Johannisbeeren
700 g Zucker

500 ml Wasser
Marmeladengläser, pasteurisiert

1. Die Johannisbeeren kurz abspülen, die Stiele entfernen, in einen Topf mit dickem Boden geben und mit einem Kartoffelstampfer zerdrücken.
2. Wasser und Zucker zugeben und bei mittlerer Hitze unter gelegentlichem Rühren 30 Minuten kochen.
3. Durch ein Sieb passieren, kurz aufkochen und in Gläser füllen. Sofort fest verschließen und 5 Minuten lang auf dem Deckel stehen lassen.

TRUSKAWKI UCIERANE NA SUROWO – Roher Erdbeermus

Mein Vater wollte unbedingt einen Garten mit allerlei Obst haben. Die Erdbeeren gehörten selbstverständlich auch dazu. Das Erdbeermus, das unsere Mutter immer auf Vorrat machte, schmeckte selbst im Winter wie der Sommer selbst.

Zutaten:
1 kg Erdbeeren, erntefrisch
200 g Zucker

ausgekochte Marmeladengläser
1-2 El Weinbrand oder Wodka
Cellophan

1. Die Erdbeeren kurz spülen, abtropfen lassen und die Stiele entfernen. In eine Porzellanschüssel geben und mit einem Pürierstab pürieren.
2. Den Zucker zugeben und solange mit einem Holzlöffel umrühren, bis sich der Zucker gelöst hat.
3. In Marmeladengläser randvoll füllen und mit in Alkohol eingeweichtem Cellophan verschließen. Kühl und dunkel lagern.

SOK MALINOWY – Himbeersaft

Der Himbeersaft wurde traditionell als Hilfe gegen Erkältung für den Winter gemacht. Der sirupartige Saft half, in heißem Tee getrunken, die Erkältung auszuschwitzen.

Zutaten: 1 kg Himbeeren, 1 kg Zucker

1. Die Himbeeren verlesen, von den Stielen befreien und in einen hohen Glasbehälter geben. Den Zucker hinzufügen und mit einem Stück Mulltuch abgedeckt (den Gummiring nicht vergessen) auf einer sonnigen Fensterbank stehen lassen, bis sich der ganze Zucker aufgelöst hat (kann wochenlang dauern).
2. In pasteurisierte Flaschen oder Gläser umfüllen und kühl aufbewahren.

ŚLIWKI NADZIEWANE – Gefüllte Pflaumen

Es ist ein Leckerbissen, der früher gerne als Nachtisch serviert wurde.

Zutaten:
750 g reife, große Zwetschgen
2 El Orangeat
½ Glas gehackte Mandeln

1-2 El Zucker
1 Tl Zimt
1 Tl gemahlene Nelken
Saft einer Orange

1. Die Zwetschgen abspülen und entsteinen.
2. Den Orangensaft mit Zucker aufkochen, etwas einkochen lassen und abkühlen.
3. 4-5 Zwetschgen klein würfeln und mit Mandeln, Orangeat, Gewürzen und Orangensaft zusammenmischen. Die Zwetschgen damit füllen.
4. Die gefüllten Zwetschgen im Backofen trocknen. Zuerst bei 50 °C, wenn sie zu schrumpfen beginnen bei 70 °C. Aufbewahrt werden die Zwetschken in Gläsern. Jede Lage dick mit Zucker bestreut.

BURACZKI Z PAPRYKĄ – Rote Bete mit Paprika

Es ist ein Rezept von der Schwiegermutter meines jüngeren Bruders, einer begnadeten Gärtnerin und Köchin. Zusammen mit Paprika schmecken die Roten Beten nicht nur als Beilage zu Kartoffeln und Fleisch, sondern auch als Brotaufstrich.

Zutaten:
5 kg Rote Bete
500 g rote Paprika
500 g grüne Paprika
3 große Zwiebeln
¼ Glas Olivenöl
½ Glas Weinessig
150 g Zucker
1 El Salz
einige Marmeladengläser,
ausgekocht

1. Die Roten Beten putzen, waschen und gerade mit Wasser bedeckt und zugedeckt etwa 30-40 Minuten kochen lassen, bis sie weich sind. Dann abseihen, abkühlen lassen, schälen und auf einer Reibe grob raspeln.
2. Die Zwiebeln schälen und würfeln. In einer großen Pfanne in der Hälfte des Olivenöls glasig braten.
3. Die Paprika waschen, entkernen und würfeln, zu den Zwiebeln geben und zusammen etwa 15 Minuten dünsten.
4. Die geriebenen Roten Beten zugeben und noch ein paar Minuten mitdünsten. Zucker, Salz, Weinessig und den Rest des Olivenöls untermischen.
5. In die vorbereitete Gläser bis 1-2 cm unter den Rand füllen und sofort verschließen.
6. In einen breiten Topf ein Küchentuch legen und die Gläser hineinstellen, dabei darauf achten, dass sie sich nicht berühren. Mit warmem Wasser bis ¾ ihrer Höhe auffüllen und bei 100 °C 30 Minuten, bei größeren Gläsern 40 Minuten einkochen.

LECZO – Letscho

Es ist eine Speise aus der Vorratskammer meiner Schwiegermutter. Sie machte davon immer zwei Sorten: eine scharfe und eine milde, und beide haben hervorragend geschmeckt. Im Winter wurden sie als Brotaufstrich angeboten oder verschenkt.

Zutaten:
1 kg rote Paprika
1 kg grüne Paprika
2 kg reife Tomaten
oder Suppentomaten
1 kg Zwiebeln
¼ Glas Olivenöl

Steinsalz
frisch gemahlener
schwarzer Pfeffer
1 Msp. Chilipulver,
nach Belieben
einige Marmeladengläser,
ausgekocht (auch die Deckel)

1. Die Tomaten mit kochendem Wasser überbrühen und enthäuten. Die Paprikaschoten waschen, entkernen und genauso wie die geschälten Zwiebeln, würfeln.

2. In einem Topf das Öl erhitzen und die Zwiebelwürfel darin glasig braten. Die Paprikawürfel zufügen und ein paar Minuten mitbraten. Dann die Tomaten zugeben und zugedeckt alles etwa 15-20 Minuten dünsten. Mit Salz, Pfeffer und Chili abschmecken und in die Gläser bis 1-2 cm unter den Rand füllen. Sofort verschließen.

3. In einen breiten Topf ein Küchentuch legen und die Gläser hineinstellen, dabei darauf achten, dass sie sich nicht berühren. Mit warmem Wasser bis ¾ ihrer Höhe auffüllen und bei 100 °C 30 Minuten, bei größeren Gläsern 40 Minuten einkochen.

SUSZONY GŁÓG – Getrocknete Hagebutten

Die Hagebutten trocknete man früher gerne für den Wintertee, der besonders gerne bei Erkältungen getrunken wurde.

Die Hagebutten waschen, von Stielen befreien und bei 50 °C im Backofen oder in einem Dörrgerät trocknen lassen. Luftdicht aufbewahren.

GRZYBY SUSZONE – Getrocknete Pilze
„Pilze gab es im Überfluss", schrieb im 19. Jh. der große polnische Dichter Mickiewicz. Bis heute werden Pilze sehr gerne gesammelt und die meisten von ihnen getrocknet. Schon in der altpolnischen Küche bildeten die getrockneten Pilze die Grundlage vieler traditioneller Gerichte. Dank ihnen bekamen sie einen unnachahmlichen Geschmack und ein besonderes Aroma. Früher trocknete man die Pilze bei Sonne und Wind, später im Backofen. Das Trocknen macht die Pilze würziger, geschmackvoller, denn sie intensiviert das Aroma. Zum Aufbewahren eignen sich am besten gut verschließbare Gläser.

Die frisch gesammelten Pilze verlesen, die vom Wurmbefall betroffenen Teile sorgfältig ausschneiden und Erdreste und alle anderen Verunreinigungen entfernen. Die Pilze dürfen nicht gewaschen werden, weil sie dann viel Wasser aufsaugen würden. Im Backofen bei 40 °C oder im elektrischen Dörrgerät so lange trocknen, bis sie sich leicht brechen lassen. Die Backofentür spaltbreit geöffnet halten. Luftdicht aufbewahren.

GRUSZKI SUSZONE – Getrocknete Birnen
Die getrockneten Birnen benutzt man für den Weihnachtskompott.

Die Birnen waschen, trocken reiben und vierteln. Bei 70 °C im Backofen trocknen lassen. Die Backofentür spaltbreit geöffnet halten. Die getrockneten Birnen luftdicht aufbewahren.

OCET MALINOWY – Himbeeressig
Ein sehr aromatischer Essig, der bis heute gerne benutzt wird.

Zutaten: 1 Glas reife Himbeeren, 2 Gläser Essig 10 %

Die Himbeeren verlesen, mit einer Gabel zerdrücken und in ein Gurkenglas füllen. Mit Essig auffüllen, mit Deckel abschließen und zwei Wochen stehen lassen. Danach abseihen und in Flaschen umfüllen. Kühl und dunkel aufbewahren.

OCET FIOŁKOWY – Veilchenessig
Ein Essig von einer wunderbaren Farbe und unvergleichlichem Aroma.

Zutaten: 2 Gläser Weinessig, 15-20 frische Veilchenblüten

Die Veilchen in ein Glas legen und mit Essig auffüllen, mit Deckel abschließen und 3-4 Tage bis 2 Wochen stehen lassen. Umso länger sie stehen, desto intensiver wird das Aroma. Täglich schütteln. Den fertigen Essig abseihen und in Fläschchen füllen. Kühl und dunkel aufbewahren.

PRZECIER POMIDOROWY – Passierte Tomaten
Um im Winter eine Tomatensuppe (S. 49) essen zu können, kochte man früher passierte Tomaten ein.

Zutaten: 3 kg reife Suppentomaten, kleine pasteurisierte Gläser

Die Tomaten vierteln und etwa 20-30 Minuten köcheln lassen. Durch ein Sieb passieren, in die Gläser füllen und verschließen. In einen mit einem Küchentuch ausgelegten Topf hineinstellen, dabei darauf achten, dass sich die Gläser nicht berühren. Mit warmem Wasser bis ¾ ihrer Höhe auffüllen und 45 Minuten pasteurisieren.

SZCZAW W BUTELKACH – Sauerampfer in Flaschen
Den Sauerampfer für den Winter zu verarbeiten, galt früher als selbstverständlich. In Flaschen gefüllt stand er in jeder Vorratskammer und wurde im Winter zu Sauerampfersuppe (S. 47) verarbeitet.

Zutaten: 1 kg Sauerampfer, kleine pasteurisierte Gläser

Sauerampfer verlesen, die Stiele abschneiden, die Blätter waschen und in Streifen schneiden. In wenig Wasser 5-10 Minuten kochen. In kleine Gläser füllen und verschließen. In einen mit einem Küchentuch ausgelegten Topf hineinstellen (die Gläser sollten sich nicht berühren). Mit warmem Wasser bis ¾ ihrer Höhe auffüllen und 45 Minuten pasteurisieren.

Rezeptverzeichnis

A
Aal, gedünsteter 172
Altpolnischer Pfefferkuchen 282
Apfelkonfitüre 316
Apfelkompott 301
Apfelkuchen 281
Äpfel im Teig 207
Äpfel mit Vanillesoße 261
Apfelpfannkuchen 208

B
Barschtsch, *barszcz*
- klarer 30
- kleiner 31
- mit Sahne 31
- Rübensäure für Barschtsch 29
- ukrainischer 34
- weißer (*żurek*) 36
Osterbarschstch 32
Weihnachtsbarschtsch 33
für Barschtsch:
Pastetchen 269
Pastetenpfannkuchen (*krokiety*) 205
uszka, Öhrchen mit Pilzfüllung 20
Berliner 291
Bigos 74-75
Blumenkohl 230
Brathähnchen 122
Brathähnchen mit Majoran 122
Birnen, getrocknete 323
Braten:
Lammbraten in Sahne 113
Schweinebraten:
- auf Wildbretart 66
- in Pflaumensoße 67
- mit Zwiebeln 68

- Rückenbraten (*schab*) 62
Rinderbraten 90
- Husarenbraten 93
- mit Pilzen 97
- mit Sahne 92
- auf Wildbretart 91
Brot und Brötchen:
Brezeln, runde (*precle*) 271
Hausbrot 264
Hefezopf (*chałka*) 268
Hörnchen 267
Mohnbrötchen 266-267
Pastetchen mit Fleischfüllung
(für Barschtsch) 269
obwarzanki 270
Roggenvollkornbrötchen
(*grahamki*) 266
Wecken 272
Weichbrötchen 265
Brottrunk 303
Buchweizen:
Buchweizenbratlinge 213
Buchweizen mit Pilzen 212
Buchweizen mit *zrazy* 211
Buchweizenfüllung
für Gans 134
Buchweizen überbacken 214
Krakauergrützchen
nach Königsart 214

C
Champignons
mit Fleischfüllung 246
Champignonsoße 251
Champignons, mit:
- Kalbfleischfrikadellen 106

- Schweinekoteletts 65
Rinderrouladen mit
Champignonfüllung 87

D
Dickmilch 182
Dickmilchpfannkuchen 206
Dicke Bohnen in Butter 231
Dillsoße 254

E
Eclairs 293
Eier:
- gefüllt auf Baguettescheiben 181
- lustige in Mayonnaise 179
- mit Sardellenfüllung 180
- mit Trüffelfüllung 180
Musselinomelett 181
Rührei mit geräuchertem Speck 178
Rührei mit Tomaten 178
Ente:
- auf Wildbretart 141
- in Apfelsoße, gedünstete 139
Ente mit Apfelfüllung 138
Ente mit Sardellenfüllung 1140
Erbsenpüree 234
Erdbeeren mit Schlagsahne 294
Erdbeermus, roh 319

F
Fisch:
Aal, gedünsteter 172
Fisch auf griechische Art 174
Fischfrikadellen 175
Fischroulade in Gelee 173
Flunder (Scholle), gebratene 169

Flusskrebse in Sahne 176
Hecht, gebratener 170
Hering, Fastenhering 167
Hering, gebratener gefüllter 168
Hering, im Teig gebratener 170
Heringsbutter 166
Karpfen, gebraten 166
Karpfen in Gelee 164
Karpfen in grauer Soße 165
Lachs in Butter 171
Wels, gebackener 171
Zander, gebratener 170
Flekerln 208
Flecksuppe (*flaki*) 104
Frikadellen:
Fischfrikadellen 175
Frikadellen 69
Frikadellen mit Möhren 70
Hähnchenfleischfrikadellen 117
Kalbfleischfrikadellen 105
Kalbfleischfrikadellen mit
Champignons 106
Lammfleischfrikadellen 116
Rehfleischfrikadellen 147
Rindfleischfrikadellen 88
Rindfleischfrikadellen,
mit Pilzfüllung 89
Fleisch in Gelee:
Hühnerfleisch in Gelee 128
Kalbspfötchen in Gelee 108
Kalbszungen in Gelee 107
Schweinepfötchen in Gelee 108

G
Gans:
Gänseleber, gebratene 137

Gänseschmalz 136
Gans in Weinsoße 135
Gans mit Buchweizenfüllung 134
Gänsebrust, geräucherte 136
Getränke:
Apfelkompott 301
Brottrunk 303
Buttermilchgetränk 303
Dickmilch, verquirlte 302
Heiligabendkompott 302
„Glühbier" 304
Glühwein 304
Honiglikör *krupnik* 305
Kaffee 300
Rhabarberkompott 301
Kirschlikör 305
Trinkschokolade 300
Stachelbeerkompott 301
Tee 300
Gemüse:
Blumenkohl 230
Dicke Bohnen in Butter 231
Erbsenpüree 234
Grüne Bohnen 231
Grüne Erbsen, gedünstete 234
Kartoffel-Möhren-Püree 223
Kartoffeln, neue 220
Kartoffeln mit Dickmilch 220-221
Kartoffelpüree 221
Kohlrouladen
- mit Fleischfüllung 227
- mit Kartoffelfüllung 228
Stampfkartoffeln 222
Möhren, gedünstete 233
Rosenkohl 230
Rote-Bete-Gemüse 224

- mit Äpfeln 224
- mit Meerrettich (*ćwikła*) 225
Sommerkohl, gedünsteter 226
Sommerkohl mit Äpfeln 226
Spargel 235
Spinat mit Ei 232
Zwiebeln, gedünstete 233
Graupen:
- mit Soße 217
- mit Pflaumenmus 218
Graupensuppe 38
Grützen:
Buchweizenbratlinge 213
Buchweizen mit Pilzen 212
Buchweizen mit *zrazy* 211
Buchweizenfüllung
für Gans 134
Graupen mit Soße 217
Graupensuppe 38
Graupen mit Pflaumenmus 218
Hirse mit Apfelmus 217
Hirse mit Pilzsoße 216
Hirse mit Milch 56
Krakauergrützchen
nach Königsart 214
Weizengrieß mit Rosinen 215
Weizengrießwürfel 216
Gulasch:
Gulasch (Rindfleisch) 99
Hirschgulasch 146
Schweinegulasch:
- auf polnische Art 72
- auf ungarische Art 70
- mit Bier 71
Gurkensalat 237
Milchsauer eingelegte Gurken 309

Gurken (*małosolne*) 310
Gurkensuppe 44

H
Hackfleischpastete 73
Hagebuttenkonfitüre 317
Hagebutten, getrocknet 322
Hase in Sahne 149
Hasenpastete 150
Honiglikör, *krupnik* 305
Hausbrot 264
Hefeteilchen:
- mit Frischkäse-/ Mohnfüllung 297
- Heidelbeerfüllung 296

Hering:
- Fastenhering 167
- gebratener gefüllter 168
- im Teig gebratener 170
- Heringsbutter 166

Hirse:
- mit Apfelmus 217
- mit Pilzsoße 216
- mit Milch 56

Hirschfleisch:
Hirschgulasch 146
Hirschkeule in wilder Soße 144
Hirschfleischkoteletts mit Schnittlauchbutter 145
Hirschrücken in Sahne 143
Hörnchen 267

Huhn:
Brathähnchen 122
Brathähnchen mit Majoran 122
Hähnchenfrikadellen 117
Hähnchenbrustfilet gebraten 129
Hähnchen, geschmortes 120

Hähnchen mit Paprika 121
Hähnchen mit Kohl 127
Hähnchenragoût 120
Hühnersuppe 39
Hühnerfleisch in Gelee 128
Hühnerleber, gebratene 126
Hühnerpastete 125
Poularde auf Wildbretart 124
Poularde mit Leberfüllung 123
Sonntagshahn 118
Stubenküken in Sahne 119
Poularde mit Rosinenfarce 132
Husarenbraten 93

J
Johannisbeergelee 310
Johannisbeersoße 253

K
Kaffee 300
Kalbfleisch:
Kalbfleischfrikadellen 105
Kalbfleischfrikadellen mit Champignons 106
Kalbfleisch, geschmortes 101
Kalbfleisch in Sahne 103
Kalbsbrust, gefüllte 102
Kalbsklöpse, kleine 104
Kalbsleber, gebratene 109
Kalbslunge, sauer 111
Kalbsnieren in Sahne 110
Kalbspfötchen in Gelee 108
Kalbsschnitzel 104
Kalbszungen in Gelee 107
Kaninchen, gebratenes 151
Kaninchen in Sahne 152

Die traditionelle polnische Küche

Karpfen:
- gebraten 166
- in Gelee 164
- in grauer Soße 165

Kartoffeln:
- mit Dickmilch 220-221
- neue 220

Kartoffel-Möhren-Püree 223

Kartoffelnudeln:
- *pyzy*, Kartoffelklöße 193
- *kopytka* 192
- Schlesische Nudeln 191

Kartoffelpüree 221
Kartoffelsuppe 50
Kohlrouladen
mit Kartoffelfüllung 228
Stampfkartoffeln 222
Reibekuchen 2208
- mit Zwiebel 208

Käsekuchen 285

Kohl:
Bigos 74-75
Kohlrouladen
- mit Fleischfüllung 227
- mit Kartoffelfüllung 228

Pierogi mit Weißkrautfüllung 196
Sommerkohl, gedünsteter 226
Sommerkohl mit Äpfeln 226
Rotkohl-Rohkostsalat 240
Weißkohl-Rohkostsalat 238
Weißkohlsuppe 46

Kopfsalat:
- gedünstet 237
- mit Radieschen 236
- mit Sahne 236

krokiety für Barschstch 205

Kuchen:
Apfelkuchen 281
Berliner 291
Eclairs 293

Hefeteilchen:
- mit Frischkäse-/ Mohnfüllung 297
- Heidelbeerfüllung 296

Käsekuchen 285
makagigi 295

Mazurek,:
- Königlicher 279
- Orangenmazurek 313
- Rosenmazurek 276-277
- Schokoladenmazurek 278

Mohnkuchen 280-281

Napfkuchen:
- altpolnischer 273
- Safrannapfkuchen 274
- Musselinnapfkuchen 275

Pfefferkuchen:
- mit Pflaumen 284
- altpolnischer (reifender) 282
- würziger 283

Pflaumenkuchen 287

Plätzchen:
- Kätzchenaugen 294
- Mürbeplätzchen 294
- Zimtplätzchen 295

Schokoladenkuchen 322
Sommersprossenkuchen 322
Späne 328
Rosenspäne 329

Torte:
- Biskuittorte 288-289
- Mürbetorte mit *kaimak* 290

Windbeutel 293

Die traditionelle polnische Küche

Kürbis, mariniert
kutia 257

L
Lachs in Butter 171
Lammfleisch:
Lammbraten in Sahne 113
Lammfleisch mit Weißkraut 112
Lammfleischfrikadellen 116
Lammkoteletts in Champignonsoße, kleine 115
Lammragoût 114
Leberwurst (Schweinefleisch) 82
Leber, gebratene 83, 109, 126, 137

M
Mazurek,:
- Königlicher 279
- Orangenmazurek 313
- Rosenmazurek 276-277
- Schokoladenmazurek 278
Milch:
Dickmilch 182
Quark, selbst gemachter 182
Weißkäse 183
- mit Kümmel 184
- mir Zwiebel 184
Milchsuppen:
Grießbrei 55
Haferflocken Milchsuppe 54
Hirse mit Milch 56
Gegossene Nudeln mit Milch 56
Großmutters Milchsuppe 55
Suppe „Nichts" 54
Mohnkuchen 280-281
Moosbeerkonfitüre 318

Moosbeersoße 252

N
Napfkuchen:
- altpolnischer 273
- Safrannapfkuchen 274
- Musselinnapfkuchen 275
Nachtisch:
Äpfel mit Vanillesoße 261
Erdbeeren mit Schlagsahne 294
kutia 257
pascha 258
Rosenblütengelee 259
Sauerkirschgelee 260
Rote Grütze (Moosbeeren) 260-261
Sahnecreme 262
Sahneeis 262
Vanillepudding 259
Nudeln:
- gegossene 190
- gegossene mit Milch 56
- handgeriebene 190
Biskuitnudeln 188
Eiernudeln, hausgemachte 186
Flekerln 187
Löffelnudeln 188
Kartoffelnudeln:
- *pyzy*, Kartoffelklöße 193
- *kopytka* 192
- Schlesische Nudeln 191
Nudeln mit Mohn 257
Quarknockerl 189

O
Obstsuppen:
- Heidelbeersuppe 57

- Himbeersuppe 58
- Sauerkirschsuppe 57
Ostern:
Ente auf Wildbretart 141
Ente mit Apfelfüllung 138
Gans in Weinsoße 135
Gans mit Buchweizenfüllung 134
Lammbraten in Sahne 113
Mazurek,:
- Königlicher 279
- Orangenmazurek 313
- Rosenmazurek 276-277
- Schokoladenmazurek 278
 Napfkuchen:
- altpolnischer 273
- Safrannapfkuchen 274
- Musselinnapfkuchen 275
Osterbarschstch 32
pascha 258
Pastetenpfannkuchen für Barschstch (*krokiety*) 205
Rote-Bete-Gemüse 224
Rote Bete mit Äpfeln 224
- mit Meerrettich (*ćwikła*) 225
zrazy 84-85

P
Pastetchen für Barschtsch 269
Pastetenpfannkuchen für Barschstch (*krokiety*) 205
Pfannkuchen:
Äpfel im Teig 207
Apfelpfannkuchen 208
Biskuitpfannkuchen 206
Pastetenpfannkuchen für Barschstch (*krokiety*) 205

Pfannkuchen mit Pilzfüllung 204
Pfannkuchen mit Quarkfüllung 203
Dickmilchpfannkuchen 206
Hefepfannkuchen 206
Reibekuchen 2208
- mit Zwiebel 208
Pfefferkuchen:
- mit Pflaumen 284
- altpolnischer (reifender) 282
- würziger 283
Pflaumen, gefüllte 320
Pflaumenkuchen 287
Pflaumenmus 316
Pflaumensoße 252
Pierogi („pjerogi"):
- Grundrezept 216
- mit Heidelbeeren 199
- kleine mit Spinat 200
- mit Quarkfüllung 197
- mit Sauerkirschen 199
- mit Pilzfüllung 195
- mit Weißkrautfüllung 196
Russische Pierogi 198
kołduny 201
Öhrchen mit Pilzfüllung 202
Pilze:
Champignons
mit Fleischfüllung 246
Champignonsoße 251
Kalbfleischfrikadellen mit Champignons 106
Schweinekoteletts mit Champignons geschmort 65
Rinderrouladen mit Champignonfüllung 87
Öhrchen mit Pilzfüllung 202

Pfannkuchen mit Pilzfüllung 204
pierogi mit Pilzfüllung 195
pierogi mit Weißkrautfüllung 196
Pilze
- gebratene 244
- gedünstete (frische Waldpilze) 245
- gebraten (getrocknete) 246
- getrocknete 323
- mariniert 311
Pilzsoße 251
Pilzsuppe aus getrockneten Pilzen 42
Pilzsuppe aus frischen Pilzen 43
Rinderbraten mit Pilzen 97
Sauerkraut mit Pilzen 256
Plätzchen:
- Kätzchenaugen 294
- Mürbeplätzchen 294
- Zimtplätzchen 295
Poularde auf Wildbret Art 124
Poularde mit Leberfüllung 123
Preiselbeerkonfitüre 318
precle (Brezel) 271
Pute:
- mit Leberfüllung 130
- mit Rosinenfüllung 131
- mit Sardellenfüllung 1132
- mit Trüffelfüllung 133
- mit Buchweizenfüllung 134
Putenbrustfilets, gebratene 129

Q
Quark, selbst gemachter 182
(abgetropfter Quark) Weißkäse 183
- mit Kümmel 184
- mit Zwiebel 184
Pfannkuchen mit Quarkfüllung 203
Quarknockerl 189

R
Radieschensalat 237
Rindfleisch:
Flecksuppe (*flaczki*) 98
Gulasch 99
Rinderbraten:
- Husarenbraten 93
- Rinderbraten 90
- mit Sahne 92
- auf Wildbretart 91
Rinderfilets mit Petersilienbutter 94
Rinderfilet mit Trüffeln 99
Rindfleischsuppe/Rinderbrühe 40
Rindfleischfrikadellen 88
Rindfleischfrikadellen, mit Pilzfüllung 89
Rindfleisch, in Meerrettichsoße gekochtes 95
Rindfleisch in Gelee 96
Rinderrouladen mit getrockneten Pflaumen 86
Rinderrouladen mit Champignonfüllung 87
Rinderzunge in Grauer Soße 97
Tatar 100
zrazy 84-85
Rippchen, geschmorte 79
Rippchen mit Sauerkraut geschmorte 80
Rohkost:
Gurkensalat 237

Kopfsalat, gedünstet 237
Kopfsalat mit Radieschen 236
Kopfsalat mit Sahne 236
Möhrensalat 240
Radieschensalat 237
Rotkohl-Rohkostsalat 240
Sauerkrautsalat 239
Schwarze-Rüben-Salat 241
Tomatensalat 239
Weißkohl-Rohkostsalat 238
Rosenblütengelee 259
Rosenblütenkonfitüre 314-315
Rote Bete:
Rote-Bete-Gemüse 224
Rote-Bete-Gemüse mit Äpfeln 224
Rote Bete mit Meerrettich
 (*ćwikła*) 225
Rote Grütze mit
 Moosbeeren 260-261
Rührei mit geräuchertem Speck 178
Rührei mit Tomaten 178

S
Sahnecreme 262
Sahneeis 262
Salate:
Heringsalat 243
Kartoffelsalat 242
Salat mit Krebsen 243
Sauerkrautsalat 239
Rohkostsalate: siehe Rohkost
Sauerampfersuppe 47
Sauerkirschgelee 260
Sauerkraut:
Bigos 74-75
pierogi mit Pilzfüllung 195

Sauerkraut 307
Sauerkraut in Weckgläsern 308
Sauerkraut, geschmortes 78
Sauerkraut mit Pilzen 229
Sauerkraut, Schweinefleisch mit 77
Sauerkrautsalat 239
Sauerkrautsuppe 45
Schweinefleisch mit Sauerkraut 77
Sauerampfersuppe 47
Sauermehlsuppe (*żurek*) 36
Sauermehlsuppe mit Wurst 37
(Milch)sauer eingelegte Gurken 309
Saure Gurken, die ersten
 (*małosolne*) 310
Schweinebraten:
- auf Wildbretart 66
- in Pflaumensoße 67
Soßen:
Champignonsoße 251
Dillsoße 254
Gewürzsoße 249
Graue Soße 248
Hagebuttensoße 254
Johannisbeersoße 253
Kirschsoße 253
Meerrettichsoße 250
Moosbeersoße 252
Pflaumensoße 252
Pilzsoße 251
Preiselbeersoße 253
Tatarensoße 255
Tomatensoße 255
Zwiebelsoße 249
Schweinefleisch:
- mit Gemüse geschmortes 76
- mit Sauerkraut 77

Die traditionelle polnische Küche

Bigos 74-75
Frikadellen 69
Frikadellen mit Möhren 70
Hackfleischpastete 73
Leberwurst, hausgemachte 82
Rippchen, geschmorte 79
Rippchen, mit Sauerkraut
geschmorte 80
Schweinebauch, gebratener 79
Schweinebraten:
- auf Wildbretart 66
- in Pflaumensoße 67
- mit Zwiebeln 68
- Rückenbraten (*schab*) 62
Schweinefilets
- natur 63
- mit Champignons 63
Schweinegulasch:
- auf polnische Art 72
- auf ungarische Art 70
- mit Bier 71
Schweinehaxe 78
Schweinekotelett:
- mit Champignons geschmort 65
- in Zwiebelsoße 64
Schweineleber, gebratene 83
Schweinepfötchen in Gelee 108
Schweineschnitzel (*schabowy*) 61
Würstchen, hausgemachte 81
Weißwurst 83
Sommersprossenkuchen 322
Spargel 235
Späne 328
Späne (Rosenspäne) 329
Suppen:
Barschtsch, Rübensäure für 29

Barschtsch, klarer 30
Barschtsch, kleiner 31
Barschtsch mit Sahne 31
Osterbarschtsch 32
Ukrainischer Barschtsch 34
Weihnachtsbarschtsch 33
Biersuppe *gramatka* 53
Biersuppe *polewka* 53
Bohnensuppe 50-51
botwinka 35
Erbsensuppe 51
Flecksuppe (*flaki*) 98
Graupensuppe 38
Gurkensuppe 44
Hühnersuppe 39
Kaltschale 52
Kartoffelsuppe 50
Pilzsuppe aus frischen Pilzen 43
Pilzsuppe (aus getrockneten Pilzen) 42
Rindfleischsuppe 40
Sauerampfersuppe 47
Sauerkrautsuppe 45
żurek:
Sauermehlsuppe 36
Sauermehlsuppe mit Wurst 37
żur für Sauermehlsuppe 36
Selleriesuppe 48
Tomatensuppe 49
Weißkohlsuppe 46
Zwiebelsuppe, altpolnische 41
Milchsuppen:
Grießbrei 55
Haferflocken Milchsuppe 54
Hirse mit Milch 56
Gegossene Nudeln mit Milch 56

Großmutters Milchsuppe 55
Suppe „Nichts" 54
Obstsuppen:
Heidelbeersuppe 57
Himbeersuppe 58
Kirschsuppe 57

T
Tatar 100
Tatarensoße 255
Teigtaschen: siehe *pierogi*
Tomatensalat 239
Tomatensoße 255
Tomatensuppe 49
Torte:
- Biskuittorte 288-289
- Mürbetorte mit *kaimak* 290

U
uszka, Öhrchen mit Pilzfüllung 20

V
Vorratshaltung:
eingekocht:
Letscho 322
Passierte Tomaten 324
Rote Bete mit Paprika 321
Sauerampfer in Flaschen 324
gesäuert:
Sauerkraut 307
Sauerkraut in Weckgläsern 308
Milchsauer eingelegte Gurken 309
Gurken, die ersten sauren
(*małosolne*) 310
getrocknet:
Birnen 323

Hagebutten 322
Pflaumen, gefüllte 320
Pilze 323
Konfitüre u. a.:
Apfelkonfitüre 316
Ebereschenkonfitüre 315
Hagebuttenkonfitüre 317
Moosbeerkonfitüre 318
Erdbeermus, roher 319
Johannisbeergelee 319
Pflaumenmus 316
Preiselbeerkonfitüre 318
Rosenkonfitüre 314-315
Sauerkirschkonfitüre 314
Himbeersaft 320
mariniert:
Kirschen (Sauerkirschen) 312
Kürbis 313
Pflaumen 312
Pilze 311
Essig:
Himbeeressig 323
Veilchenessig 324

W

Weihnachten:
Ente mit Apfelfüllung 138
Gans in Weinsoße 135
Gans mit Buchweizenfüllung 134
Hering, Fastenhering 167
Hering, im Teig gebratener 170
Karpfen, gebraten 166
Karpfen in Gelee 164
Karpfen in grauer Soße 165
kutia 257

Mohnkuchen 280-281
Nudeln mit Mohn 257
Öhrchen mit Pilzfüllung 202
Pfefferkuchen:
- mit Pflaumen 284
- altpolnischer (reifender) 282
- würziger 283
Pierogi mit Pilzfüllung 195
Rote-Bete-Gemüse 224
Rote Bete mit Äpfeln 224
Sauerkraut mit Pilzen 256
Weihnachtsbarschtsch 33
zrazy 84-85
Weißkohl: siehe Kohl
Wild:
Großwild:
Hirschgulasch 146
Hirschkeule in wilder Soße 144
Hirschfleischkoteletts mit Schnittlauchbutter 145
Hirschrücken in Sahne 143
Rehfleischfrikadellen 147
Wildschweinbraten nach Jäger Art 148
Haarwild:
Hasenpastete 150
Hase in Sahne 149
Kaninchen , gebratenes 151
Kaninchen in Sahne 152
Federwild:
Fasan, gebratener 157
Perlhühner in Sahne 161
Rebhühner, gebratene 159
Rebhühner in Sahne 160
Tauben, gekochte 161-162

Wachteln, in Butter geschmorte 157-158
Wachteln in Weinblättern 157-158
Wildente, gebratene, ältere 154
Wildente, gebratene, junge 153
Wildgans, gebratene, ältere 156
Wildgans, gebratene, junge 155
Windbeutel 293
Würstchen, hausgemachte 81

Z

Zimtplätzchen 295
zrazy 84-85
Zwiebeln, gedünstete 233
Zwiebelsoße 249
Zwiebelsuppe, altpolnische 41
żurek:
- Sauermehlsuppe 36
- Sauermehlsuppe mit Wurst 37
żur für Sauermehlsuppe 36

Bibliografie

Bockenheim, Krystyna: Przy polskim stole, Wrocław 1999
Burkhart, Dagmar / Klemm, Waldemar Hrsg.: Natura Naturata. Gegenständliche Welt und Kultureme in der polnischen Literatur von der zweiten Hälfte des 19. Jahrhunderts bis zur Gegenwart, Amsterdam-Atlanta GA 1997
Ćwierczakiewiczowa, Lucyna: Jedyne praktyczne przepisy konfitur, różnych marynat, wędlin, wódek, likierów, win owocowych, miodów oraz ciast, Warszawa 1885
Ćwierczakiewiczowa, Lucyna: 365 obiadów, Reprint Warszawa 2005 (Kochbuch, 20. Auflage, 1. Auflage 1860)
Ćwierczakiewiczowa, Lucyna: 456 sprawdzonych przepisów, Reprint Warszawa 2005 (Kochbuch, 20. Auflage, 1. Auflage 1860)
Disslowa, Marja: Jak gotować. Praktyczny podręcznik kuchrstwa, Poznań 1931 (Kochbuch)
Kitowicz, Jędrzej: Opis obyczajów za panowania Augusta III, Warszawa 1985
Kozłowska, Agnieszka: Zapomniana kuchnia polskich Kresów, Warszawa 2008
Książka Kucharska czyli Poradnik Kucharski, E. Bartels, Weissensee (ca.) 1930, Reprint Poznań 2003 (Kochbuch)
Kuchnia Polska, Warszawa 1977 (Kochbuch)
Tarnawska, R.: Kosowska kuchnia jarska, Warszawa 1929, Reprint Warszawa 1988 (Kochbuch)
Kuchowicz, Zbigniew: Altpolnische Bräuche des 17. und 18. Jahrhunderts, Łódź 1975
Kuchowicz, Zbigniew: Obyczaje staropolskie VII-XVIII wieku, Łódź 1975
Lemnis, Maria / Vitry, Henryk: Altpolnische Küche und polnische Tischsitten, Warszawa 1979
Rubinstein, Aniela: Kuchnia Neli (Nela's Cookbook), Warszawa 2002 / New Jork 1983
Śleżańska, Marja: Kucharz Polski. Warszawa 1931 (Kochbuch)
Szymanderska, Hanna: Na polskim stole. Przepisy i tradycje szlacheckie, Warszawa 2005

Die traditionelle polnische Küche